英国化学奥林匹克
（2013—2023）

朱怡然 ◎ 编著

中国科学技术大学出版社

内 容 简 介

本书收录了2013—2023年英国化学奥林匹克竞赛(UKChO)的所有真题,内容包括试题与解答、背景拓展阅读、模拟试题及答案。本书从学生可以理解的解题思路入手,以清晰的逻辑展示每道题的破题方法;书中提供的试题解答中,不仅包括正确答案,而且提供了考查的知识点、步骤化的解题思路、清晰的化学反应式以及用颜色差异展示出有机化合物分子的前后变化,便于学生理解;在一些试题的解答部分后附加了对应的知识点巩固,这样便于考生查阅复习。这些知识点的巩固对于非竞赛学生同样有很大帮助。

本书可供备考英国化学奥林匹克竞赛的学生、备考其他化学奥林匹克竞赛的学生、学习国际化学体系的学生以及指导国际化学体系、各类化学竞赛的教师阅读参考。

图书在版编目(CIP)数据

英国化学奥林匹克:2013—2023/朱怡然编著. —合肥:中国科学技术大学出版社,2023.12

ISBN 978-7-312-05782-3

Ⅰ.英… Ⅱ.朱… Ⅲ.中学化学课—教学参考资料 Ⅳ.G634.83

中国国家版本馆CIP数据核字(2023)第192833号

英国化学奥林匹克(2013—2023)

YINGGUO HUAXUE AOLINPIKE (2013—2023)

出版	中国科学技术大学出版社
	安徽省合肥市金寨路96号,230026
	http://www.press.ustc.edu.cn
	https://zgkxjsdxcbs.tmall.com
印刷	合肥市宏基印刷有限公司
发行	中国科学技术大学出版社
开本	710 mm×1000 mm 1/16
印张	22.5
字数	320千
版次	2023年12月第1版
印次	2023年12月第1次印刷
定价	79.00元

前　言

我高中时参加了化学竞赛,从那时起,我就对编写竞赛教材、模拟题等充满了兴趣,也做过一些微小的贡献。一方面是因为化学是一门需要逻辑但又不乏惊喜的充满魅力的学科,另一方面是想将自己对这门学科的热爱传承下去。起初这个"传承"是很狭义的。我在获得中国化学奥林匹克竞赛上海赛区一等奖后,将自己的复习资料、笔记、推荐书籍还有自编的模拟题赠给上海交通大学附属中学的学弟学妹们,这也是母校的传统。

当我回到母校,成为了一名高中化学教师后,这个"传承"的意义逐渐变得更广泛了。我所任教的国际体系是一个相对小众的领域,但在教学过程中我发现,国际班的学生不仅对知识充满了渴望,而且有着难能可贵的国际视野。学有余力的学生会积极学习并参加诸如英国、美国、加拿大、澳大利亚等国家的化学竞赛,在国际舞台上彰显出中国学生的优秀才能。但略有遗憾的是,市面上能够给予这些学生帮助的书籍、音像资料等非常匮乏。学生在备考时最大的痛点是没题做、有题但不知道怎么做、做了也不知道思路是否正确。因此,我就萌生了编写国际化学竞赛相关的系列教材的想法,希望把优秀的资源传承给更广泛的群体,不仅仅包括备考竞赛的学生,也包括有同样想法的教师同行和教研工作者。

在我国引入的其他国家的高中生化学奥林匹克竞赛中,英国化学奥林匹克竞赛因高难度(接近于早些年中国化学奥林匹克竞赛省级赛区)和高含金量(被认为是申请英国顶尖学校如牛津、剑桥、帝国理工以及美国顶尖学校相应专业的必备竞赛之一)而越来越受到师生的关注。为了使内容更精准地贴近学生的备考需求,本书中不仅囊括了2013—2023年的UKChO试题(均是由原试题精准翻译而来),并从每一道试题所涵盖的基础知识的角度进行分析,提供相应知识点参考,而且为其中一些试题提供了背景知识的拓展阅读,力争让每一位考生真正地爱上化学,而不仅仅是刻板应试。

  需要特别指出的是,我和一些同行经过严谨的讨论后,认为UKChO中个别试题的题干或答案是有错误的。对于这些试题,本书提供的答案均为勘误后的,但读者依然可以登录UKChO官网的试题下载页面(https://edu.rsc.org/uk-chemistry-olympiad/chemistry-olympiad-past-papers/1641.article)找到官方答案进行自我比对研判。另外需要说明的是,我提供的一些计算题答案与官方答案会有微小差别,这是由于有效数字选取的差异,并不影响读者参考。

  感谢上海交通大学附属中学的相关领导与同事的关心和帮助,尤其要感谢刘骁老师、王剑锋老师以及姚瑞丹老师。感谢你们一路以来的支持和提出的宝贵建议。感谢中国科学技术大学出版社为本书的出版所做的大量工作。感谢所有国际高中的同行们。愿我们共同努力使得这个小众的领域更加硕果累累。感谢所有我所教过的学生们,正是你们的勤奋和好学让我萌生了编写此书的想法,特别感谢目前就读于加州大学圣芭芭拉分校的林敏茜同学在翻译试题方面提供的帮助。最后要感谢我的爱人何河老师,在艰辛难熬的编写过程中,是你的关怀和鼓励让我坚定信念,永不言弃。

  由于编写过程较仓促且水平有限,而且国外的一些化学术语与国内的表述存在偏差,书中难免有一些不足之处,诚恳地希望得到读者的批评指正(邮箱:ryanzhu728@yahoo.com)。谢谢大家!

朱怡然

2023年9月8日于上海交大附中IB课程中心

备赛策略与参考资料

不同考生基础不同、学习能力不同,而且对于竞赛结果的期望值也不同,因此很难制定一个满足所有人的备赛策略。在这里我给出两个适合大多数学生学习进度的版本,每位考生可根据自己的实际情况进行选择和调整。

正如在本书前言所谈到的那样,UKChO 整体难度较高,因此考生需提前学习所考察的内容。根据所考察知识的类别,可以把 UKChO 的考点分为两块:

(1) 非有机化学部分(包括无机化学、分析化学、物理化学)。

(2) 有机化学部分。

非有机化学部分相对简单,基本与 AP 化学、A-level AS+A2 和 IB HL 化学持平。有机化学部分相对较难,难度远高于 IB HL 的有机化学和 A-level A2 的有机化学(AP 体系无有机化学部分)。因此,可以根据以上描述的特点制定两套备赛策略:

策略 1　包含有机化学部分,适合学习能力强,目标是金牌的考生。

策略 2　战略性舍弃有机化学部分,适合时间紧迫,目标是铜牌或银牌的考生。

两套备赛策略的大致时间表如下:

时间	策略 1 的学习内容
高一上学期	完成 A-level AS 或者 IB SL 部分的学习
高一下学期	完成 A-level A2 或者 IB HL 部分的学习
高二上学期	大学有机化学 + 做 UKChO 真题

时间	策略 2 的学习内容
高一上学期	完成 A-level AS 或者 IB SL 部分的学习
高一下学期	巩固 A-level AS 并学习 A2 或者巩固 IB SL 并学习 HL
高二上学期	完成 A-level A2 的学习或者 IB HL 部分的学习 + 做 UKChO 真题

参考资料

(1) A-level AS + A2 化学教材。UKChO 作为英国的化学竞赛,整体风格和内容与 A-level 更加相似,因此我首推 A-level 的教材。但 A-level 的教材缺少一些知识点,如光能量的计算、弱碱的 K_b 等。

(2) IB SL + IB HL 教材。IB 教材也非常优秀,但是在某些章节,尤其是有机化学部分,深度远不如 A-level,所以建议 IB 体系的学生可以参考 A-level 的教材。

(3) AP 教材。AP 教材往往在物理化学方面非常优秀,如化学平衡、动力学等部分,但是有机化学部分完全缺失。因此 AP 体系的学生在备考时需要在有机化学方面多下功夫。

(4) 大学有机化学教材。

目　　录

前言 …………………………………………（ⅰ）

备赛策略与参考资料 ……………………（ⅲ）

2013 英国化学　奥林匹克竞赛试题解析 …………（1）
　试题1　本题涉及使用火箭燃料……………（1）
　试题2　本题涉及英国自行车项目…………（6）
　试题3　本题涉及基于有色化合物的基础化学
　　　　　知识…………………………………（10）
　试题4　本题涉及药物滥用…………………（14）
　试题5　本题涉及锻炼肌肉…………………（21）

2014 英国化学　奥林匹克竞赛试题解析 …………（29）
　试题1　本题涉及控制磷酸盐含量…………（29）
　试题2　本题涉及钠街灯……………………（31）
　试题3　本题涉及祛斑霜……………………（35）
　试题4　本题涉及投弹甲虫（放屁虫）………（40）
　试题5　本题涉及火与冰……………………（45）

2015 英国化学　奥林匹克竞赛试题解析 …………（52）
　试题1　本题涉及触摸屏的化学……………（52）
　试题2　本题涉及探测宇宙中的分子………（54）
　试题3　本题涉及表现增强药物利他林……（59）
　试题4　本题涉及宿醉………………………（66）
　试题5　本题涉及制造"绿色"飞机燃料……（71）

2016 英国化学　奥林匹克竞赛试题解析 （76）
　　试题1　本题涉及使用化学循环存储能量 …… （76）
　　试题2　本题涉及钨的化学 ………………… （79）
　　试题3　本题涉及双键当量 ………………… （84）
　　试题4　本题涉及氟班色林的合成 ………… （91）
　　试题5　本题涉及给理查三世确定年代 …… （96）

2017 英国化学　奥林匹克竞赛试题解析 （100）
　　试题1　本题涉及里奥的绿色跳水池 ……… （100）
　　试题2　本题涉及大气化学 ………………… （102）
　　试题3　本题涉及钢铁侠的化学 …………… （106）
　　试题4　本题涉及扭曲烷分子 ……………… （113）
　　试题5　本题涉及超强碱 …………………… （119）

2018 英国化学　奥林匹克竞赛试题解析 （125）
　　试题1　本题涉及一些锂化合物的应用 …… （125）
　　试题2　本题涉及制氨 ……………………… （131）
　　试题3　本题涉及浓缩铀的应用 …………… （137）
　　试题4　本题涉及镇咳剂 …………………… （143）
　　试题5　本题涉及"惰性"气体氩 …………… （150）

2019 英国化学　奥林匹克竞赛试题解析 （154）
　　试题1　本题涉及二氧化碳 ………………… （154）
　　试题2　本题涉及贵金属的工业分离 ……… （158）
　　试题3　本题涉及治疗神经性毒剂中毒 …… （166）
　　试题4　本题涉及蜜蜂和英国脱欧 ………… （171）
　　试题5　本题涉及可生物降解的塑料 ……… （180）

2020 英国化学　奥林匹克竞赛试题解析 （186）
　　试题1　本题涉及碳化钙 …………………… （186）
　　试题2　本题涉及燃料氢气 ………………… （189）
　　试题3　本题涉及防晒霜 …………………… （193）
　　试题4　本题涉及硅的氧化物 ……………… （203）
　　试题5　本题涉及有色化合物 ……………… （208）
　　试题6　本题涉及厌氧氨氧化和梯烷 ……… （213）

2021 英国化学奥林匹克竞赛试题解析 …………… (223)
- 试题 1　本题涉及金星上的生命 ……………… (223)
- 试题 2　本题涉及二氧化碳捕获 ……………… (227)
- 试题 3　本题涉及乙酰丙酸 …………………… (233)
- 试题 4　本题涉及分子间的"社交距离" ……… (240)
- 试题 5　本题涉及唐纳德·特朗普与新冠病毒
  ………………………………………… (246)
- 试题 6　本题涉及氙的氟化物 ………………… (253)

2022 英国化学奥林匹克竞赛试题解析 …………… (259)
- 试题 1　本题涉及 E10 汽油 …………………… (259)
- 试题 2　本题涉及一氧化二氮的化学 ………… (263)
- 试题 3　本题涉及立方烷 ……………………… (265)
- 试题 4　本题涉及新冠病毒测试 ……………… (274)
- 试题 5　本题涉及制作最小的中国结 ………… (281)
- 试题 6　本题涉及疫苗存储 …………………… (290)

2023 英国化学奥林匹克竞赛试题解析 …………… (294)
- 试题 1　本题涉及火箭燃料 …………………… (294)
- 试题 2　本题涉及电负性、化学键和结构 …… (296)
- 试题 3　本题涉及氨基酸配合物 ……………… (304)
- 试题 4　本题涉及电子烟 ……………………… (312)
- 试题 5　本题涉及奶酪 ………………………… (323)

附录　2024 模拟试题及答案 …………………… (331)

2013 英国化学奥林匹克竞赛试题解析

试题 1 本题涉及使用火箭燃料

试题与解答

好奇号火星探测器于 2012 年 8 月实现登陆,其搭载单一推进剂肼变推力火箭发动机。肼(N_2H_4)由于不产生二氧化碳而受到美国国家航空航天局(NASA)的欢迎。

肼通过合适的催化剂分解为单质。正是这些热气体单质的快速生成为火箭提供了动力。分解过程中生成中间体氨。

1. 写出并配平肼分解为氨气和氮气的方程式。

2. 肼可以通过氨气和过氧化氢反应得到。

$$2NH_3(g) + H_2O_2(l) \longrightarrow N_2H_4(l) + 2H_2O(l)$$

$$\Delta_r H^\ominus = -241.0 \text{ kJ} \cdot \text{mol}^{-1}$$

计算肼分解为单质的标准焓变。

需要用到的标准生成焓(以 $kJ \cdot mol^{-1}$ 为单位)有:
NH_3:-46.1; H_2O_2:-187.8; H_2O:-285.8

3. 第一架装载火箭推进器的战斗机(Messerschmitt Me 163)的动力来源于一种肼-甲醇混合物(C-Stoff)与过氧化氢(T-Stoff)之间的反应。

(1) 肼与过氧化氢的反应方程式如下:

$$N_2H_4(l) + 2H_2O_2(l) \longrightarrow N_2(g) + 4H_2O(l)$$

指出反应物和产物中氮和氧的氧化态。

(2) 过氧化氢氧化甲醇得到二氧化碳和水。写出对应的反应方程式并配平。

(3) 该战斗机可以容纳 225 L 肼和 862 L 甲醇。使用下面给出的标准焓变和密度来计算在标准状态下燃烧该当量火箭燃料所产生的热能。假设所有肼和甲醇都得到充分燃烧。

$\Delta_c H^{\ominus}(N_2H_4) = -622.2 \text{ kJ} \cdot \text{mol}^{-1}$

$\rho_{N_2H_4} = 1.021 \text{ g} \cdot \text{cm}^{-3}$

$\Delta_c H^{\ominus}(CH_3OH) = -726.0 \text{ kJ} \cdot \text{mol}^{-1}$

$\rho_{CH_3OH} = 0.7918 \text{ g} \cdot \text{cm}^{-3}$

4. 在火箭燃料中,肼与四氧化二氮(N_2O_4)混合会形成一种极易自燃的混合物,即反应物在相互接触时会自发点燃。NASA 在许多航天器中使用 N_2H_4/N_2O_4,并且它也很可能被应用于下一代汽车中。

(1) 火箭技术中使用的反应物通常生成化学稳定的气体产物(反应放热,提供推力)。写出 N_2H_4 与 N_2O_4 反应的产物。

(2) 纯 N_2O_4 在加热时一开始并没有分解成单质,而是形成一种棕色气体。写出该棕色气体的化学式。

5. 一种化学式为 $C_2H_8N_2$ 的肼的衍生物被应用在阿波罗计划的火箭燃料中。它的 2 个氮原子的化学环境不同,而 2 个碳原子的化学环境相同。画出 $C_2H_8N_2$ 的结构。

解答 1. 知识点:化学方程式的书写与配平。

反应物为 N_2H_4,分解产物为 NH_3 与 N_2,因此配平后的方程式为

$$3N_2H_4 \longrightarrow 4NH_3 + N_2$$

2. 知识点:反应焓变与生成焓的计算。

$\Delta_r H^{\ominus} = \Delta_f H^{\ominus}(N_2H_4(l)) + 2 \times \Delta_f H^{\ominus}(H_2O(l))$
$\qquad - (2 \times \Delta_f H^{\ominus}(NH_3(g)) + \Delta_f H^{\ominus}(H_2O_2(l)))$
$\qquad = -241.0 \text{ kJ} \cdot \text{mol}^{-1}$

$\Delta_f H^{\ominus}(N_2H_4(l)) = \{-241.0 - 2 \times (-285.8)$
$\qquad + [2 \times (-46.1)$

$$+ (-187.8)]\} \text{ kJ} \cdot \text{mol}^{-1}$$
$$= 50.6 \text{ kJ} \cdot \text{mol}^{-1}$$

而我们需要计算以下分解反应的焓变：
$$N_2H_4 \longrightarrow N_2 + 2H_2$$

注意到该反应为 N_2H_4 的生成焓表达式的逆反应，因此其焓变为生成焓的相反数，即 $-50.6 \text{ kJ} \cdot \text{mol}^{-1}$。

3. 知识点：氧化态的计算；化学方程式的书写与配平；热化学的计算。

（1）N_2H_4 中氢元素的氧化态为 +1，因此氮元素的氧化态为 -2。

H_2O_2 中氢元素的氧化态为 +1，因此氧元素的氧化态为 -1。

N_2 为单质，因此氮元素的氧化态为 0。

H_2O 中氢元素的氧化态为 +1，因此氧元素的氧化态为 -2。

（2）反应物为 CH_3OH 与 H_2O_2，产物为 CO_2 与 H_2O，因此配平后的方程式为
$$CH_3OH + 3H_2O_2 \longrightarrow CO_2 + 5H_2O$$

（3）首先通过密度与体积计算出 N_2H_4 与 CH_3OH 的质量与物质的量：

$$m_{N_2H_4} = 1.021 \text{ g} \cdot \text{cm}^{-3} \times 225 \times 10^3 \text{ cm}^3$$
$$= 2.30 \times 10^5 \text{ g}$$
$$n_{N_2H_4} = \frac{2.30 \times 10^5 \text{ g}}{32.05 \text{ g} \cdot \text{mol}^{-1}} = 7.18 \times 10^3 \text{ mol}$$
$$m_{CH_3OH} = 0.7918 \text{ g} \cdot \text{cm}^{-3} \times 862 \times 10^3 \text{ cm}^3$$
$$= 6.83 \times 10^5 \text{ g}$$
$$n_{CH_3OH} = \frac{6.83 \times 10^5 \text{ g}}{32.04 \text{ g} \cdot \text{mol}^{-1}} = 2.13 \times 10^4 \text{ mol}$$

然后通过摩尔燃烧焓计算出完全燃烧反应放出的热量：

$$q_{N_2H_4} = |\Delta_c H^{\ominus}(N_2H_4) \cdot n_{N_2H_4}|$$
$$= |-622.2 \text{ kJ} \cdot \text{mol}^{-1} \times 7.18 \times 10^3 \text{ mol}|$$
$$= 4.47 \times 10^6 \text{ kJ}$$
$$q_{CH_3OH} = |\Delta_c H^{\ominus}(CH_3OH) \cdot n_{CH_3OH}|$$
$$= |-726.0 \text{ kJ} \cdot \text{mol}^{-1} \times 2.13 \times 10^4 \text{ mol}|$$
$$= 1.55 \times 10^7 \text{ kJ}$$

$$q_{\text{total}} = q_{N_2H_4} + q_{CH_3OH} = 2.00 \times 10^7 \text{ kJ}$$

4. 知识点：氮的元素化学。

(1) 反应物为 N_2H_4 与 N_2O_4，产物为稳定的气体，因此易知它们是 N_2 与 H_2O。反应方程式为

$$2N_2H_4 + N_2O_4 \longrightarrow 3N_2 + 4H_2O$$

(2) 氮氧化合物中呈现的红棕色的气体为二氧化氮，即 NO_2。

5. 知识点：化学环境；有机分子结构推断。

由于 $C_2H_8N_2$ 为 N_2H_4 的衍生物（derivative），它必定具有以下结构：

由于 2 个碳原子化学环境相同，因此易知它们都形成了甲基（—CH_3）。又因为 2 个氮原子的化学环境不同，因此 2 个甲基都连在相同的氮原子上：

背景拓展阅读

火箭用什么作为推进剂？

运载火箭需要能量来将航天器送至外太空，而此能量来源于燃料。火箭燃料通常可以根据状态分为固体火箭燃料和液体火箭燃料。

固体火箭燃料

固体火箭燃料往往是固体氧化剂（例如硝酸铵、高氯酸铵等）、固体燃料化合物（例如旋风炸药 RDX、铝粉等）以及塑化剂和稳定剂（如氧化铜等）的混合物。

固体火箭燃料的优点是结构简单、储存方便和处理过程简易,而且研发成本低廉。

其缺点之一是燃烧时间短、比冲小,也就是推进效率比液体燃料低很多。所以用固体火箭发射卫星往往需要多级串联。缺点之二是燃烧过程难以控制,很难调整推力。所以无法将其运用到需要精确调整运行轨道的二级或三级火箭中。另外,固体的燃烧速率受表面积影响较大,因此其中存在的缺陷、空隙等都可能导致燃烧过热、过快,引发灾难性后果。

液体火箭燃料

液体火箭燃料通常可以分为:

(1) 低温型,例如液氢+液氧和液态甲烷+液氧等。

(2) 半低温型,例如液态煤油+液氧等。

(3) 非低温型,例如 C-Stoff + T-Stoff 和甲肼+四氧化二氮等。

液氢+液氧:液体火箭燃料中的王者

该组合的最大优点是燃烧热巨大,喷气速度可以达到 4200 m·s^{-1},比冲高达 457 s。其次,液氢与液氧的燃烧反应容易控制,因此常被用于需要间歇工作的二级或者三级火箭中。其他优点还有无毒环保、无腐蚀性等。

其缺点为密度太低,需要很大的燃料箱,且所需温度极低(液氢沸点为 -252 ℃),因此保温外壳占据了很大的比例。

试题 2 本题涉及英国自行车项目

 试题与解答

英国代表队在 2012 年伦敦运动会上表现最为成功的是自行车项目。英国自行车手赢得了 8 枚金牌、2 枚银牌和 2 枚铜牌。另外,布拉德利·维金斯(Bradley Wiggins)还成为了首个赢得环法大赛的英国人。

1. 铜牌里含有铜。将 0.800 g 的铜牌样品溶解于热浓硝酸溶液中,冷却并稀释后,加入过量碘化钾溶液,将溶液定容至 250.0 cm^3。以淀粉溶液为指示剂,25.00 cm^3 的该溶液样品需要消耗 12.20 cm^3 0.100 mol·dm^{-3} 硫代硫酸钠溶液。

计算铜牌中铜元素的质量分数。

$$2Cu^{2+}(aq) + 4I^-(aq) \longrightarrow 2CuI(s) + I_2(aq)$$
$$I_2(aq) + 2S_2O_3^{2-}(aq) \longrightarrow 2I^-(aq) + S_4O_6^{2-}(aq)$$

2. 2012 年伦敦奥运会的所有奖牌的直径为 85 mm,厚度为 7 mm。银牌中含有 92.5% 的银和 7.5% 的铜(质量分数)。

计算银牌的质量。假设合金的密度与其各组分的质量成正比。

已知密度(以 g·cm^{-3} 为单位):
  Ag 10.49; Cu 8.96

3. 金牌含有金、银和铜。将 5.000 g 的金牌样品与过量浓硝酸溶液一起加热,将所得沉淀通过过滤进行分离,清洗,干燥后称重。它的质量为 0.067 g。接着在该溶液中加入过量稀盐酸。将产生的沉淀过滤,清洗,干燥后称重。它的质量为 6.144 g。

计算金牌中金、银和铜的质量分数。

英国选手的自行车均为个人定制,在满足各自的需求的同时尽可能保持更轻的重量。其中一种减轻重量的方式是更换自行车轮胎中的气体。

你可以假设本题中的气体都是理想气体并遵循理想气体状态方程,即
$$pV = nRT$$
其中,p 为压强(以 Pa 为单位);V 为体积(以 m³ 为单位);n 为物质的量;R 为气体常数,等于 8.31 J·K⁻¹·mol⁻¹;T 为温度(以 K 为单位)。

自行车轮胎的形状可以近似为环形曲面。环形曲面的体积 V 的计算式如下:
$$V = \frac{\pi^2 r d^2}{2}$$
其中,r 为环形曲面的中心与内胎中心的距离;d 为内胎的直径。

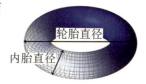

4. 常见自行车的轮胎直径(wheel diameter)为 66 cm,内胎直径(tyre diameter)为 23 mm。

计算内胎的体积(以 m³ 为单位)。

5. (1) 内胎中的气压通常为 120 psi,远高于大气压强。1 psi = 6895 Pa。

计算 25 ℃时内胎中气体的物质的量。

(2) 假设空气是 80%氮气和 20%氧气的混合物,计算一辆自行车的两个内胎中气体的总质量。

(3) 在自行车项目中,即使是很小的差别也可以左右比赛的胜负。如果不是因为氦原子过小以至于会过快地从内胎的橡胶中逃逸的话,将内胎中的空气替换为质量更小的氦气是非常值得考虑的。

如果两个轮胎都充满氦气而不是空气,计算所减少的质量。

(4) SF_6 是在该压强下仍能保持气体形态的最高密度的物质。

如果两个轮胎都充满 SF_6,计算所增加的质量。

解答 1. 知识点:氧化还原滴定;化学计量学。

首先计算 25.00 cm³ 溶液中铜离子的物质的量:

$n_{Cu^{2+}} = 2 \cdot n_{I_2} = n_{S_2O_3^{2-}}$

$\qquad = 12.20 \times 10^{-3}$ dm³ × 0.100 mol·dm⁻³

$\qquad = 1.22 \times 10^{-3}$ mol

然后计算 250.0 cm³ 溶液中铜离子的物质的量：

$$n_{Cu^{2+}} = \frac{250.0 \text{ cm}^3}{25.00 \text{ cm}^3} \times 1.22 \times 10^{-3} \text{ mol}$$

$$= 1.22 \times 10^{-2} \text{ mol}$$

最后计算铜的质量和质量分数：

$$m_{Cu} = 1.22 \times 10^{-2} \text{ mol} \times 63.55 \text{ g} \cdot \text{mol}^{-1} = 0.775 \text{ g}$$

$$w_{Cu} = \frac{0.775 \text{ g}}{0.800 \text{ g}} \times 100\% = 96.9\%$$

2. 首先根据题意计算出合金的密度：

$$\rho = (92.5\% \times 10.49 + 7.5\% \times 8.96) \text{ g} \cdot \text{cm}^{-3}$$

$$= 10.38 \text{ g} \cdot \text{cm}^{-3}$$

接着计算出银牌的体积和质量：

$$V = \frac{1}{4} \pi d^2 h = \frac{1}{4} \times \pi \times (8.5 \text{ cm})^2 \times 0.7 \text{ cm}$$

$$= 40 \text{ cm}^3$$

$$m = \rho \cdot V = 10.38 \text{ g} \cdot \text{cm}^{-3} \times 40 \text{ cm}^3 = 415 \text{ g}$$

3. 知识点：本题考查金、银、铜的化学性质；化学计量学。

① 金不溶解于浓硝酸，因此不溶解的沉淀即为金：

$$m_{Au} = 0.067 \text{ g}$$

$$w_{Au} = \frac{0.067 \text{ g}}{5.000 \text{ g}} \times 100\% = 1.34\%$$

② 银与硝酸反应生成硝酸银，再与稀盐酸反应得到氯化银沉淀：

$$n_{Ag} = n_{AgCl} = \frac{6.144 \text{ g}}{143.32 \text{ g} \cdot \text{mol}^{-1}} = 4.287 \times 10^{-2} \text{ mol}$$

$$m_{Ag} = 4.287 \times 10^{-2} \text{ mol} \times 107.87 \text{ g} \cdot \text{mol}^{-1} = 4.624 \text{ g}$$

$$w_{Ag} = \frac{4.624 \text{ g}}{5.000 \text{ g}} \times 100\% = 92.48\%$$

③ 剩余质量为铜：

$$w_{Cu} = 100\% - 1.34\% - 92.48\% = 6.18\%$$

4. 本题为数学几何计算题，可作出简单的图示。

$$r = \frac{1}{2} A - \frac{1}{2} B = 31.85 \text{ cm}$$

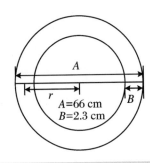

$$V = \frac{\pi^2 rd^2}{2} = \frac{\pi^2 \times 31.85 \text{ cm} \times (2.3 \text{ cm})^2}{2}$$
$$= 8.3 \times 10^2 \text{ cm}^3 = 8.3 \times 10^{-4} \text{ m}^3$$

5. 知识点：气体的化学计量学。

(1) 使用理想气体状态方程，即

$$n = \frac{pV}{RT}$$

$$= \frac{120 \times 6895 \text{ Pa} \times 8.3 \times 10^{-4} \text{ m}^3}{8.31 \text{ Pa} \cdot \text{m}^3 \cdot \text{K}^{-1} \cdot \text{mol}^{-1} \times (25 + 273) \text{ K}}$$

$$= 0.277 \text{ mol}$$

(2) 一个轮胎内氮气的物质的量与质量：

$$n_{N_2} = 0.277 \text{ mol} \times 80\% = 0.222 \text{ mol}$$
$$m_{N_2} = 6.22 \text{ g}$$

一个轮胎内氧气的物质的量与质量：

$$n_{O_2} = 0.277 \text{ mol} \times 20\% = 0.0554 \text{ mol}$$
$$m_{O_2} = 1.77 \text{ g}$$

两个轮胎内气体的总质量：

$$m_{\text{total}} = 2 \times (6.22 \text{ g} + 1.77 \text{ g}) = 15.98 \text{ g}$$

(3) 两个轮胎内氦气的总质量：

$$m_{He} = 2n_{He} \cdot M_{He}$$
$$= 2 \times 0.277 \text{ mol} \times 4.003 \text{ g} \cdot \text{mol}^{-1}$$
$$= 2.22 \text{ g}$$

减少的质量：

$$m_{\text{reduction}} = 15.98 \text{ g} - 2.22 \text{ g} = 13.76 \text{ g}$$

(4) 两个轮胎内 SF_6 气体的总质量：

$$m_{SF_6} = 2n_{SF_6} \cdot M_{SF_6}$$
$$= 2 \times 0.277 \text{ mol} \times 146.06 \text{ g} \cdot \text{mol}^{-1}$$
$$= 80.9 \text{ g}$$

增加的质量：

$$m_{\text{increase}} = 80.9 \text{ g} - 15.98 \text{ g} = 64.9 \text{ g}$$

试题 3 本题涉及基于有色化合物的基础化学知识

试题与解答

化学家们通过颜色辨识许多化合物。

本题测试你在化学学习过程中遇到的一系列化学品的颜色的知识。

1. 下表罗列了一些颜色。对于每个颜色,如果以下化合物中其中一个呈现该颜色,给出其字母。如果这个颜色无法通过单一物质得到,给出两种混合后可以产生该颜色的物质的字母。同一种物质可以被多次使用。

从中选择

A = $CaCl_2(s)$ F = $FeSO_4 \cdot 7H_2O(s)$

B = $CuO(s)$ G = $K_2Cr_2O_7(s)$

C = $Cu_2O(s)$ H = $NaOH(aq)$

D = $CuSO_4(s)$ I = $VSO_4 \cdot 7H_2O(s)$

E = $Al_2O_3(s)$ J = $ZnCl_2(s)$

颜色	字母
红色	
橙色	
黄色	
绿色	
蓝色	
紫色	

2. 一个学生面对 7 种未知水溶液。每种溶液都只含有一种溶质,并且所有溶液各不相同。为了辨识每种溶液,该学生将各种溶液配对混合。下表为这些实验的结果。空格代表没有明显实验现象。

分析这些实验结果并将以下物质与溶液 T~Z 进行配对：

氯化钡　　溶解的氯气（如氯水）　　硫酸铁(Ⅱ)　　硝酸铅(Ⅱ)

硝酸银　　碳酸钠　　碘化钠

	T	U	V	W	X	Y	Z
T		亮黄色沉淀	白色沉淀	—	白色沉淀	白色沉淀	白色沉淀
U	亮黄色沉淀		—	黄色沉淀	—	—	红棕色溶液
V	白色沉淀	—		白色沉淀（光照时变暗）	白色沉淀	白色沉淀	—
W	—	黄色沉淀	白色沉淀（光照时变暗）		米白色沉淀	白色沉淀	白色沉淀（光照时变暗）
X	白色沉淀	—	白色沉淀	米白色沉淀		黄绿色沉淀（静置后变棕色）	—
Y	白色沉淀	—	白色沉淀	白色沉淀	黄绿色沉淀（静置后变棕色）		淡黄色溶液
Z	白色沉淀	红棕色溶液	—	白色沉淀（光照时变暗）	—	淡黄色溶液	

解答 1. 知识点：常见无机化合物的颜色。

化合物 A~J 的颜色：

化合物	颜色	化合物	颜色
A = CaCl$_2$(s)	白	F = FeSO$_4 \cdot$ 7H$_2$O(s)	浅绿
B = CuO(s)	黑	G = K$_2$Cr$_2$O$_7$(s)	橙
C = Cu$_2$O(s)	鲜红	H = NaOH(aq)	白
D = CuSO$_4$(s)	白	I = VSO$_4 \cdot$ 7H$_2$O(s)	紫
E = Al$_2$O$_3$(s)	白	J = ZnCl$_2$(s)	白

因此,红色为 C,橙色为 G,绿色为 F,紫色为 I。

黄色需要混合 G 与 H:

$$Cr_2O_7^{2-} + 2OH^- \longrightarrow 2CrO_4^{2-}(黄色) + H_2O$$

蓝色需要混合 D 与 H:

$$Cu^{2+} + 2OH^- \longrightarrow Cu(OH)_2(蓝色)$$

2. 知识点:元素化学知识。

本题信息量较大,因此解题步骤不唯一。这里仅提供一种思路。

① 在日光下变暗的白色沉淀为 AgCl。而 V + W 与 Z + W 混合均能产生这种沉淀,因此 W 为含有银离子的 AgNO$_3$,而 V 和 Z 为可以产生氯离子的 Cl$_2$(aq)或者 BaCl$_2$。

② Z + U 反应生成红棕色溶液,易知其为单质碘溶液。因此 Z 为 Cl$_2$(aq),U 为 NaI,V 为 BaCl$_2$。

③ T 与 Cl$_2$(aq)反应生成白色沉淀。因此 T 为 Pb(NO$_3$)$_2$,白色沉淀为 PbCl$_2$。

④ Y 与 Cl$_2$(aq)反应生成淡黄色溶液。因此 Y 为含有 Fe^{2+} 的 FeSO$_4$,所生成的 Fe^{3+} 呈现淡黄色。

⑤ X 为剩下的 Na$_2$CO$_3$。

本小题中涉及的所有化学(离子)反应方程式如下:

T+U $Pb^{2+} + 2I^- \longrightarrow PbI_2$(亮黄色)

T+V $Pb^{2+} + 2Cl^- \longrightarrow PbCl_2$(白色)

T+X $Pb^{2+} + CO_3^{2-} \longrightarrow PbCO_3$(白色)

T+Y $Pb^{2+} + SO_4^{2-} \longrightarrow PbSO_4$(白色)

T+Z $Cl_2 + H_2O \longrightarrow H^+ + Cl^- + HClO$

  $Pb^{2+} + 2Cl^- \longrightarrow PbCl_2$(白色)

U+W $Ag^+ + I^- \longrightarrow AgI$(黄色)

U+Z $Cl_2 + 2I^- \longrightarrow 2Cl^- + I_2$(红棕色)

V + W	$Ag^+ + Cl^- \longrightarrow AgCl$（白色） $2AgCl \longrightarrow 2Ag$（黑色）$+ Cl_2$
V + X	$Ba^{2+} + CO_3^{2-} \longrightarrow BaCO_3$（白色）
V + Y	$Ba^{2+} + SO_4^{2-} \longrightarrow BaSO_4$（白色）
W + X	$2Ag^+ + CO_3^{2-} \longrightarrow Ag_2CO_3$（白色）
W + Y	$2Ag^+ + SO_4^{2-} \longrightarrow Ag_2SO_4$（白色）
W + Z	$Cl_2 + H_2O \longrightarrow H^+ + Cl^- + HClO$ $Ag^+ + Cl^- \longrightarrow AgCl$（白色） $2AgCl \longrightarrow 2Ag$（黑色）$+ Cl_2$
X + Y	$Fe^{2+} + CO_3^{2-} \longrightarrow FeCO_3$（绿色） $4FeCO_3 + O_2 + 6H_2O \longrightarrow 4Fe(OH)_3$（棕色）$+ 4CO_2$
Y + Z	$2Fe^{2+} + Cl_2 \longrightarrow 2Fe^{3+}$（淡黄色）$+ 2Cl^-$

背景拓展阅读

常见化合物的颜色

显色原理

大多数化合物会吸收一定波长的光子，从而呈现出去除了吸收的光后所剩下的补色。

具体波长和颜色对应关系如下面的色环所示。例如，一个化合物吸收波长为 470 nm 的光，那对应的是蓝色光，所以该化合物呈现的是蓝色对应的补色，即为对面的橙色。

常见化合物的颜色

　　$HgS(s)$、$NO_2(g)$、$Pb_3O_4(s)$、$Cu_2O(s)$、$HgI_2(s)$、

$CrO_3(s)$、$Ag_2CrO_4(s)$、$Co(OH)_2(s)$为红色。

$Pb_2O_3(s)$、$Cs_2O(s)$、$Cr_2O_7^{2-}(aq)$、$K_2Cr_2O_7(s)$为橙色。

$S(s)$、$CdS(s)$、$Ag_3PO_4(s)$、$PbO(s)$、$PbI_2(s)$、$AgBr(s)$、$AgI(s)$、$CrO_4^{2-}(aq)$为黄色。

$Ni(OH)_2(s)$、$Ni^{2+}(aq)$、$FeSO_4 \cdot 7H_2O(s)$、$V^{3+}(aq)$为绿色。

$CuSO_4 \cdot 5H_2O(s)$、$Cu(OH)_2(s)$、$CoCl_2(s)$、$KFe[Fe(CN)_6](s)$为蓝色。

$MnO_4^-(aq)$、$KMnO_4(s)$、$Fe^{3+}(aq)$、$Mn^{3+}(aq)$为紫色。

$ZnS(s)$、$P_4O_{10}(g)$、$PbCl_2(s)$、$PbSO_4(s)$、$CuX(Cl/Br/I)(s)$、$CuSO_4(s)$、$AgF(s)$、$ZnS(s)$、$ZnCl_2(s)$、$Hg_2Cl_2(s)$、$HgCl_2(s)$、$Fe(OH)_2(s)$为无色/白色。

试题 4 本题涉及药物滥用

试题与解答

药物地西泮（Valium）与阿普唑仑（Xanax）属于苯二氮化合物，该类化合物曾经一度被誉为很多疾病的药方。在 1988 年，由于这些药物的滥用，英国药物安全委员会建议医生们在处方中限制使用它们；然而 2010 年在英国就开出超过 660 万份包含苯二氮的处方，用以治疗焦虑症。

从 4-氯苯胺合成地西泮的路线图以及每步的产率如下所示。副产物并没有展示出来。

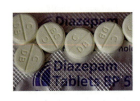

4-氯苯胺
C_6H_6NCl $\xrightarrow[87\%]{Br_2}$ A $\xrightarrow[66\%]{CH_3I}$ B C_7H_7NClBr

$$\text{HO}\underset{\text{O}}{\overset{}{\diagdown}}\text{CH}_2\text{NH-C(O)-O-CH}_2\text{C}_6\text{H}_5 \xrightarrow{\text{PCl}_5} \text{C}$$

$$\text{B + C} \xrightarrow{81\%} \underset{C_{17}H_{16}O_3N_2ClBr}{D} \xrightarrow[\substack{-CO_2 \\ -C_6H_5CH_2Br \\ 77\%}]{\text{先加HBr} \\ \text{再加NaOH}} \underset{C_9H_{10}N_2OClBr}{E}$$

$$E \xrightarrow[90\%]{\text{CH}_3\text{COCl}} \underset{C_{11}H_{12}N_2O_2ClBr}{F} \xrightarrow[\substack{\text{一氧化碳+} \\ \text{金属催化剂} \\ \text{(成环反应)} \\ 48\%}]{} \underset{C_{12}H_{11}N_2O_3Cl}{\text{(中间体)}}$$

$$\xrightarrow[86\%]{C_6H_5MgBr} \underset{C_{18}H_{17}N_2O_3Cl}{G} \xrightarrow[\substack{+2NH_2OH \\ -H_2O \\ -CH_3CONHOH \\ 89\%}]{} \underset{C_{16}H_{16}N_3O_2Cl}{H} \xrightarrow[91\%]{NaHSO_3} \underset{\substack{C_{16}H_{13}N_2OCl \\ 284.734 \text{ g·mol}^{-1}}}{\text{地西泮}}$$

1. （1）计算从 4-氯苯胺合成地西泮的总产率。

（2）一名患者的处方是连续三年每天服用四次（剂量（dose）为 5 mg）。

计算合成该患者处方中的药物所需地西泮以及 4-氯苯胺的质量。

2. 画出合成地西泮过程中的中间产物 A～H 的结构。

人们发现在肝脏中地西泮会发生甲基化反应。该去甲基化反应的产物被用来合成药物阿普唑仑。

地西泮 $\xrightarrow{\text{肝脏中N-去甲基化反应}}$ 去甲基地西泮

3. 阿普唑仑的合成路线如下图所示。画出反应中间产物 I、J 和 K 的结构。

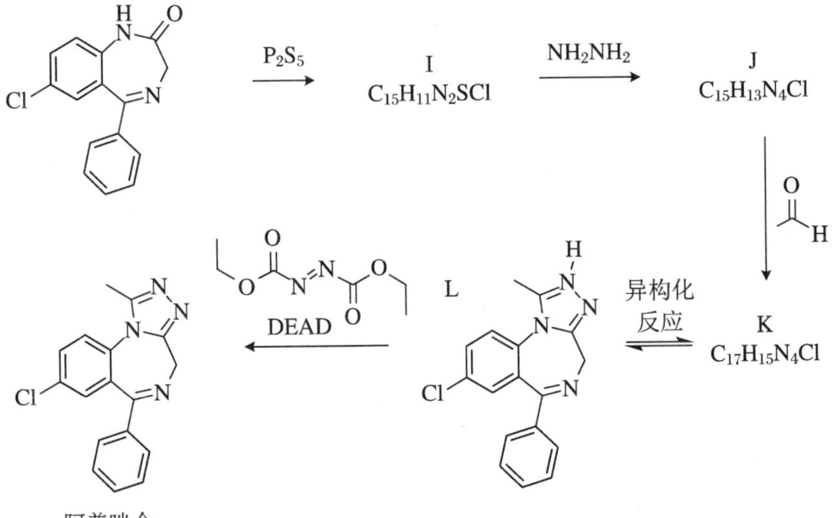

4. 在合成过程的最后阶段,用一种被称作"DEAD"的化合物处理 L 将其转变成阿普唑仑。DEAD 代表的是偶氮二甲酸二乙酯。

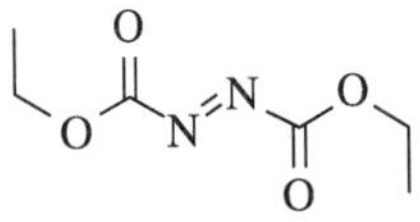

L 转变成阿普唑仑的反应属于哪种类型?

异构化 水解 缩合 氧化 还原

解答 1. 知识点:化学计量学。

(1) 总反应产率为每步产率的乘积,因此总产率为

$87\% \times 66\% \times 81\% \times 77\% \times 90\% \times 48\% \times 86\% \times 89\% \times 91\% = 10.8\%$

(2) $m_{\text{地西泮}} = 5 \text{ mg} \cdot \text{dose}^{-1} \times 4 \text{ dose} \cdot \text{d}^{-1} \times 365 \text{ d} \cdot \text{a}^{-1}$
$\times 3 \text{ a} = 21900 \text{ mg} = 21.9 \text{ g}$

$$n_{\text{地西泮}} = \frac{21.9 \text{ g}}{284.734 \text{ g} \cdot \text{mol}^{-1}} = 7.69 \times 10^{-2} \text{ mol}$$

通过合成路线可知,假设产率为 100%,地西泮与 4-氯苯胺的物质的量之比为 1∶1。因此根据实际产率可得

$n_{\text{4-氯苯胺}} = 7.69 \times 10^{-2} \text{ mol} \div 10.8\% = 0.712 \text{ mol}$

$m_{\text{4-氯苯胺}} = 0.712 \text{ mol} \times 127.57 \text{ g} \cdot \text{mol}^{-1} = 90.8 \text{ g}$

2. 知识点:苯环的亲电取代;胺的亲核取代;羧酸氯代;酯的水解;脱羧反应;格氏试剂与羰基化合物的

反应。

① 4-氯苯胺 ⟶ A。

本反应为苯环上的亲电取代反应。首先在地西泮的结构式中找到 4-氯苯胺的结构（红色部分）。

因此反应发生在 4-氯苯胺中氨基的邻位：

② A ⟶ B。

本反应为胺的甲基化反应。

③ 生成 C。

本步骤为羧基的氯代反应，形成酰氯。

④ B + C ⟶ D。

通过 D 的分子式可知，B + C ⟶ D 的过程中脱去了一分子 HCl，因此该反应为胺的酰基化。

⑤ D ⟶ E。

通过比较 D 与 E 的分子式以及反应条件下的提示可知，D ⟶ E 的过程中发生了酯的水解以及脱羧反应。

⑥ E ⟶ F。

与 B+C ⟶ D 类似，也是胺的酰基化反应，脱去一分子 HCl。

⑦ 生成 G。

本步推断是本题最大的难点。

首先通过反应条件和分子式的变化，可知该反应很可能为苯基格氏试剂对于羰基的亲核加成反应。

接着观察最终产物地西泮的结构，可知格氏试剂进攻的是苯环 α 位的羰基。

然后根据 G ⟶ H 这一步的提示，可知 G 有一个乙酰基（与羟胺 NH_2OH 形成 $CH_3CONHOH$）以及另一个羰基(与羟胺反应脱去一分子 H_2O)。

综合以上信息可得出

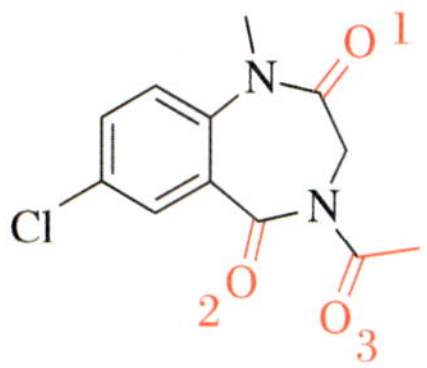

在化合物 G 的前驱化合物中,

a. 1 号羰基没有参与反应,因为在地西泮中该羰基依然存在。

b. 2 号羰基被格氏试剂进攻,但反应后又变回了羰基。

c. 3 号羰基没有参与反应。

所以生成 G 的反应为格氏试剂的加成-消除反应,过程如下:

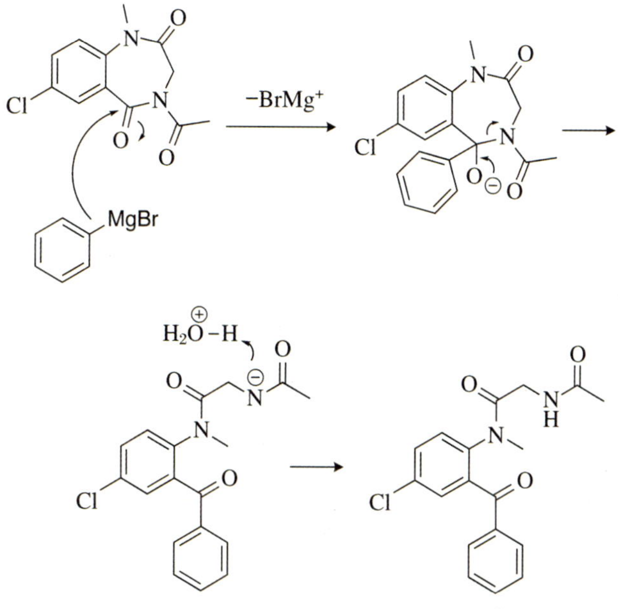

⑧ G ⟶ H。

本步骤为羟胺对羰基化合物的亲核加成-消除反应。

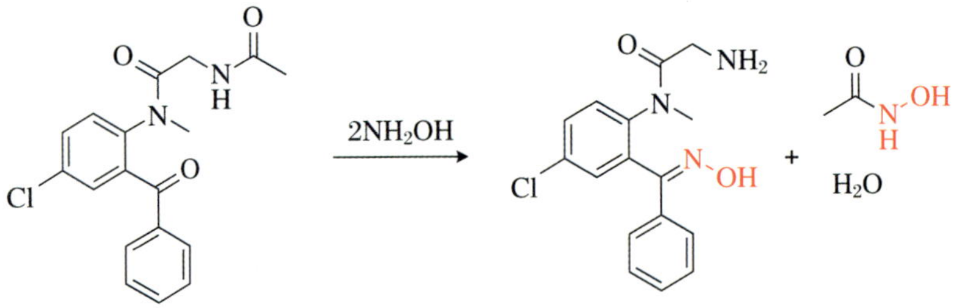

[G] —2NH₂OH→ [H] + CH₃C(=O)NHOH + H₂O

3. 知识点：胺对羰基化合物的亲核加成-消除反应。

① 起始物 ⟶ I。

比较 I 与起始物的化学式可知，起始物中的氧原子被替换成硫原子后形成了化合物 I。

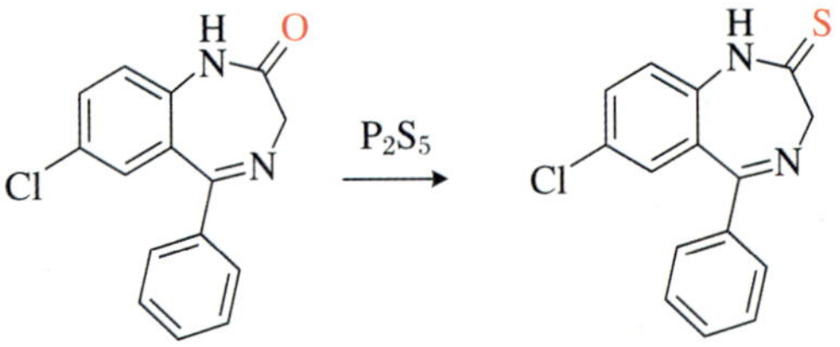

[结构式] —P₂S₅→ [I]

② I ⟶ J。

比较 I 与 J 的化学式可知，I ⟶ J 为联胺对硫羰基化合物的亲核加成-消除反应，脱去一分子 H_2S。J 有一对互变异构体，画出其中之一即可。

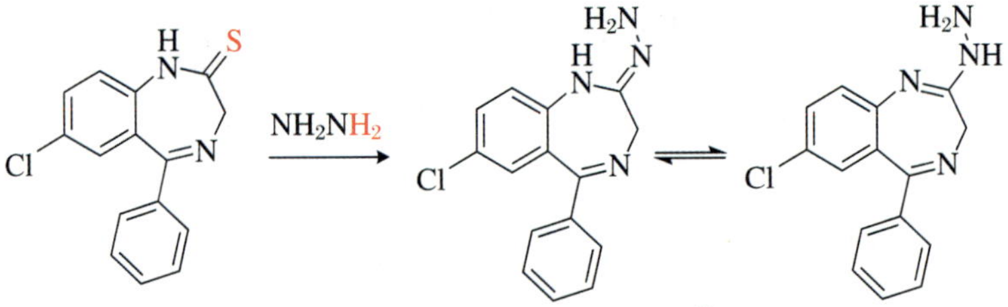

[I] —NH₂NH₂→ [J 结构式 ⇌ 互变异构体]

③ J ⟶ K。

本步骤为胺类化合物对醛类化合物的亲核加成-消除反应，脱去一分子 H_2O。K 同样有一对互变异构体，画出其中之一即可。

4. 知识点：有机化学反应类型。

比较化合物 L 与阿普唑仑的结构易知，阿普唑仑比化合物 L 少了 2 个氢原子，因此该反应类型为氧化反应。

思考

（1）为什么合成 J 的过程中，要先将酰胺的氧原子取代为硫原子？

（2）在 J 的两个互变异构体中，哪一个更加稳定？为什么？

试题 5　本题涉及锻炼肌肉

试题与解答

最近，肌酸（creatine）成为了运动员广泛使用的营养补充剂之一。尽管人们对于肌酸是否真具有所宣称的功效颇有争议，但是普遍认为使用肌酸可以短期增加体重/肌肉容量。下图为肌酸的结构：

肌酸

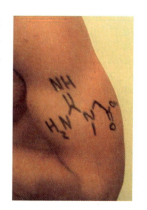

在体内，肌酸会转化为磷酸肌酸，磷酸肌酸在肌肉组织中起到存储能量的作用。它在身体需要的时候会快速调动并将二磷酸腺苷（ADP）转化为三磷酸腺苷（ATP）——身体的"能量货币"。

1. 肌酸通常以"纯一水肌酸"(monohydrate)胶囊的形式售卖。写出纯一水肌酸的分子式。

2. 肌酸在有机体内通过3种氨基酸合成得到：甘氨酸(glycine)、蛋氨酸(methionine)和精氨酸(arginine)。

对肌酸的每个碳原子(标注为①～④)，分别指出它们来自于这3种氨基酸中的哪个碳原子(标注为Ⓐ～Ⓜ)，并将答案写在下表中。

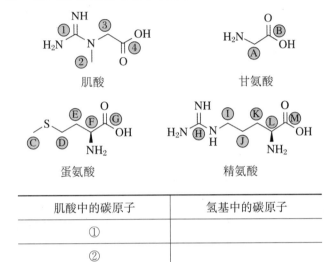

肌酸

甘氨酸

蛋氨酸

精氨酸

肌酸中的碳原子	氨基中的碳原子
①	
②	
③	
④	

3. 与氨基酸类似的是，在不同pH的溶液中，肌酸会以不同的离子形式存在。这也导致分子整体电荷的变化。画出肌酸在以下不同pH的溶液中的最普遍形式(每个溶液的总电荷已经给出)：

(1) pH=1(总电荷=+1)。

(2) pH=2(总电荷=中性)。

(3) pH=12(总电荷=-1)。

肌酸和这些氨基酸的结构可以通过^{1}H NMR进行分析。由于它们是极性分子，NMR光谱测试在D_2O溶剂中进行。在D_2O中，与氮或者氧原子连接的质子会与溶剂的氘原子快速交换。这就意味着在进行NMR测试时，所有的N—H键被N—D键所替代，并且所有O—H键被O—D键所替代。氘原子的信号无法在^{1}H NMR光谱中观测到,因此分子中 N—H 或者 O—H 基团的信号无法出现在光谱中。

能观测到的信号数取决于分子的对称性。处于不同环境的氢原子会在光谱中给出不同化学位移的信号。有时,当化学位移差别特别小时,两个不同环境的信号会互相重叠。

信号的形状因耦合效应而变得复杂。如果一个氢原子与相距 3 根键以内的另一个氢原子处于不同的环境,它的信号会分裂成数重峰,而不是单重峰。如果一个氢原子与 n 个相距 3 根键以内的氢原子处于不同的化学环境,它的信号则会裂分为 $n+1$ 重等距的峰。这些峰面积的比例符合帕斯卡(Pascal)三角形(如右侧所示)。由于和氧或者氮原子相连的氢/氘原子与溶剂之间的快速交换,该氢/氘原子没有耦合效应。

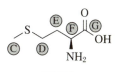

n	峰强度
0	1
1	1:1
2	1:2:1
3	1:3:3:1
4	1:4:6:4:1

4. 现在考虑氨基酸甲硫氨酸。

完成下面的表格,指出甲硫氨酸中碳原子Ⓒ、Ⓓ、Ⓕ上所连质子的信号形状。

蛋氨酸

碳原子	单重峰	1:1 双重峰	1:2:1 三重峰	1:3:3:1 四重峰	1:4:6:4:1 五重峰	观测不到信号峰

5. 通常来说,连接在相同碳原子上的所有质子拥有相同的化学环境,然而这并不是永远正确的。2 个连接在相同碳原子上但有着不同化学环境的质子被称作非对映异位质子。

这种质子通常出现在连接不对称碳原子的碳上。一个不对称碳原子连接有 4 个不同的化学基团。

现在我们考虑甘氨酸、甲硫氨酸与精氨酸。在这 3 种氨基酸中,写出所有这种碳原子的字母,与它们相连的非对映异位质子将在光谱中显示出不同的信号。

在体内,肌酸与环状分子肌酸酐处于化学平衡,如下方程所示。平衡的位置随 pH 的改变而变化。

$$\text{肌酸} \xrightleftharpoons{K} \text{肌酸酐} + H_2O$$

肌酸酐是一种代谢废物。它会在肾脏中被过滤排出。

肌酸/肌酸酐溶液在 D_2O 中的 ^1H NMR 光谱如下图所示。可以观测到 3 个信号。信号 A 来源于肌酸酐。信号 B 来源于肌酸。信号 C 来源于肌酸和肌酸酐。

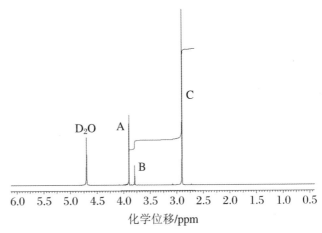

6. 指出肌酸酐的结构。

7. 假设该样品中成分已达平衡,计算在此 pH 和温度下的平衡常数 K 的数值。清晰地展示出你的计算过程。计算中可以忽略水的浓度。

8. 肌酸补充剂的一大问题是大多数摄入的肌酸无法被身体吸收。最近,各种含有肌酸衍生物的补充剂已经上市。为了提高身体的吸收率,这些补充剂通常亲酯性更好(更容易溶解在脂肪中)。

其中一种补充剂在 D_2O 中的 ^1H NMR 光谱如下图所示。为了方便分析,光谱的部分区域已在图片的左侧进行放大展示。

在 pH 为 1 时该补充剂以离子形式存在,但在 pH 为 12 时并不以离子形式存在。

指出该补充剂的结构。

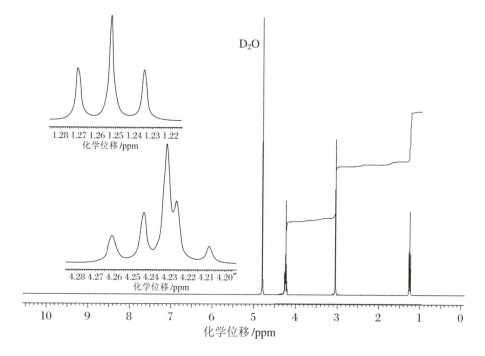

解答 1. "纯一水肌酸"为一水化合物,因此其完整分子式为 $C_4H_9N_3O_2 \cdot H_2O$。

2. 本题考查观察有机分子结构的能力。很容易看出,肌酸左侧部分来自于精氨酸,而右侧部分来自于甘氨酸。

■ 精氨酸的部分
■ 甘氨酸的部分

因此①号碳原子对应于精氨酸中的Ⓗ;③号碳原子对应于甘氨酸中的Ⓐ;④号碳原子对应于甘氨酸中的Ⓑ。

②号碳原子是一个甲基,而唯一的甲基是蛋氨酸中的Ⓒ。

3. 知识点:氨基酸分子在酸碱条件下的存在形态。

(1) pH=1。在酸性条件下,肌酸中具有较强碱性的氨基或亚氨基会被质子化,因此有3种可能质子化产物:

产物1

产物 2 [structure shown with resonance forms]

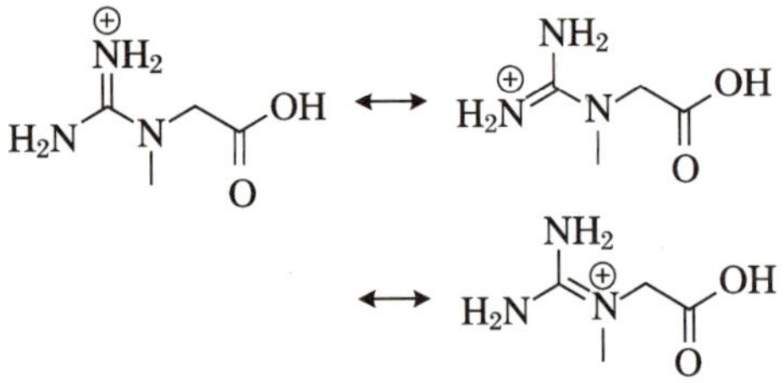

产物 3 [structure shown]

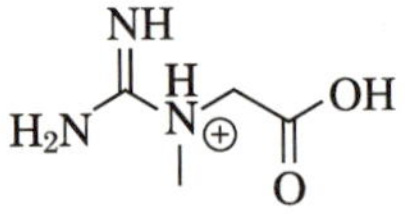

由于产物 2 有更多的共振式,因此稳定性更好,为最佳结构。

(2) pH=7。在中性条件下,肌酸中酸性较强的羧基失去质子,而碱性较强的亚氨基质子化:

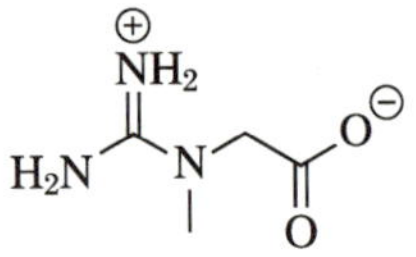

[structure shown]

(3) pH=12。在碱性条件下,肌酸中酸性较强的羧基失去质子:

[structure shown]

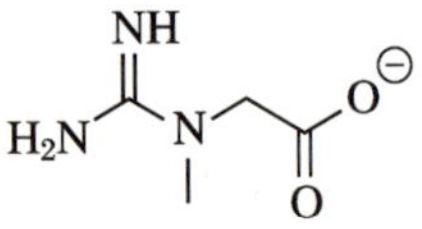

4. 知识点:^{1}H NMR 的峰裂分。

碳原子Ⓒ:没有邻位碳原子,所以^{1}H NMR 信号数为 0+1=1,为单重峰(singlet)。

碳原子Ⓓ:邻位碳原子为连有 2 个氢原子的Ⓔ,所以^{1}H NMR 信号数为 2+1=3,为三重峰(triplet),信号强度比为 1∶2∶1。

碳原子Ⓕ:邻位碳原子为连有 2 个氢原子的Ⓔ,所以^{1}H NMR 信号数为 2+1=3,为三重峰(triplet),信号强度比为 1∶2∶1。

5. 甲硫氨酸中Ⓕ为手性碳原子,因此其相邻碳原子Ⓔ上所连 2 个氢原子为非对映异位质子。精氨酸中Ⓛ为手性碳原子,因此其相邻碳原子Ⓚ上所连 2 个氢原子为非对映异位质子。

6. 肌酸酐为肌酸的分子内脱水产物,易知发生的是分子内氨基与羧基的缩合反应。

$$\text{肌酸} \xrightarrow{-H_2O} \text{肌酸酐}$$

肌酸酐另有 4 种互变异构体，只需要画出其中一种即可。

7. 知识点：^{1}H NMR 的信号强度（积分面积）与浓度成正比。

信号 C 由肌酸与肌酸酐共同组成，所以无法用来计算浓度比例。

因此我们可用 A 峰与 B 峰的积分面积比例来估算浓度比例：

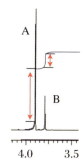

$$K = \frac{\text{肌酸酐浓度}}{\text{肌酸浓度}} = \frac{\text{峰 A 的强度}}{\text{峰 B 的强度}} \approx 4$$

8. ① 根据题意可总结出该化合物的信息并得出推论：

a. 为肌酸的衍生物（结构与肌酸类似）。

b. 更加亲油（引入了非极性基团）。

c. 没有了碱性形态（失去了羧基）。

根据以上推论，可以推测该化合物为肌酸的衍生酯类化合物：

② 测量 ^{1}H NMR 谱图中的积分面积比例。

峰强度$_{\sim 4\text{ ppm}}$：峰强度$_{\sim 3\text{ ppm}}$：峰强度$_{\sim 1\text{ ppm}}$
= 2.4 cm : 1.8 cm : 1.8 cm
= 4 : 3 : 3

因此该化合物中共有 10 个氢原子。除去甲基和亚甲基中的 5 个氢原子，取代基 R 中共有 5 个氢原子。因此取代基 R 为乙基（—CH_2CH_3），该化合物结构为

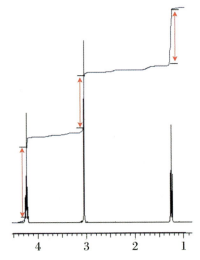

③ 与 ^{1}H NMR 谱图进行比对。

a. 1.25 ppm：该三重峰源于 4 号位置的甲基。因为它的相邻碳原子（3 号位置）上连有 2 个氢原子，将信号裂分为三重峰。

b. 3 ppm：该单重峰源于 1 号位置的甲基。因为它没有相邻碳原子，信号为单重峰。

c. 4.23 ppm：该复杂峰为一个单重峰和一个四重峰重叠而得。单重峰源于 2 号位置的亚甲基。四重峰源于 3 号位置的亚甲基。两者化学位移差别很小，因此重叠在了一起。

2014 英国化学奥林匹克竞赛试题解析

试题1 本题涉及控制磷酸盐含量

 试题与解答

尽管含磷化合物在我们的饮食中必不可少,但是血液中如果有太多磷酸根离子(PO_4^{3-})是有害的。一种治疗磷酸盐过高的方式是使用一种叫作 Fosrenol 的药物,它的活性成分是碳酸镧。

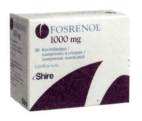

将药品咀嚼后吞下,碳酸根离子首先和胃中的盐酸反应。接着镧离子与磷酸根离子反应生成磷酸镧沉淀。磷酸镧在水中几乎不溶解。

本题中所有镧化合物中镧的氧化态为+3。

1. (1) 写出碳酸镧与盐酸的反应方程式。
(2) 写出生成磷酸镧的离子方程式。

碳酸镧可以通过简单混合硝酸镧和碳酸钠溶液来制备。

2. 写出并配平该反应方程式。

上述反应得到的碳酸镧沉淀通常为八水合物。第一个纯无水碳酸镧的制备是通过先将氧化镧溶解于三氯乙酸中形成三氯乙酸镧,再加热该溶液 6 h,从而得到想要的碳酸盐、三氯甲烷和二氧化碳。

3．(1) 画出三氯乙酸的结构。

(2) 写出氧化镧与三氯乙酸的反应方程式。

(3) 写出生成碳酸镧的反应方程式。

Fosrenol 药片中的碳酸镧是通过混合氯化镧和碳酸氢铵溶液来制备的。该反应释放二氧化碳气体。

4．写出该反应的方程式。

在售的 Fosrenol 有不同剂量的药片："1000 mg""750 mg"和"500 mg"。其中的数字代表药片中含有镧离子的质量。

5．(1) 计算在 1000 mg 药片中含有二水合碳酸镧的质量。

(2) 计算服用一片 1000 mg Fosrenol 药片后能去除的磷酸根离子的质量。

解答 1．知识点：化学反应方程式的书写与配平；离子反应方程式的书写。

(1) 反应物为 $La_2(CO_3)_3$ 与 HCl，和 $CaCO_3$ 与 HCl 的反应进行类比可知此反应亦为复分解反应，因此产物为 $LaCl_3$、CO_2 与 H_2O，配平后的方程式为

$$La_2(CO_3)_3 + 6HCl \longrightarrow 2LaCl_3 + 3CO_2 + 3H_2O$$

(2) $La^{3+} + PO_4^{3-} \longrightarrow LaPO_4$。

2．知识点：化学反应方程式的书写与配平。

反应物为 $La(NO_3)_3$ 与 Na_2CO_3，产物为 $La_2(CO_3)_3$ 与 $NaNO_3$，配平后的方程式为

$$2La(NO_3)_3 + 3Na_2CO_3 \longrightarrow La_2(CO_3)_3 + 6NaNO_3$$

3．知识点：简单有机化合物的结构；化学反应方程式的书写与配平。

(1) 三氯乙酸的结构为用氯原子取代乙酸中的 3 个氢原子：

$$\underset{Cl}{\underset{|}{\overset{Cl}{\overset{|}{Cl-C}}}}-\overset{O}{\overset{\|}{C}}-O-H$$

(2) 反应物为 La_2O_3 与 CCl_3COOH，和 Al_2O_3 与 HCl 的反应进行类比可知产物为 $La(CCl_3COO)_3$ 与 H_2O，配平后的方程式为

$$La_2O_3 + 6CCl_3COOH \longrightarrow 2La(CCl_3COO)_3 + 3H_2O$$

（3）反应物为 $La(CCl_3COO)_3$ 与 H_2O，加热后的产物为 $La_2(CO_3)_3$、$CHCl_3$ 与 CO_2，配平后的方程式为

$$2La(CCl_3COO)_3 + 3H_2O \longrightarrow La_2(CO_3)_3 + 6CHCl_3 + 3CO_2$$

4. 知识点：化学反应方程式的书写与配平。

反应物为 $LaCl_3$ 与 NH_4HCO_3，产物中有 $La_2(CO_3)_3$ 与 CO_2，易知还会产生 NH_4Cl，配平后的方程式为

$$2LaCl_3 + 6NH_4HCO_3 \longrightarrow La_2(CO_3)_3 + 6NH_4Cl + 3CO_2$$

5. 知识点：化学计量学。

（1）

$$n_{La_2(CO_3)_3 \cdot 2H_2O} = \frac{1}{2} n_{La^{3+}} = \frac{1}{2} \cdot \frac{1000 \times 10^{-3} \text{ g}}{138.91 \text{ g} \cdot \text{mol}^{-1}}$$
$$= 3.599 \times 10^{-3} \text{ mol}$$

$$m_{La_2(CO_3)_3 \cdot 2H_2O} = 3.599 \times 10^{-3} \text{ mol} \times 493.88 \text{ g} \cdot \text{mol}^{-1}$$
$$= 1.777 \text{ g}$$

（2）

$$n_{PO_4^{3-}} = n_{La^{3+}} = 7.199 \times 10^{-3} \text{ mol}$$

$$m_{PO_4^{3-}} = 7.199 \times 10^{-3} \text{ mol} \times 94.97 \text{ g} \cdot \text{mol}^{-1}$$
$$= 0.6837 \text{ g}$$

试题 2　本题涉及钠街灯

试题与解答

很多街道都用相当节能的低压钠灯来照明。灯光看上去主要是黄色的，但其光谱显示一系列不同的颜色，每种颜色有特定的频率。仔细分析该光谱可以帮助我们确定钠的第一电离能。

一个原子的"基态"即其中所有电子都在它们可能的最低能级上。

1. 给出基态钠原子的完整电子排布。

"价层电子"是一个中性钠原子中最容易被移除的电子。

2. 钠的价层电子是什么？

我们所熟悉的黄色钠火焰实际上是由钠原子中一个被激发的电子从 3p 轨道掉落到 3s 轨道产生的。该跃迁的波长为 589.8 nm。

波长为 λ（以 m 为单位）的光的能量 E（以 J 为单位）由以下等式给出：

$$E = \frac{hc}{\lambda}$$

其中，h 为普朗克常数，大小为 6.626×10^{-34} J·s；c 为光速，大小为 2.998×10^8 m·s^{-1}。

3. 给出用以下单位来表达的 3p 到 3s 跃迁的能量：

(1) J(atom^{-1})。

(2) kJ·mol^{-1}。

钠的原子发射光谱中包含有一系列的谱线，当用 $1/\lambda$ 对 $1/n^2$ 作图时，它们都落在同一直线上，其中 n 为下表中所示的整数。

波长 λ/nm	466.6	498.0	568.1	818.1
n	6	5	4	3

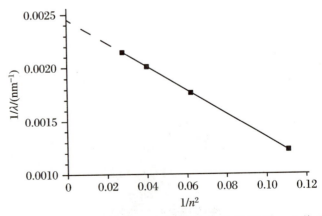

这个线性关系表明，$1/n^2$ 与价电子跃迁到 nd 轨道

的激发态钠原子的电离能(E)成正比：

$$E(n\text{d}) = k \times \frac{1}{n^2}$$

其中，k 为任意常数；n 为主量子数，例如：对于 1s 亚层 $n=1$，对于 2s 和 2p 亚层 $n=2$，对于 3s、3p 和 3d 亚层 $n=3$，以此类推。

注意：图中并没有 n 等于 1 或者 2，这是由于没有 1d 或者 2d 亚层。

4. 当电子从更高的 d 亚层上被移除时，被激发的 nd 电子的电离能趋向于什么数值？

  1 0 无穷大 常数 k

上页表格和图中的每条原子发射谱线都来源于中性钠原子中价电子从激发态 d 亚层跃迁至 3p 亚层。

5. 用 $E(n\text{d})$ 与 $E(3\text{p})$（价电子跃迁至 3p 后激发态钠原子的电离能）来表达这些跃迁的能量变化。

6. (1) 运用上页的图表来计算 $E(3\text{p})$，以 $\text{J}(\text{atom}^{-1})$ 为单位。

(2) 基态钠原子的电离能是多少？以 $\text{kJ} \cdot \text{mol}^{-1}$ 为单位。

解答 1. 知识点：电子排布。

钠原子总共有 11 个电子，因此其基态的电子排布为 $1\text{s}^2 2\text{s}^2 2\text{p}^6 3\text{s}^1$。

2. 知识点：价层电子。

根据电子排布可知，钠原子最外层电子为 3s。

3. 知识点：光能量的计算。

(1) $E = \dfrac{hc}{\lambda}$

$$= \frac{6.626 \times 10^{-34} \text{ J} \cdot \text{s} \times 2.998 \times 10^8 \text{ m} \cdot \text{s}^{-1}}{589.8 \times 10^{-9} \text{ m}}$$

$= 3.37 \times 10^{-19}$ J

(2) $E \cdot N_A = 3.37 \times 10^{-19}$ J $\times 6.02 \times 10^{23}$ mol^{-1}

   $= 2.03 \times 10^5$ J $\cdot$ mol^{-1}

   $= 203$ kJ $\cdot$ mol^{-1}

4. 知识点：电离能；原子轨道能量。

根据电离能的定义，当 n 增大时，电子处于距离原子核更远的轨道上,因此电离能降低,直到趋向于 0。

本题也可以通过所给等式的数学极限来求解:

$$\lim_{n\to\infty} E(n\mathrm{d}) = \lim_{n\to\infty}\left(k \times \frac{1}{n^2}\right) = 0$$

5. 可以用玻恩-哈伯(Born-Haber)循环来分析:

$$n\mathrm{d} \xrightarrow{E(n\mathrm{d})} \text{无穷远(infinity)}$$

$$\Delta E(n\mathrm{d}\to 3\mathrm{p}) \searrow \quad \nearrow E(3\mathrm{p})$$

$$3\mathrm{p}$$

$$\Delta E(n\mathrm{d}\to 3\mathrm{p}) = E(n\mathrm{d}) - E(3\mathrm{p})$$

6. 知识点:玻恩-哈伯循环;光能量的计算。

(1) 根据电离能的定义,我们可以将 3p 电子的电离能理解为将 3p 电子激发至 ∞d 所需的能量。接着我们可以运用第 5 题的结论进行计算:

$$E(3\mathrm{p}) = E(\infty\mathrm{d}) - \Delta E(\infty\mathrm{d}\to 3\mathrm{p})$$

而在第 4 题中,我们已经得出

$$E(\infty\mathrm{d}) = 0$$

$\Delta E(\infty\mathrm{d}\to 3\mathrm{p})$ 这一项可以通过第 3 题后的图得出。

根据题意,每条原子发射光谱线是由电子从 $n\mathrm{d}$ 跃迁至 3p 所致,因此当 n 趋向于 ∞ 时所对应的光谱线即电子从 ∞d 跃迁至 3p 所释放出的能量。通过第 3 题后的图可得其 y 轴截距约为 0.00245 nm^{-1},故有

$$\begin{aligned}\Delta E(\infty\mathrm{d}\to 3\mathrm{p}) &= -hc \cdot \frac{1}{\lambda} \\ &= -6.626 \times 10^{-34} \text{ J·s} \times 2.998 \times 10^8 \text{ m·s}^{-1} \\ &\quad \times 0.00245 \text{ nm}^{-1} \\ &= -4.87 \times 10^{-19} \text{ J}\end{aligned}$$

式中的负号表示 ∞d 与 3p 的能量差为负值。而释放出的能量,即光谱线对应的能量,为正值,两者符号不同但数值相同。

$$E(3\mathrm{p}) = 0 - \Delta E(\infty\mathrm{d}\to 3\mathrm{p}) = 4.87 \times 10^{-19} \text{ J}$$

(2) 可以用玻恩-哈伯循环来分析:

$$3\mathrm{s} \xrightarrow{E(3\mathrm{s})} \text{无穷远}$$

$$E_{3\mathrm{p}}-E_{3\mathrm{s}} \searrow \quad \nearrow E(3\mathrm{p})$$

$$3\mathrm{p}$$

第 3 题中我们已经求出 3p 与 3s 的能量差,因此

$$E(3s) = E_{3p} - E_{3s} + E(3p)$$
$$= 203 \text{ kJ} \cdot \text{mol}^{-1} + 4.87 \times 10^{-19} \times 10^{-3} \text{ kJ}$$
$$\times 6.02 \times 10^{23} \text{ mol}^{-1}$$
$$= 496 \text{ kJ} \cdot \text{mol}^{-1}$$

试题 3　本题涉及祛斑霜

试题与解答

他扎罗汀（Zorac 或者 Tazorac）是一种可以治疗痤疮以及一些其他皮肤症状的药膏。通常药膏中含有 0.05%（质量分数）的他扎罗汀。

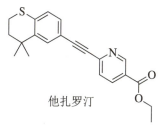

他扎罗汀

1. 他扎罗汀的摩尔质量为 351.46 g·mol⁻¹。假设他扎罗汀药膏的密度是 0.90 g·cm⁻³，计算他扎罗汀在药膏中的浓度，以 mol·dm⁻³ 为单位。

他扎罗汀的合成路线如下图所示。图中并没有展示出所有的副产物。

合成过程从 2-氯-5-甲基吡啶转化为酯 B 开始。

2-氯-5-甲基吡啶

2. 画出化合物 A 和酯 B 的结构。

合成过程的第二部分从硫酚开始，它通过一系列步骤转化成化合物 I。

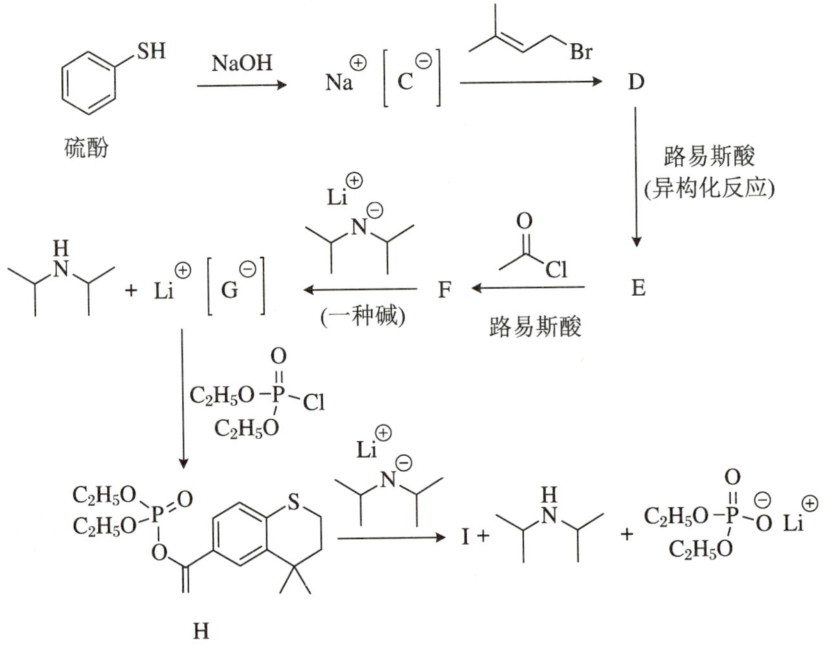

3. 画出化合物 D、E、F 和 I 以及阴离子 C⁻ 和 G⁻ 的结构。

4. 化合物 H 转化成化合物 I 的反应属于哪一类型？
   氧化　　还原　　加成　　消除　　取代

最后，用非常强的碱处理化合物 I 得到阴离子 J⁻。阴离子 J⁻ 与化合物 B 反应生成他扎罗汀。

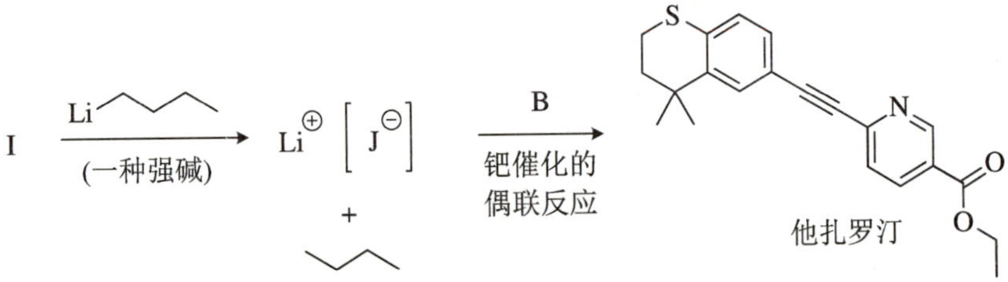

5. 画出阴离子 J⁻ 的结构。

6. 预测一下他扎罗汀的 ¹³C NMR 谱图中有多少信号？

他扎罗汀实际上是一个前体药物，意味着它在人体中会代谢为其活性形态。

其活性形态的摩尔质量为 323.41 g·mol⁻¹，且其 ¹³C NMR 谱图的信号数比他扎罗汀少 2 个。

7. 猜想该活性形态的结构。

解答 1. 知识点：化学计量学。

我们可以假设有 1 dm³ 的他扎罗汀药膏，其质量为

$$0.90 \text{ g} \cdot \text{cm}^{-3} \times 10^3 \text{ cm}^3 = 9.0 \times 10^2 \text{ g}$$

其中含有他扎罗汀的质量为

$$9.0 \times 10^2 \text{ g} \times 0.05\% = 0.45 \text{ g}$$

他扎罗汀的物质的量为

$$\frac{0.45 \text{ g}}{351.46 \text{ g} \cdot \text{mol}^{-1}} = 1.28 \times 10^{-3} \text{ mol}$$

因此他扎罗汀在药膏中的浓度为 1.28×10^{-3} mol·dm⁻³。

2. 知识点：芳香环侧链烷基的氧化；酯化反应。

① 2-氯-5-甲基吡啶 ⟶ A。

本步骤为芳香环侧链烷基的氧化反应，生成芳香酸：

<chemical reaction: 2-氯-5-甲基吡啶 + KMnO₄ → A (6-氯吡啶-3-甲酸)>

② A ⟶ B。

本步骤为酸催化的酯化反应：

<chemical reaction: A + C₂H₅OH / H₂SO₄ → B (6-氯吡啶-3-甲酸乙酯)>

3. 知识点：硫酚的酸性；亲核取代反应；路易斯酸(简称LA)催化的分子内亲电加成；傅克酰基化；碳负离子的形成；消除反应。

① 硫酚 ⟶ Na⁺[C⁻]。

硫酚类似于苯酚，因此巯基上的氢原子具有一定酸性，与碱反应生成对应共轭碱，即

<chemical reaction: PhSH + NaOH → PhS⁻ (C⁻) + H₂O>

② Na⁺[C⁻] ⟶ D。

本步骤为巯基负离子对卤代烃的亲核取代反应：

③ D ⟶ E。

此步骤为路易斯酸催化下的分子内亲电加成反应：

如对该反应不熟悉也可以通过化合物 H 的结构倒推得到。

④ E ⟶ F。

此步骤为傅克酰基化反应，根据 H 的结构可知乙酰基在硫原子的对位：

⑤ F ⟶ Li$^+$[G$^-$]。

注意到 F 为一个酮类化合物，其羰基 α 氢原子具有一定酸性，可以在碱的作用下脱除，形成碳负离子 G$^-$：

⑥ H ⟶ I。

该步骤为强碱作用下的消除反应。取代烯烃的消除反应较少见，该反应的发生是因为较强的碱性和较强的离去基团 $(C_2H_5O)_2PO_2^-$：

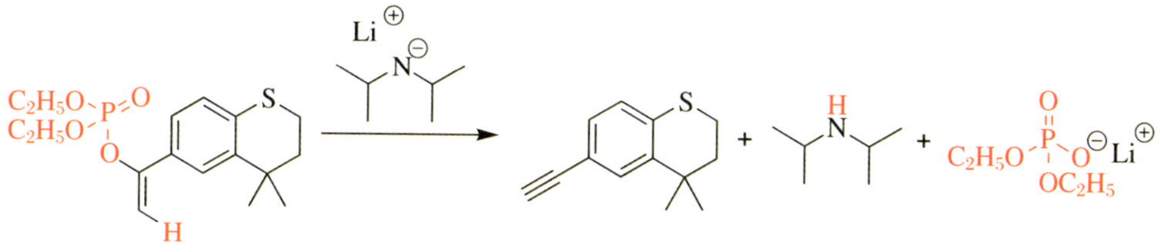

H　　　　　　　　　　I

4. 知识点：有机反应类型。

H ⟶ I 为消除反应。

5. 知识点：端基炔烃的酸性。

炔烃端基氢原子具有较弱酸性，因此可以在强碱的作用下形成炔烃碳负离子：

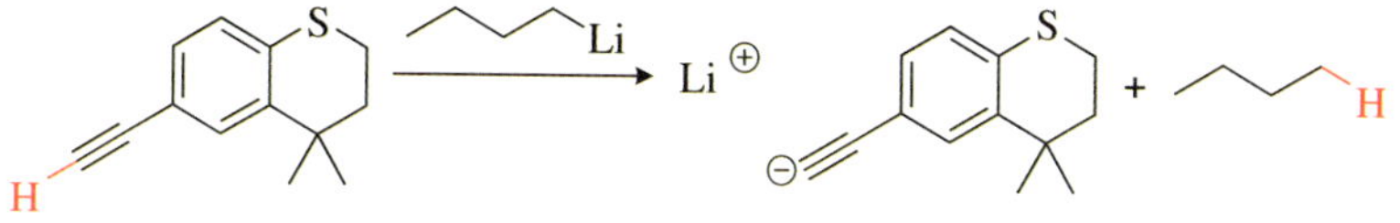

I　　　　　　　　J^-

6. 知识点：^{13}C NMR 的信号数；碳原子化学环境。

他扎罗汀分子中有 20 个不同化学环境的碳原子，除了 2 个在六元环上的甲基碳原子环境相同外，其他均互不相同，因此共有 20 个信号。

7. 他扎罗汀的活性形态分子比前体药物分子少了约 28 g · mol^{-1}。结合^{13}C NMR 信号数易知，该活性形态为他扎罗汀中酯结构的水解产物羧酸。

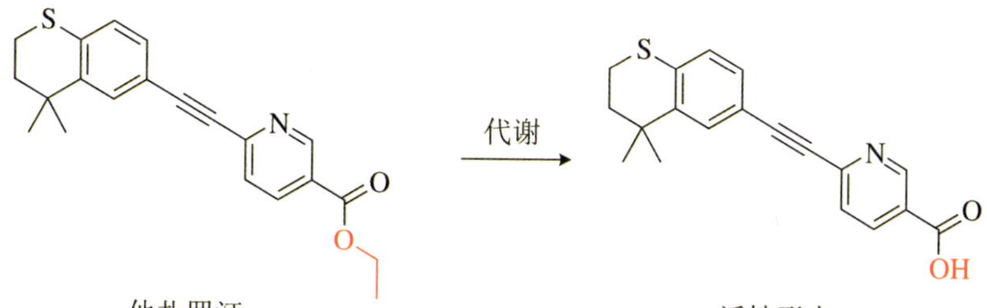

他扎罗汀　　　　　　　　活性形态

试题 4　本题涉及投弹甲虫（放屁虫）

试题与解答

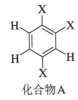

投弹甲虫的名字来源于其防御机制：当它们遭到攻击时会向攻击者喷射出滚烫的化学液体。它们的腹部有两个分开的腔体，其中一个腔体中含有过氧化氢水溶液，另一个腔体中含有一种有机分子的水溶液，将该分子标注为 A。

当投弹甲虫被攻击时，两个腔体中的液体喷射进一个含有酶的混合腔体。其中一种酶（过氧化氢酶）可以催化过氧化氢分解为氧气和水。

1. (1) 写出并配平该反应方程式。
(2) 该反应属于什么类型？

　　氧化　　还原　　歧化　　水解　　脱水

过氧化氢分解过程中产生的一些中间体与有机化合物 A 反应生成 B。可以认为该反应的总方程式是 A 与第 1 题(1)中生成的所有的氧气反应，方程式如下：

$$A + \frac{1}{2}O_2 \longrightarrow B + H_2O$$

2. 写出过氧化氢与 A 反应生成 B 的总反应方程式。

经测量发现，投弹甲虫喷射出的混合物的温度可达水的沸点，远比甲虫的体温（与环境相同，20 ℃）高。

3. (1) 计算加热 1 dm³ 此混合物所需的能量。假设混合物的比热容与纯水相同，即 $4.18\ \mathrm{J \cdot g^{-1} \cdot K^{-1}}$ 并且其密度也与纯水相同，即 $1.00\ \mathrm{g \cdot cm^{-3}}$。

(2) 假设所混合的两种溶液体积相等，甲虫的过氧化氢腔体中过氧化氢溶液的最低浓度是多少？

总反应（第 2 题的答案）的标准焓变为 $-203\ \mathrm{kJ \cdot mol^{-1}}$（每摩尔 A）。

化合物 A

化合物 A 为 1,2,4-三取代苯，如左图所示，连有取代基的位置上标注了 X。

4. 该1,2,4-三取代苯有多少种可能的结构,如果
(1) 所有的取代基X都不相同?
(2) 其中2个取代基X相同?

对A的燃烧分析显示它只含有碳、氢和氧元素。

化合物A的IR光谱中含有取代基X中一些键的伸缩振动如下图所示。

这些特征峰在光谱上已标注为Ⅰ和Ⅱ。

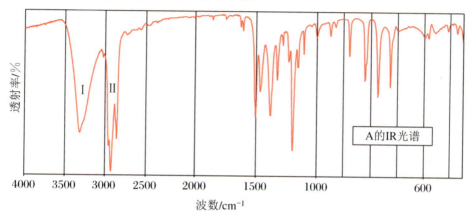

A的IR光谱

5. 辨别出哪些键导致了吸收峰Ⅰ和Ⅱ。

化合物A中3个X取代基中的2个相同(例如,这些取代基为X_a、X_a和X_b)。

化合物A的^{13}C NMR图谱中有7个信号。下图为化合物的^{1}H NMR谱图。在样品加入D_2O后,其^{1}H NMR谱图中的峰Ⅲ和Ⅳ消失。

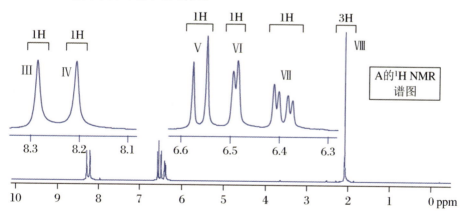

A的^{1}H NMR谱图

6. (1) 推断出2个相同的取代基(X_a和X_a)。
(2) 推断出另一个取代基(X_b)。

化合物 A 中苯环上的质子（H_1、H_2 和 H_3）可以通过分析它们在 ^{1}H NMR 光谱中的耦合常数来辨别。

苯环上处于 1,2-位置关系的 2 个不等价质子所导致的光谱中的裂分比处于 1,3-位置关系的 2 个不等价质子所导致的裂分要明显更强。

苯环上处于 1,4-位置关系的 2 个不等价质子所导致的光谱中的裂分通常很弱以至于无法观测到。

7. 将 A 的 ^{1}H NMR 光谱中的信号 Ⅲ～Ⅷ 与各个质子 H_1、H_2 和 H_3 进行匹配。

为了相同的目的，投弹甲虫同时会使用一种更简单的有机化合物 C。

化合物 C 与化合物 A 很类似。将化合物 A 中的 1 个取代基 X 换成氢原子后形成的二取代苯就是化合物 C。

化合物 C 的 ^{1}H NMR 光谱中仅有 2 个信号。

8. 推断出化合物 C 的结构并由此推出化合物 A 的结构。

化合物 C 被氧化生成 D，同样，化合物 A 被氧化生成 B。

化合物 D 的 ^{1}H NMR 光谱中仅有 1 个信号。

9. 推断出化合物 B 和 D 的结构。

解答 1. 知识点：化学反应方程式的书写与配平；化学反应类型。

（1）反应物为 H_2O_2，产物为 O_2 与 H_2O，配平后的方程式为

$$2H_2O_2 \longrightarrow 2H_2O + O_2$$

（2）在反应过程中一半的氧原子氧化态上升（$-1 \rightarrow 0$），另一半的氧化态下降（$-1 \rightarrow -2$），因此该反应为歧化反应（disproportionation reaction）。

2. 知识点：化学反应方程式的相加。

总反应方程式为 H_2O_2 分解反应与 A 的氧化反应的相加，在相加时注意让两者中 O_2 的系数相同，这样才能在总反应式中抵消：

$$2H_2O_2 \longrightarrow 2H_2O + O_2$$
$$+ 2A + O_2 \longrightarrow 2B + 2H_2O$$
$$\overline{}$$
$$2A + 2H_2O_2 \longrightarrow 2B + 4H_2O$$
$$\downarrow$$
$$A + H_2O_2 \longrightarrow B + 2H_2O$$

3. 知识点：通过温度变化计算反应焓变。

（1）通过比热容与温度变化计算出所需热量

$q = c \cdot m \cdot \Delta T$
$= 4.18 \text{ J} \cdot \text{g}^{-1} \cdot \text{K}^{-1} \times 1.00 \times 10^3 \text{ g} \times (100 - 20) \text{ K}$
$= 3.3 \times 10^2 \text{ kJ}$

（2）通过已知的反应焓变计算出反应物的物质的量

$$n_A = \frac{q}{|\Delta H|} = \frac{3.3 \times 10^2 \text{ kJ}}{203 \text{ kJ} \cdot \text{mol}^{-1}} = 1.6 \text{ mol}$$

由于两种溶液为等体积混合，因此 A 溶液的体积为 0.5 dm^3：

$$c_A = \frac{n_A}{V} = \frac{1.6 \text{ mol}}{0.5 \text{ dm}^3} = 3.2 \text{ mol} \cdot \text{dm}^{-3}$$

4. 知识点：取代苯的同分异构体。

推荐使用分类讨论法以避免错漏。

（1）3 个取代基各不相同（分别命名为 A、B 和 C）。可对 3 个取代基的相对位置进行分类讨论：

① A 与 B 处于邻位。

② A 与 C 处于邻位。

③ B 与 C 处于邻位。

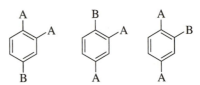

因此共有 6 种同分异构体。

(2) 3 个取代基中有 2 个相同(分别命名为 A 与 B)。可以对 2 个相同取代基(假设为 A)的相对位置进行分类讨论：

因此总共有 3 种同分异构体。

5. 知识点：红外特征吸收峰。

(1) 特征峰 Ⅰ 位于 3000~3500 cm^{-1}，且较宽较强，因此为 O—H 键的伸缩振动。

(2) 特征峰 Ⅱ 位于 2800~3000 cm^{-1}，且较尖锐，因此为 C—H 键的伸缩振动。

6. 知识点：从 ^{1}H NMR 谱图推断有机结构。

(1) 峰 Ⅲ 和 Ⅳ 在加入 D_2O 后消失，说明其对应活泼氢，例如羟基—OH 和氨基—NH_2 中的氢原子。由于积分面积都为 1，因此峰 Ⅲ 和 Ⅳ 对应羟基中的氢原子，所以得出分子 A 中 2 个相同基团 X_a 为羟基—OH。

(2) 峰 Ⅴ、Ⅵ 和 Ⅶ 的积分面积都为 1，且化学位移非常相近，因此不难想到为苯环上的 3 个氢原子。剩下的峰 Ⅷ 必来自于取代基 X_b，根据积分面积为 3，得知取代基 X_b 为甲基—CH_3。

7. ① 峰 Ⅲ 和 Ⅳ 在第 6 题中已归于取代基，因此可以先排除。

② 首先观察峰 Ⅴ、Ⅵ、Ⅶ 的形状，可知峰 Ⅶ 裂分效应最强(分成了两重两重峰)，其次为峰 Ⅴ (分成了差异较明显的两重峰)，峰 Ⅵ 裂分效应最弱(分成了差异不明显的两重峰)。

③ 接着观察 H_1、H_2 和 H_3 的相对位置：

H_1 与 H_2 相邻，与 H_3 相对，因此有 1 个邻位关系和 1 个对位关系；

H_2 与 H_1 相邻,与 H_3 相间,因此有 1 个邻位关系和 1 个间位关系;

H_3 与 H_2 相间,与 H_1 相对,因此有 1 个间位关系和 1 个对位关系。

根据题意,在产生裂分效应方面,邻位≫间位≫对位,因此 H_2 的裂分效应最强,其次为 H_1,最弱的为 H_3。

④ 因此峰Ⅴ属于 H_1,峰Ⅵ属于 H_3,峰Ⅶ属于 H_2。

8. 假设化合物 C 中保留有甲基,那么 C 分子中至少有 3 种化学环境的氢原子:羟基、甲基与苯环上。因此得出结论:C 分子比 A 分子少 1 个甲基,而保留了 2 个羟基。根据 C 分子的 ^1H NMR 只有 2 个信号可知 C 为对苯二酚(邻苯二酚有 3 个信号,间苯二酚有 4 个信号),A 为邻甲基对苯二酚:

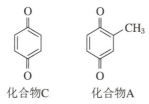

化合物C　　　化合物A

9. 知识点:苯酚的氧化。

对苯二酚 C 被氧化为对苯醌 D,邻甲基对苯二酚 A 氧化为甲基对苯醌 B。

化合物D　　　化合物B

试题 5　本题涉及火与冰

试题与解答

水可以形成一系列包含很多小分子的笼状结构成为笼状物;一个常见的例子是水合甲烷$(CH_4)_x(H_2O)_y$。水合甲烷为宝贵甲烷的潜在来源,以满足我们对天然气的

需求。人们已经在俄罗斯贝加尔湖底部发现了储藏量很大的水合甲烷。

1. 写出并配平甲烷在过量氧气中燃烧的反应方程式。

在密闭容器中，一份 100 g 以 Ⅱ 型笼状物结构存在的水合甲烷样品 $(CH_4)_x(H_2O)_y$，在过量氧气中燃烧。反应完成后，冷却产物，从容器中得到 116.92 g 水，并且将所得气体在过量石灰水中振荡，得到 84.73 g $CaCO_3$。

2.（1）确定 Ⅱ 型结构的水合甲烷的经验方程式。$CaCO_3$ 的摩尔质量为 100.09 g·mol^{-1}。

（2）水合物的摩尔质量为 2835.18 g·mol^{-1}。确定 Ⅱ 型结构的水合甲烷的分子式。

3. 经估算，贝加尔湖底含有 $6.67×10^{11}$ kg 甲烷。如果这些甲烷在冬天时（温度为 -19.0 ℃）从湖底逃逸，计算其所占的体积。

使用理想气体方程 $pV = nRT$，其中 p 为压强（以 Pa 为单位），V 为体积（以 m^3 为单位），T 为温度（以 K 为单位），R 为 8.31 J·K^{-1}·mol^{-1}（1 atm = $1.0×10^5$ Pa）。

贝加尔湖底发现的水合甲烷为 Ⅰ 型笼状物结构，化学式为 $(CH_4)_8(H_2O)_{46}$，摩尔质量为 957.07 g·mol^{-1}。

4.（1）计算水合甲烷中甲烷的质量分数。

（2）使用第 4 题(1)中的答案来计算贝加尔湖底部发现的水合甲烷的质量。

（3）水合甲烷晶体的密度为 0.95 g·cm^{-3}。计算贝加尔湖底部的水合甲烷晶体的体积。

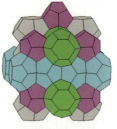 

Ⅰ 型笼状物结构　　Ⅱ 型笼状物结构

水合甲烷晶体所含有的对称性的最小重复单位被称

为晶胞。水合甲烷的晶胞是一个完全包含 8 个甲烷分子和 46 个水分子的立方体。

5.（1）单个晶胞的质量是多少？

（2）使用水合甲烷的密度（0.95 g·cm^{-3}），计算立方晶胞的边长。

尽管甲烷和水分子并非球型，但是我们可以将它们视作球体并估算它们的有效球半径：水分子 0.14 nm 和甲烷 0.21 nm。

球体体积 V 的计算公式如下：

$$V = \frac{4}{3}\pi r^3$$

（3）计算在一个晶胞内甲烷和水分子的体积。

（4）计算晶体中被分子占据的体积百分数。

298 K 时在过量氧气中燃烧 $(CH_4)_8(H_2O)_{46}$，燃烧焓变为 -6690.4 kJ·mol^{-1}。

6. 使用以下数据计算 298 K 时由甲烷和水形成水合甲烷的焓变：

298 K 时的标准生成焓变（以 kJ·mol^{-1} 为单位）：

CH_4：-74.8； H_2O：-285.8； CO_2：-393.5

解答 1. 知识点：燃烧反应方程式的书写与配平。

反应物为 CH_4 与氧气 O_2，燃烧产物为 CO_2 与 H_2O，因此配平后方程式为

$$CH_4 + 2O_2 \longrightarrow CO_2 + 2H_2O$$

2. 知识点：通过燃烧反应产物得出经验式与分子式。

（1）首先配平带未知数的燃烧方程式：

$$(CH_4)_x(H_2O)_y + 2xO_2 \longrightarrow xCO_2 + (2x+y)H_2O$$

然后通过所得 CO_2 与 H_2O 的物质的量计算出 x 与 y 的比例：

$$n_{H_2O} = \frac{116.92 \text{ g}}{18.02 \text{ g·mol}^{-1}} = 6.490 \text{ mol}$$

$$n_{CO_2} = n_{CaCO_3} = \frac{84.73 \text{ g}}{100.09 \text{ g·mol}^{-1}} = 0.8465 \text{ mol}$$

$$\frac{n_{H_2O}}{n_{CO_2}} = \frac{2x+y}{x} = \frac{6.490 \text{ mol}}{0.8465 \text{ mol}} = \frac{23}{3}$$

$$\frac{x}{y} = \frac{3}{17}$$

因此水合甲烷的经验式为$(CH_4)_3(H_2O)_{17}$。

(2) 因为 $M_{(CH_4)_3(H_2O)_{17}} = 354.40 \text{ g} \cdot \text{mol}^{-1}$。

$2835.18 \text{ g} \cdot \text{mol}^{-1}/(354.40 \text{ g} \cdot \text{mol}^{-1}) = 8$

因此水合甲烷的分子式为$(CH_4)_{24}(H_2O)_{136}$。

3. 知识点：理想气体方程的计算。

$$n_{CH_4} = \frac{6.67 \times 10^{11} \times 10^3 \text{ g}}{16.04 \text{ g} \cdot \text{mol}^{-1}}$$

$$= 4.16 \times 10^{13} \text{ mol}$$

$$V = \frac{n_{CH_4} \cdot R \cdot T}{p}$$

$$= \frac{4.16 \times 10^{13} \text{ mol} \times 8.31 \text{ Pa} \cdot \text{m}^3 \cdot \text{mol}^{-1} \cdot \text{K}^{-1} \times (273 - 19.0) \text{ K}}{1.0 \times 10^5 \text{ Pa}}$$

$$= 8.78 \times 10^{11} \text{ m}^3$$

4. 知识点：化学计量学。

(1) $w_{CH_4} = \dfrac{8 \times M_{CH_4}}{M_{(CH_4)_8(H_2O)_{46}}} \times 100\%$

$= \dfrac{128.32 \text{ g} \cdot \text{mol}^{-1}}{957.07 \text{ g} \cdot \text{mol}^{-1}} \times 100\% = 13.41\%$。

(2) $6.67 \times 10^{11} \text{ kg} \div 13.41\% = 4.97 \times 10^{12} \text{ kg}$。

(3) $V = \dfrac{m}{\rho} = \dfrac{4.97 \times 10^{15} \text{ g}}{0.95 \text{ g} \cdot \text{cm}^{-3}} = 5.23 \times 10^{15} \text{ cm}^3$。

5. 知识点：晶胞相关计算。

(1) 一个晶胞中有一个$(CH_4)_8(H_2O)_{46}$分子，因此一个晶胞的质量为

$m_{cell} = 957.07 \text{ g} \cdot \text{mol}^{-1} \div (6.02 \times 10^{23} \text{ mol}^{-1})$

$= 1.59 \times 10^{-21} \text{ g}$

(2) 已知晶胞质量与密度，我们可以很容易求出晶胞的体积与边长：

$V_{cell} = \dfrac{1.59 \times 10^{-21} \text{ g}}{0.95 \text{ g} \cdot \text{cm}^{-3}} = 1.67 \times 10^{-21} \text{ cm}^3 = a^3$

$a = 1.19 \times 10^{-7} \text{ cm}$

(3) 首先求出单个CH_4和H_2O球体的体积，然后乘以各自在一个晶胞中的个数：

$$V_{CH_4} = 8 \times \frac{3}{4}\pi r_{CH_4}^3 = 6\pi \cdot (0.21 \times 10^{-9} \text{ m})^3$$
$$= 3.1 \times 10^{-28} \text{ m}^3$$
$$V_{H_2O} = 46 \times \frac{3}{4}\pi r_{H_2O}^3$$
$$= 46 \times \frac{3}{4}\pi \cdot (0.14 \times 10^{-9} \text{ m})^3$$
$$= 5.3 \times 10^{-28} \text{ m}^3$$

(4)
$$\frac{V_{CH_4} + V_{H_2O}}{V_{cell}} \times 100\%$$
$$= \frac{3.1 \times 10^{-28} \text{ m}^3 + 5.3 \times 10^{-28} \text{ m}^3}{1.67 \times 10^{-27} \text{ m}^3} \times 100\%$$
$$= 50.2\%$$

6. 知识点：由生成焓计算反应焓变。

本小题难度较大，建议从已知的反应方程式及其反应焓变入手，去寻找所需的信息。

① 通过$(CH_4)_8(H_2O)_{46}$的燃烧焓计算其标准生成焓：

$$(CH_4)_8(H_2O)_{46} + 16O_2 \longrightarrow 8CO_2 + 62H_2O$$
$$\Delta H^\ominus = -6690.4 \text{ kJ} \cdot \text{mol}^{-1}$$
$$8 \times \Delta_f H^\ominus(CO_2) + 62 \times \Delta_f H^\ominus(H_2O)$$
$$\quad - \Delta_f H^\ominus((CH_4)_8(H_2O)_{46})$$
$$= -6690.4 \text{ kJ} \cdot \text{mol}^{-1}$$
$$\Delta_f H^\ominus((CH_4)_8(H_2O)_{46}) = -14177.2 \text{ kJ} \cdot \text{mol}^{-1}$$

② 计算反应焓变：

$$8CH_4 + 46H_2O \longrightarrow (CH_4)_8(H_2O)_{46}$$
$$\Delta H^\ominus = \Delta_f H^\ominus((CH_4)_8(H_2O)_{46})$$
$$\quad - 8 \times \Delta_f H^\ominus(CH_4) - 46 \times \Delta_f H^\ominus(H_2O)$$
$$= [-14177.2 - 8 \times (-74.8)$$
$$\quad - 46 \times (-285.5)] \text{ kJ} \cdot \text{mol}^{-1}$$
$$= -432 \text{ kJ} \cdot \text{mol}^{-1}$$

背景拓展阅读

开采可燃冰的进展

可燃冰的简介

可燃冰一般指甲烷水合物$(CH_4)_8(H_2O)_{46}$,是一种固体笼状水合物。大量甲烷分子被包裹在水分子晶体结构中,形成类似于冰的结构。可燃冰通常在低温(0～10 ℃)和高压(10 MPa)环境下形成。

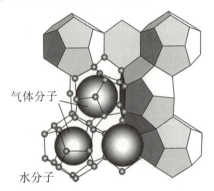

可燃冰的能量密度是天然气的 2～5 倍、煤的 10 倍,且全球可燃冰的含碳量超过已探明煤炭、石油、天然气三者之和的 2 倍,具有广泛的应用前景。

可燃冰的三种结构

根据填充的气体分子不同,可燃冰的晶胞由不同结构的多面体组成:

(1) Ⅰ型:甲烷、乙烷、二氧化碳等小分子气体。

(2) Ⅱ型:甲烷、乙烷等小分子,丙烷、异丁烷等较大分子。

(3) H 型:异戊烷等大分子。

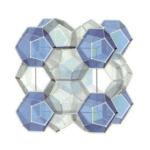  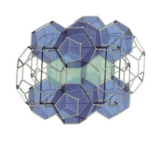

(a) Ⅰ型
晶胞: $2(5^{12})\cdot 6(5^{12}6^2):46\ H_2O$

(b) Ⅱ型
晶胞: $16(5^{12})\cdot 8(5^{12}6^4):136\ H_2O$

(c) H型
晶胞: $3(5^{12})\cdot 2(4^3 5^6 6^3)\cdot 1(5^{12}6^8):34\ H_2O$

$5^{12}6^2$　　$5^{12}6^4$　　5^{12}　　$4^3 5^6 6^3$　　$5^{12}6^8$

(d)

开采可燃冰的两大难点

尽管可燃冰储存量大且能量密度大，但它始终未能成为商业布局和政策制定的重点，主要有以下两个原因：

首先是成本高和风险大。目前相对较成熟且应用较多的方法是减压法，通过降低压力促使可燃冰分解后提取甲烷气体。然而可燃冰分解是吸热反应，开采过程中要不断地注热和降压，成本非常高。而且容易引发甲烷泄漏和海底滑坡，造成生态和地质的双重灾难。

其次是目前天然气储备丰富且供应稳定、价格低廉，可燃冰的竞争者——页岩油（shale oil）的开发技术也已成熟。这些注定了可燃冰在目前无法成为世人瞩目的焦点，但其研究前景依然值得期待。

2015 英国化学奥林匹克竞赛试题解析

试题1 本题涉及触摸屏的化学

试题与解答

近年来由于触摸屏和显示设备的广泛使用，人们对铟元素的需求迅速上升。该元素含量稀少，因此价格飙升。有人担心铟元素的全球供应会中断。铟主要是用在导电透明玻璃ITO(氧化铟锡)中。

1. 氧化铟(Ⅲ)可以通过加热氢氧化铟(Ⅲ)得到。写出该反应的方程式。

ITO玻璃中含有质量分数为90%的氧化铟(Ⅲ)和10%的氧化锡(Ⅳ)。左图所示的iPad的触摸屏中含有大约27 mg的ITO玻璃。

2. (1) 计算iPad触摸屏的ITO玻璃中含有铟的质量。

(2) 触摸屏中ITO玻璃的铟含量大约为700 mg·m^{-2}。已知ITO玻璃的密度约为7.15 g·cm^{-3}，计算触摸屏中ITO玻璃的厚度。

氧化铟(Ⅲ)晶体为立方方铁锰矿结构。铟离子的位置类似于左图中的面心立方(FCC)晶胞。晶胞是包含了晶体所有对称性的最小重复单元。在FCC结构中，离子位于立方体的顶点和面心。

3. 计算晶胞中实际有多少铟离子。你需要考虑晶胞中每个离子所占的百分比。

4. 氧离子的位置完全包含在晶胞中。推断出晶胞中氧离子的数目。

5. 将氧化铟(Ⅲ)置于空气中加热至 700 ℃时,它的质量减少了 11.5%。推断出所产生的化合物的化学式。

6. 将氧化铟(Ⅲ)置于氨气中加热至 630 ℃时,产物为水和一种半导体。推断出该半导体的化学式。

解答 1. 知识点:化学方程式的书写与配平。

反应物为 $In(OH)_3$,产物之一为 In_2O_3,与 $Ca(OH)_2$ 等金属氢氧化物的分解反应类比,易知另一产物为 H_2O,因此配平后的方程式为

$$2In(OH)_3 \longrightarrow In_2O_3 + 3H_2O$$

2. 知识点:化学计量学;单位转换。

(1) iPad 中 In_2O_3 的质量:

$$m_{In_2O_3} = 27 \times 10^{-3} \text{ g} \times 90\% = 0.024 \text{ g}$$

In 元素的质量:

$$m_{In} = \frac{2 \cdot M_{In}}{M_{In_2O_3}} \cdot m_{In_2O_3}$$

$$= \frac{2 \times 114.82 \text{ g} \cdot \text{mol}^{-1}}{(2 \times 114.82 + 3 \times 16.00) \text{ g} \cdot \text{mol}^{-1}} \times 0.024 \text{ g}$$

$$= 0.020 \text{ g}$$

(2) ITO 玻璃的底面积:

$$A_{glass} = 0.020 \text{ g} \div (700 \times 10^{-3} \text{ g} \cdot \text{m}^{-2}) = 0.029 \text{ m}^2$$

ITO 玻璃的体积:

$$V_{glass} = 0.027 \text{ g} \div (7.15 \text{ g} \cdot \text{cm}^{-3}) = 3.8 \times 10^{-3} \text{ cm}^3$$

$$= 3.8 \times 10^{-9} \text{ m}^3$$

厚度:

$$T = \frac{V_{glass}}{A_{glass}} = 1.3 \times 10^{-7} \text{ m}$$

3. 知识点:晶胞中粒子数的计算。

In^{3+} 的位置类似于面心立方(FCC)结构,即 8 个在顶点,6 个在面心,因此个数为

$$8 \times \frac{1}{8} + 6 \times \frac{1}{2} = 4$$

4. 知识点：晶胞中粒子数的计算。

根据 In_2O_3 的化学式可知，O^{2-} 的数量是 In^{3+} 的 1.5 倍，因此晶胞中有 6 个 O^{2-}。

5. 能力点：无机化学式推断。

减少的质量为 In_2O_3 质量的 11.5%，即

$$277.64 \text{ g·mol}^{-1} \times 11.5\% = 31.9 \text{ g·mol}^{-1}$$

易知应为 2 个氧原子，因此所得化合物为 In_2O。

6. 知识点：化学方程式的书写与配平；

能力点：无机化学式推断。

反应物为 In_2O_3 与 NH_3，产物之一为 H_2O，易猜出半导体产物的化学式为 InN，配平后的反应式为

$$In_2O_3 + 2NH_3 \longrightarrow 2InN + 3H_2O$$

试题 2 本题涉及探测宇宙中的分子

试题与解答

2014 年 9 月，英国广播公司（BBC）宣称无线电天文学家们发现了至今以来宇宙中"最复杂的分子"。该分子在"人马座 B2(N)"，我们银河中最大的恒星形成区中被发现，它是所探测到的第一个具有分支碳链的分子。该分子的系统命名为 2-甲基丙腈(2-methylpropanenitrile)。人们发现它的含量为其直链异构体的 0.4 倍。

该分子因其从激发态能级回到低能级时所释放出的无线电波而被探测到。

腈是一种包含以三键与氮原子相连的碳原子的分子。

1. （1）画出 2-甲基丙腈的结构。

（2）画出 2-甲基丙腈的另一个属于腈类的异构体，并给出其系统命名。

天文学家们目前在寻找具有化学式 C_5H_9N 的另一

个腈系列化合物。

2. 画出具有化学式 C_5H_9N 的所有腈类异构体。

无线电天文学家们在宇宙的次活跃区域中探测到的大多数分子倾向于拥有线性结构。迄今探测到的最大的分子有着看起来不太可能的化学式 $HC_{11}N$。

3. 画出具有化学式 $HC_{11}N$ 的线性分子的结构。

所检测到电磁光谱中无线电波区域的信号来源于旋转能级间的跃迁，其中每个跃迁都会产生特定的能量。分子们有着许多旋转能级，每个能级有着可以用旋转量子数 J 来表示的不同能量。J 的取值为从 0 开始增加的整数。

第 J 个旋转能级的能量(以 J 为单位)E_J 可通过以下公式表示：

$$E_J = h \times B \times J(J+1)$$

其中，B 为分子的旋转常数(以 Hz 为单位)；h 为普朗克常数，6.626×10^{-34} J·s。并且频率为 f(以 Hz 为单位)的光的能量为 $h \times f$ (以 J 单位)。

天文学家们探测到了 $HC_{11}N$ 的两个信号。其中一个是由旋转能级 $(J=39)$ 跃迁至 $(J=38)$ 产生的，另一个是由 $(J=38)$ 跃迁至 $(J=37)$ 产生的。

4. 已知在 13186.853 MHz 处观测到 $(J=39)$ 跃迁至 $(J=38)$ 的信号，计算：

(1) $HC_{11}N$ 的旋转常数 B(以 MHz 为单位)。

(2) 能级 $(J=38)$ 跃迁至 $(J=37)$ 所产生信号的频率(以 MHz 为单位)。

在宇宙中所探测到的含量最高的异核双原子分子之一为 ^{12}C 和 ^{16}O 形成的一氧化碳。

5. 已知 ^{12}C 和 ^{16}O 的摩尔质量分别为 12.00 g·mol^{-1} 和 16.00 g·mol^{-1}，计算这些元素单个原子的质量(以 kg 为单位)。

在考虑双原子分子中两个原子的质量时，我们使用折合质量 μ。对于两个原子质量分别为 m_1 和 m_2 的双原子分子，有

$$\mu = \frac{m_1 \times m_2}{m_1 + m_2}$$

6. 计算 $^{12}C^{16}O$ 分子的折合质量。

对于一个双原子分子,其旋转常数(以 Hz 为单位)通过以下表达式给出:

$$B = \frac{h}{8\pi^2 \mu r^2}$$

其中,r 为键长。

7. (1) 已知对于 $^{12}C^{16}O$,在 115271.204 MHz 处观测到其从 ($J=1$) 跃迁至 ($J=0$) 的信号,计算其键长。

(2) 在 806651.719 MHz 处观察到一个 $^{12}C^{16}O$ 的信号。已知旋转能级跃迁只会在相邻能级之间发生,确定在 $^{12}C^{16}O$ 中该信号对应的跃迁。

解答 1. 知识点:有机物命名与同分异构体。

(1) 根据命名可知,主碳链为丙腈,2 号位上有一甲基:

(2) 将碳链结构稍微调整一下可得其直链同分异构体:

其系统命名为 butanenitrile。

2. 知识点:有机物同分异构体。

通过调整碳链可以得到 4 种结构:

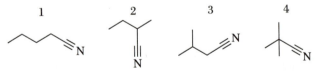

注意到结构 2 有一个手性碳原子,因此有一对对映异构体:

3. 知识点:炔烃结构。

由该分子的线性结构与化学式,易知其为连续炔烃结构:

4. 知识点：光能量的计算；

能力点：新信息的理解运用能力。

(1)
$$E_{39} - E_{38} = h \times B \times (39 \times 40 - 38 \times 39)$$
$$= 78hB = h \times 13186.853 \text{ MHz}$$
$$B = 169.06222 \text{ MHz}$$

(2)
$$f = (E_{38} - E_{37})/h = B \times (38 \times 39 - 37 \times 38)$$
$$= 76B = 12848.729 \text{ MHz}$$

5. 知识点：化学计量学。

^{12}C 原子的质量：

$12.00 \text{ g} \cdot \text{mol}^{-1} \div (6.02 \times 10^{23} \text{ mol}^{-1}) = 1.99 \times 10^{-23}$ g
$$= 1.99 \times 10^{-26} \text{ kg}$$

^{16}O 原子的质量：

$16.00 \text{ g} \cdot \text{mol}^{-1} \div (6.02 \times 10^{23} \text{ mol}^{-1}) = 2.66 \times 10^{-23}$ g
$$= 2.66 \times 10^{-26} \text{ kg}$$

6. $\mu = \dfrac{m_{^{12}C} \times m_{^{16}O}}{m_{^{12}C} + m_{^{16}O}}$

$$= \frac{1.99 \times 10^{-26} \text{ kg} \times 2.66 \times 10^{-26} \text{ kg}}{1.99 \times 10^{-26} \text{ kg} + 2.66 \times 10^{-26} \text{ kg}}$$
$$= 1.14 \times 10^{-26} \text{ kg}$$

7. 知识点：光能量的计算；

能力点：新信息的理解运用能力。

(1) 首先通过旋转能级能量差计算出转动常数 B：

$E_1 - E_0 = E_1 = 2hB = h \times 115271.204 \text{ MHz}$

$2B = 115271.204 \text{ MHz} = \dfrac{2h}{8\pi^2 \mu r^2}$

然后求出 ^{12}C 原子与 ^{16}O 原子之间的距离 r，即键长：

$$r^2 = \frac{2 \times 6.626 \times 10^{-34} \text{ J} \cdot \text{s}}{8\pi^2 \times 1.14 \times 10^{-26} \text{ kg} \times 115271.204 \times 10^6 \text{ Hz}}$$
$$= 1.277 \times 10^{-20} \text{ m}^2$$
$$r = 1.13 \times 10^{-10} \text{ m}$$

(2) 旋转常数 B 与上小题中的相同。

$E_{J+1} - E_J = [(J+1)(J+2) - J(J+1)] \times h \times B$
$$= h \times 806651.719 \text{ MHz}$$

$$(2J+2) \times B = 806651.719 \text{ MHz}$$
$$J = 6$$

因此该信号来自于($J=7$)跃迁至($J=6$)。

背景拓展阅读

星际分子

太空中不仅仅有原子和基本粒子,还有被称为星际分子的化学物质。截至 2022 年 2 月,人们已经发现了 257 种星际分子[1]。

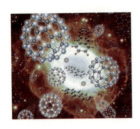

太空环境高度真空,因此星际分子之间的碰撞概率要远远低于地球上的分子间碰撞,发生化学反应的概率也很低。所以,一些我们平时认为非常不稳定的分子在太空中却可能稳定存在。

H_3^+ 被称为质子化氢分子,其结构为等边三角形,3 个氢原子完全等价,形成"三中心二电子键"。20 世纪 90 年代后期其作为星际分子被观测到[2]。

宇宙大爆炸之后,宇宙中存在的原子几乎只有氢和氦。大约 10 万年后,这两种物质结合在一起,形成了被认为是宇宙中最早的分子(离子)——"氢化氦离子 HeH^+"。

1925 年在实验室里首次合成出氢化氦离子,并最终于 2019 年通过 SOFIA 望远镜观测到其存在[3]。

羟基自由基是一种极其活泼的氧自由基。如果产生在生物体内,它会立即与周围分子发生反应而造成生物体损伤。

该分子可以在实验室内通过芬顿(Fenton)反应制备,但在地球上几乎不可能单独分离出来。在高真空的宇宙中,由于没有遇到反应物,它可以稳定地存在。

HCCS⁺（硫代烯基）是 2022 年最新发现的星际分子（离子），存在于冰冷的暗星云中。它的分子形式硫代酮 H_2CCS 也被确认为星际分子[4]。硫代酮在地球上极其不稳定，所以更不用提 HCCS⁺ 了，但是在气温极低的暗星云上，它们可以常态存在。

参考文献

[1] DAICHAN. 宇宙に漂うエキゾチックな星間分子[EB/OL]（2022-06-03）[2022-12-30]. https://www.chem-station.com/blog/2022/05/interstellarmolecule.html.

[2] Thomson J J. XXVI. Rays of positive electricity[J]. The London, Edinburgh, and Dublin Philosophical Magazine and Journal of Science, 1911, 21(122): 225-249.

[3] Güsten R, Wiesemeyer H, Neufeld D, et al. Astrophysical detection of the helium hydride ion HeH⁺ [J]. Nature, 2019, 568(7752): 357-359.

[4] Cernicharo J, Cabezas C, Agúndez M, et al. TMC-1, the starless core sulfur factory: Discovery of NCS, HCCS, H_2CCS, H_2CCCS, and C_4S and detection of C_5S [J]. Astronomy & Astrophysics, 2021, 648: L3.

试题 3 本题涉及表现增强药物利他林

试题与解答

人们长久以来使用药物利他林来治疗注意缺陷多动障碍（ADHD）。近来有新闻报道称学生考试前使用该药物来提升成绩。下图为利他林的结构，其中 R 代表一个烷基。

利他林根据以下路线合成得到。图中给出了中间体的一些特征红外伸缩频率。

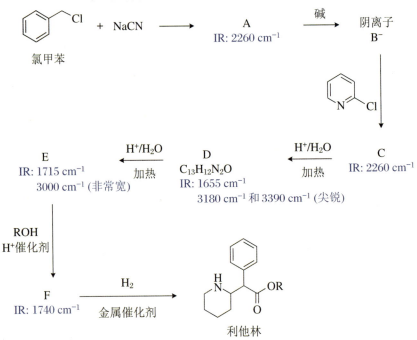

1. 合成路线由氯甲苯与氰化钠的反应开始,生成化合物 A。画出化合物 A 的结构。

2. 化合物 A 接着去质子化形成阴离子 B⁻。画出阴离子 B⁻ 的结构。

3. 画出化合物 C、D、E 和 F 的结构。对于化合物 F,你无需考虑 R 的具体组成。

利他林在药片中以盐酸盐的形式存在。

4. 在下面的利他林的结构中,圈出在盐酸盐中被质子化的原子。

5. (1) 药片中含有 10.00 mg 的利他林盐酸盐,其中对应有 8.647 mg 的利他林。用此信息来计算利他林的摩尔质量(展示你的计算过程)。

(2) 由此提出烃基 R 的化学式。

6. 对于路线图中的每个红外伸缩频率,画出其对应的官能团并用箭头指出具体哪些键在振动。

(1) 1655 cm^{-1}。

(2) 1715 cm^{-1}。

(3) 1740 cm^{-1}。

(4) 2260 cm^{-1}。

(5) 3000 cm^{-1}(非常宽)。

(6) 3180 cm^{-1}和3390 cm^{-1}(尖锐)。

分子的立体异构体是原子间连接完全相同但是空间中的三维排列方式不同的异构体。一种药物的有效性取决于它的三维形状。

题中合成路线导致生成了利他林的4种立体异构体的混合物,如下图所示。其中一些异构体比其他更有效。

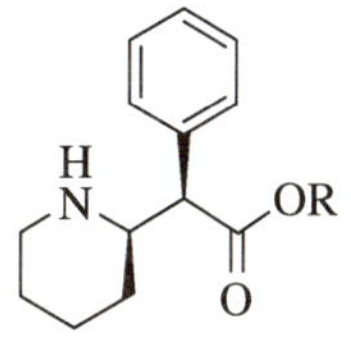

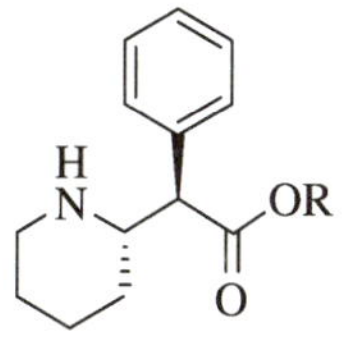

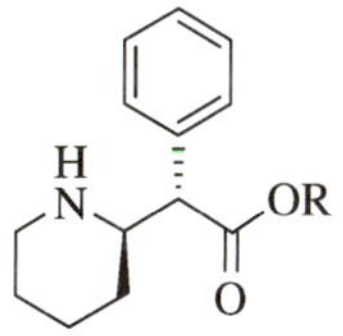

7. 在表中勾选出这些异构体中哪些互为对映异构体(无法互相重叠的镜像关系)。

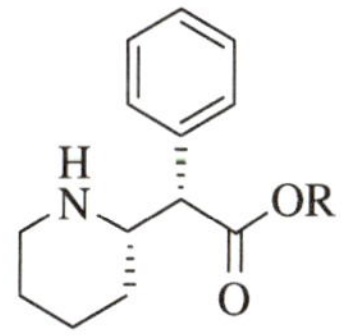

一对立体异构体	是对映异构体	非对映异构体
1和2		
1和3		
1和4		
2和3		
2和4		
3和4		

一些不太有效的立体异构体可以通过利他林在醇负

离子 R^-O 作用下的去质子化形成阴离子 G^-，从而转化成更有效的立体异构体，如下图所示。重新质子化后可以形成一种不同的立体异构体。

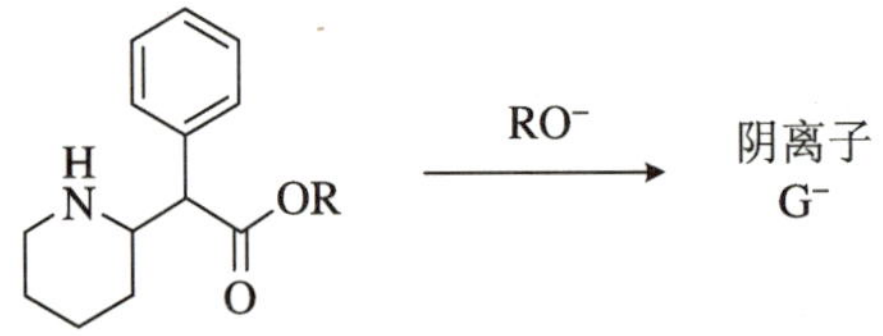

利他林 $\xrightarrow{RO^-}$ 阴离子 G^-

8. 画出阴离子 G^- 的结构。

9. 在下表中合适的选项框中勾选出哪些异构体可以通过阴离子 G^- 中间体互相转化。

一对立体异构体	可以通过阴离子 G^- 互相转化	不可以通过阴离子 G^- 互相转化
1 和 2		
1 和 3		
1 和 4		
2 和 3		
2 和 4		
3 和 4		

解答 1. 知识点：双分子亲核取代（S_N2 亲核取代）反应。

该步骤为 CN^- 对卤代烃的 S_N2 亲核取代反应：

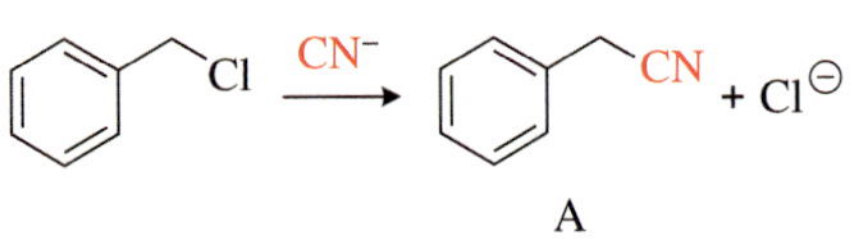

$\text{PhCH}_2\text{Cl} \xrightarrow{CN^-} \text{PhCH}_2\text{CN} + Cl^\ominus$

A

2. 知识点：碳负离子的形成。

A 中的氰基具有吸电子效应，因此其 α-H 具有一定酸性，A 在碱的作用下形成碳负离子：

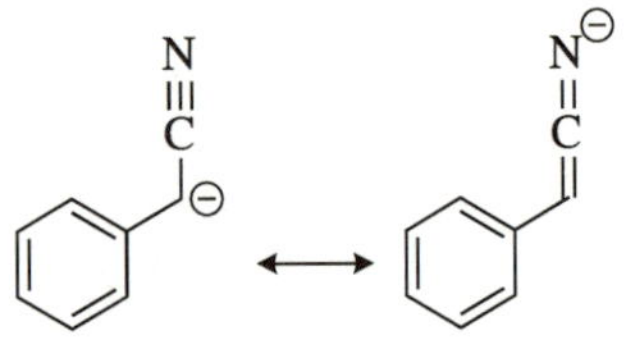

阴离子 B^-

3. 知识点：亲核取代反应；腈的水解反应；酯化反应。

① B⁻ ⟶ C。

本步骤为碳负离子对氯代吡啶的亲核取代反应：

$$\text{PhCH(CN)}^{-} + \text{2-氯吡啶} \xrightarrow{-Cl^{-}} \text{C}$$

阴离子B⁻   C

② C ⟶ D。

本步骤为腈类化合物在酸性条件下的水解反应，首先生成酰胺：

$$\text{C} \xrightarrow[\text{加热}]{H^{+}/H_{2}O} \text{D}$$

③ D ⟶ E。

本步骤为酰胺在酸性条件下的进一步水解反应，生成羧酸：

$$\text{D} \xrightarrow[\text{加热}]{H^{+}/H_{2}O} \text{E}$$

④ E ⟶ F。

本步骤为酸性催化条件下的酯化反应：

$$\text{E} \xrightarrow[H^{+}\text{催化剂}]{ROH} \text{F}$$

4. 知识点：有机化合物的碱性。

利他林分子中碱性较强的为胺的氮原子：

5. 知识点：化学计量学。

(1) 利他林盐酸盐与利他林的物质的量相同。假设利他林的摩尔质量为 M_R，则利他林盐酸盐的摩尔质量为 $M_R+36.45$，因此

$$\frac{10.00 \text{ mg}}{M_R+36.45} = \frac{8.647 \text{ mg}}{M_R}$$

$$M_R = 233.00 \text{ g} \cdot \text{mol}^{-1}$$

(2) 利他林的分子式为 $C_{13}H_{16}NO_2R$，因此烃基 R 的摩尔质量为

$233.00-13\times12.01-16\times1.008-14.01-2\times16.00$
$= 14.73 \text{ g} \cdot \text{mol}^{-1}$

因此 R 应为甲基—CH_3。

6. 知识点：有机物红外振动吸收光谱的特征峰。

(1) 1655 cm^{-1} 为 D 中酰胺基的 C═O 的伸缩振动：

$$R'-\underset{\underset{NH_2}{|}}{\overset{\overset{O}{\|}}{C}}$$

(2) 1715 cm^{-1} 为 E 中羧基的 C═O 的伸缩振动：

$$R'-\underset{\underset{OH}{|}}{\overset{\overset{O}{\|}}{C}}$$

(3) 1740 cm^{-1} 为 F 中酯基的 C═O 的伸缩振动：

$$R'-\underset{\underset{OR}{|}}{\overset{\overset{O}{\|}}{C}}$$

(4) 2260 cm^{-1} 为 C 中氰基的 C≡N 的伸缩振动：

$$R'-C\equiv N$$

(5) 3000 cm^{-1} 为 E 中羧基的 O—H 的伸缩振动：

$$R'-\underset{\underset{O-H}{|}}{\overset{\overset{O}{\|}}{C}}$$

(6) 3180 cm^{-1} 与 3390 cm^{-1} 为 D 中酰胺基的 N—H 的伸缩振动：

$$R'-\overset{\overset{O}{\|}}{C}-N\underset{H}{\overset{H}{<}}$$

7. 知识点：手性碳原子构型；对映与非对映异构体（diastereomer）。

利他林分子中有2个手性碳原子，因此有 $2^2 = 4$ 个光学异构体。作为一对对映异构体，2个手性碳原子必须构型不同，否则为非对映异构体。因此1和4以及2和3为对映异构体。

8. 知识点：碳负离子的形成。

利他林分子中酯基的 α-H 具有酸性，因此在碱的作用下形成碳负离子：

阴离子 G⁻

9. 从阴离子 G⁻ 的共振式中可看出，通过形成碳负离子，酯基的 α 碳原子从 sp^3 杂化转换为 sp^2 杂化，因此从手性碳原子转换成非手性碳原子。在重新质子化的过程中，此手性碳原子的构型发生翻转。而另一个在胺基旁的手性碳原子构型不发生变化。因此1和3以及2和4可以通过该碳负离子中间体互相转化：

试题 4　本题涉及宿醉

试题与解答

人在饮用过多含酒精的饮料后，有时在第二天会有宿醉的感觉。有多种因素会导致宿醉，其中之一是体内积累了乙醇(ethanol)的有毒代谢产物。

在身体中，乙醇首先在乙醇脱氢酶(alcohol dehydrogenase)的作用下转换成乙醛(acetaldehyde)，并接着在乙醛脱氢酶(acetaldehyde dehydrogenase)的作用下形成乙酸(acetic acid)。

乙醇 →[乙醇脱氢酶] 乙醛 →[乙醛脱氢酶] 乙酸

在第一步中，乙醇与烟酰胺腺嘌呤二核苷酸(NAD^+，又称氧化型辅酶 I)反应生成乙醛、NADH 和 H^+。

乙醇 + NAD^+ →[乙醇脱氢酶] 乙醛 + NADH + H^+

1. 在该反应中 NAD^+ 发生了什么？
它被氧化　　它被还原　　它被水解　　它被异构化
它的化学性质保持不变

在英国的大多数区域，合法酒驾的限度为每 100 mL 血液中含 80 mg 乙醇。

2. 这个限度对应的乙醇浓度是多少(以 $mol \cdot dm^{-3}$ 为单位)($1\ mL = 1\ cm^3$)？

人在饮酒后直到血液中乙醇浓度降至上述限度以下才可以驾驶。去除乙醇的过程包括一开始乙醇与乙醇脱氢酶结合形成一种酶底物复合体，接着该复合体转化为产物。该反应的速率(生成乙醛的速率)方程较复杂：

$$速率 = \frac{k_{cat}[AD][C_2H_5OH]}{K_M + [C_2H_5OH]}$$

其中，[AD]为乙醇脱氢酶的浓度；$k_{cat} = 1.33 \text{ s}^{-1}$，为酶底物复合体转化为产物的速率常数；$K_M = 1.00 \times 10^{-3} \text{ mol} \cdot \text{dm}^{-3}$，用来衡量酶底物复合体分解回反应物的容易程度，它的单位与浓度相同。

通常上述速率方程可以简化成更简单的形式。

3. （1）写出当乙醇的浓度远高于 K_M 时，速率方程的简化形式。

（2）写出当乙醇的浓度远低于 K_M 时，速率方程的简化形式。

4. 推出当乙醇浓度大约为或者高于英国酒驾限度时，该反应的级数。

下图展示了某人在饮用了大量酒类后，其血液中乙醇的浓度随时间的变化。

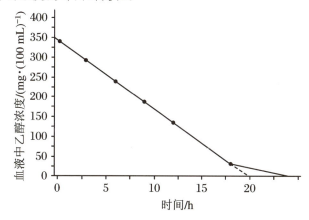

5. 此人醒酒过程中的大部分时间内，酒精消耗的速率是多少？

（1）以 $\text{mg} \cdot (100 \text{ mL})^{-1} \cdot \text{h}^{-1}$ 为单位。

（2）以 $\text{mol} \cdot \text{dm}^{-3} \cdot \text{s}^{-1}$ 为单位。

6. 该人体内乙醇脱氢酶的浓度是多少？

7. 该反应的半衰期为乙醇的浓度下降到其初始值一半时所需时间。从上图可以看出，此人醒酒过程中的大部分时间内半衰期如何变化？

上升　　保持不变　　下降　　无法从图中得知

8. 除了乙醇，乙醇脱氢酶也可以代谢其他醇。下列代谢产物毒性较强。对于其中每个化合物，推出它们分别来源于哪个有毒的醇。

$$\text{HCOOH} \qquad \text{HOOC-COOH}$$
$$\text{甲酸} \qquad\qquad \text{乙二酸}$$

9. 对其中的一种有毒的醇类,乙醇脱氢酶的 $k_{cat} = 1.10 \text{ s}^{-1}$ 且 $K_M = 3.2 \times 10^{-2}$ mol·dm^{-3}。关于该醇类的代谢,可以得到什么结论？勾选出所有正确选项。

乙醇的最高代谢速率更高(　　)

有毒醇类的最高代谢速率更高(　　)

两者的最高代谢速率相同(　　)

需要更高浓度的乙醇来达到其最高代谢速率的一半(　　)

需要更高浓度的有毒醇类来达到其最高代谢速率的一半(　　)

两者达到其最高代谢速率的一半所需浓度相同(　　)

有毒醇类代谢的速率方程与乙醇的不同(　　)

解答 1. 知识点:有机化学中氧化还原反应。

NAD$^+$ ⟶ NADH 的过程中得到一个负氢离子,因此 NAD$^+$ 被还原。同样也可以从 NAD$^+$ 将乙醇氧化为乙醛中得出 NAD$^+$ 为氧化剂,因此其自身被还原。

2. 知识点:物质的量浓度的计算。

$$n_{\text{ethanol}} = \frac{80 \times 10^{-3} \text{ g}}{46.068 \text{ g·mol}^{-1}} = 1.7 \times 10^{-3} \text{ mol}$$

$$c_{\text{ethanol}} = \frac{1.7 \times 10^{-3} \text{ mol}}{0.100 \text{ dm}^3} = 1.7 \times 10^{-2} \text{ mol·dm}^{-3}$$

3. 知识点:速率方程近似式的推导。

(1) 由于 $K_M \ll [\text{C}_2\text{H}_5\text{OH}]$,因此
$$K_M + [\text{C}_2\text{H}_5\text{OH}] \approx [\text{C}_2\text{H}_5\text{OH}]$$

$$\text{速率} = \frac{k_{cat}[\text{AD}][\text{C}_2\text{H}_5\text{OH}]}{K_M + [\text{C}_2\text{H}_5\text{OH}]} = k_{cat}[\text{AD}]$$

(2) 由于 $[\text{C}_2\text{H}_5\text{OH}] \ll K_M$,因此
$$K_M + [\text{C}_2\text{H}_5\text{OH}] \approx K_M$$

$$\text{速率} = \frac{k_{cat}[\text{AD}][\text{C}_2\text{H}_5\text{OH}]}{K_M + [\text{C}_2\text{H}_5\text{OH}]}$$

$$= \frac{k_{cat}}{K_M} \cdot [\text{AD}][\text{C}_2\text{H}_5\text{OH}]$$

4. 在第2题中我们已经计算得到了乙醇的浓度,即 1.7×10^{-2} mol·dm^{-3},该值比 K_M 的数值大很多,因此反应速率与乙醇浓度无关,为零级反应。

5. 知识点:单位转换。

(1) 我们可以在图中取 x 轴数值 $0\sim 20$ h(含虚线段),y 轴数值 $350\sim 0$ mg·$(100\text{ mL})^{-1}$,因此速率约为
$$\frac{(350-0)\text{ mg}\cdot(100\text{ mL})^{-1}}{(20-0)\text{ h}} = 17.5\text{ mg}\cdot(100\text{ mL})^{-1}\cdot\text{h}^{-1}$$

(2) $\dfrac{17.5\text{ mg}}{100\text{ mL}\cdot\text{h}} = \dfrac{17.5\text{ mg}}{100\text{ mL}\cdot\text{h}}\times\dfrac{1\text{ g}}{1000\text{ mg}}\times\dfrac{1\text{ mol}}{46.07\text{ g}}$

$\times\dfrac{1000\text{ mL}}{1\text{ dm}^3}\times\dfrac{1\text{ h}}{3600\text{ s}}$

$= 1.06\times10^{-6}$ mol·dm^{-3}·s^{-1}

6. 将乙醇消耗的速率代入速率方程中,则

速率 $= k_{\text{cat}}[\text{AD}] = 1.06\times10^{-6}$ mol·dm^{-3}·s^{-1}

$[\text{AD}] = 1.06\times10^{-6}$ mol·L^{-1}·s^{-1} $\div 1.33$ s^{-1}

$= 7.97\times10^{-7}$ mol·dm^{-3}

7. 知识点:反应半衰期。

对于零级反应,半衰期是在不断缩短的。这点也可以从图中看出,例如,乙醇浓度从 200 mg·$(100\text{ mL})^{-1}$ 降低至 100 mg·$(100\text{ mL})^{-1}$ 约为 6 h,而从 100 mg·$(100\text{ mL})^{-1}$ 降低至 50 mg·$(100\text{ ml})^{-1}$ 约为 3 h。

8. 根据题意,甲酸和乙二酸为对应醇的代谢化合物。因此其所对应的醇为甲醇与乙二醇:

$$\text{CH}_3\text{OH} \qquad \text{HO}\diagdown\diagup\text{OH}$$

9. 知识点:对速率方程的理解和运用。

① 反应速率达到最高值,即需要高浓度的乙醇。此时为零级反应:速率 $= k_{\text{cat}}[\text{AD}]$。由于乙醇的 $k_{\text{cat}} = 1.33$ s^{-1} 高于有毒醇的 $k_{\text{cat}} = 1.10$ s^{-1},因此乙醇的最高代谢反应速率高于有毒醇类。

② 当反应速率为最高速率的一半时,

$$\text{速率} = \frac{k_{\text{cat}}[\text{AD}][\text{C}_2\text{H}_5\text{OH}]}{K_M + [\text{C}_2\text{H}_5\text{OH}]}$$

$$= \frac{1}{2}\times\text{最高速率} = \frac{1}{2}k_{\text{cat}}[\text{AD}]$$

因此

$$\frac{[C_2H_5OH]}{K_M + [C_2H_5OH]} = \frac{1}{2}$$

$$[C_2H_5OH] = K_M$$

有毒醇类的 $K_M = 3.2 \times 10^{-2}$ mol·dm^{-3} 高于乙醇的 $K_M = 1.00 \times 10^{-3}$ mol·dm^{-3}，因此有毒醇类代谢速率达到最高速率一半时所需浓度高于乙醇。

背景拓展阅读

乙醇在人体内的代谢

乙醇的吸收

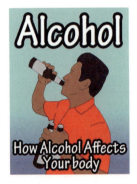

乙醇有着极强的脂溶性和水溶性，因此在进入人体后能非常快速地通过细胞膜，吸收速度极快。

一般来说，乙醇在人体内会经过下面几个阶段：

(1) 口腔。口腔黏膜对酒精的吸收量极少。

(2) 胃部。10%～20%的酒精被吸收。

(3) 肠道。酒精的主要吸收部位。

(4) 肝脏。酒精代谢的主要场所。

乙醇的代谢途径一：乙醇脱氢酶(ADH)

当摄入乙醇的量不大时，在 ADH 的催化下，乙醇被 NAD$^+$ 氧化为乙醛，而 NAD$^+$ 被还原为 NADH。

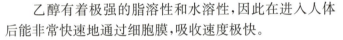

乙醇的代谢途径二：微粒体乙醇氧化(CYP2E1)

当摄入大量乙醇时，CYP2E1 活性显著增强数倍，此时乙醇主要通过此途径代谢。代谢过程中产生大量的氧自由基，导致肝损伤。

$$\underset{CH_3}{\overset{H}{H-C-OH}} + NADPH + H^+ + O_2 \rightleftharpoons \underset{CH_3}{\overset{H}{C=O}} + NADP^+ + 2H_2O$$

乙醛的代谢途径三：乙醛脱氢酶(ALDH)

乙醇和乙醛在体内都是有害的，会引起不同程度的醉酒反应。乙醛会在 ALDH 的作用下转化成无毒的乙酸。乙酸虽然对人体无害,但容易代谢为脂肪酸、胆固醇等,而这些物质在体内储存并转化为脂肪,导致肥胖。

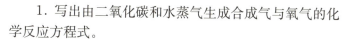

试题 5　本题涉及制造"绿色"飞机燃料

试题与解答

"solar-jet"项目旨在使用阳光作为能源将二氧化碳和水转化为航空燃料。该项目的关键是将二氧化碳和水转化成合成气(CO 和 H_2 的混合物)并将副产物 O_2 去除。可以通过太阳能反应器汇聚阳光达到此目标。

(在以下题目中,假设在室温常压(RTP)条件下气体的摩尔体积为 $24.0\ dm^3 \cdot mol^{-1}$。)

1. 写出由二氧化碳和水蒸气生成合成气与氧气的化学反应方程式。

接着合成气可以通过费托合成法制造烃类燃料。在该过程中一氧化碳和氢气通过催化作用转化成了烷烃和水。

2.(1)给出有 n 个碳原子的烷烃的化学式并以此写出费托合成法的反应方程通式。

(2)计算为了产生飞机燃料的一种重要成分——十二烷($n=12$),所需一氧化碳和氢气的理想比例。

solar-jet 项目通过以下步骤来生产合成气和氧气:

步骤 1　在太阳能反应器中将氧化铈(Ⅳ)加热至非常高的温度从而发生非整比还原反应,如下所示:

$$CeO_2(s) \longrightarrow CeO_{2-\delta}(s) + \frac{\delta}{2}O_2(g)$$

其中,δ 是一个远小于 1 的数并代表了所失去的氧原子的物质的量,这些氧原子转化成了氧气分子。

步骤 2　太阳能反应器中的温度下降,水蒸气和二氧化碳通过反应器并被还原为合成气。在该过程中 $CeO_{2-\delta}$ 被重新氧化为 CeO_2。

3.（1）写出二氧化碳和 $CeO_{2-\delta}$ 反应生成一氧化碳的总化学反应方程式。

（2）写出水蒸气和 $CeO_{2-\delta}$ 反应生成氢气的总化学反应方程式。

所建立的一个实验室原型中含有 127 g CeO_2。该原型在以下实验条件下运行：

步骤 1　运行时间:26 min；

太阳能辐射功率:3.60 kW；

产生氧气的总体积:室温常压下 367 cm^3。

步骤 2　运行时间:34 min；

太阳能辐射功率:0.80 kW。

4.（1）使用步骤 1 中的信息,计算 δ 的数值。

（2）预测步骤 2 中产生的合成气的体积（在室温常压下）。

在这些实验条件下,人们发现在室温常压下实际产生合成气的体积为 747 cm^3,其中 $V_{H_2} : V_{CO}$ 为 1.70 : 1。

5.（1）计算该实验中产生的氢气的量（以 mol 为单位）。

（2）计算该实验中产生的一氧化碳的量（以 mol 为单位）。

确定该过程是否经济上可行的关键因素是太阳能转换为"可利用能量"的效率。它可被定义为

$$效率 = \frac{合成气产生的可利用能量}{总共使用的太阳能}$$

6. 计算产生合成气总共消耗的太阳能（1 W = 1 J · s^{-1}）。

"可利用能量"被认为是在室温常压下合成气完全燃烧生成二氧化碳和水时所释放出的能量。下表中为 H_2 和 CO 的标准燃烧焓变。

	CO(g)	H$_2$(g)
标准燃烧焓变 $\Delta_c H^\ominus/(\text{kJ}\cdot\text{mol}^{-1})$	-283	-286

7. (1) 计算当实验中生产的合成气完全燃烧时释放的能量(标准焓变)。

(2) 计算这次 solar-jet 反应器运行时的效率。

汽油中含有的烷烃通常比飞机燃料中的更轻。汽油中烷烃平均拥有碳原子数为 $n=8$,而飞机燃料中为 $n=12$。

8. (1) 已知庚烷($n=7$)和辛烷($n=8$)的标准燃烧焓变($\Delta_c H^\ominus$)分别为 $-4816\ \text{kJ}\cdot\text{mol}^{-1}$ 和 $-5470\ \text{kJ}\cdot\text{mol}^{-1}$,计算十二烷($n=12$)的 $\Delta_c H^\ominus$。

(2) 通过构建合适的盖斯循环,计算从合成气生成十二烷的标准焓变。

解答 1. 知识点:化学反应方程式的书写与配平。

根据题意,反应物为 CO_2 与 H_2O,产物为 CO 与 H_2 以及副产物 O_2,因此方程式为

$$CO_2 + H_2O \longrightarrow CO + H_2 + O_2$$

2. 知识点:化学反应方程式的书写与配平。

(1) 反应物为 CO 与 H_2,产物为烷烃 $C_n H_{2n+2}$ 与 H_2O,因此配平后的方程式为

$$n\text{CO} + (2n+1)\text{H}_2 \longrightarrow C_n H_{2n+2} + n H_2O$$

(2) 当 $n=12$ 时,CO 与 H_2 的比例为

$$n:(2n+1) = 12:25$$

3. 知识点:化学反应方程式的书写与配平。

(1) 反应物为 CO_2 与 $CeO_{2-\delta}$,产物为 CO 与 CeO_2,因此配平后的方程式为

$$\delta CO_2 + CeO_{2-\delta} \longrightarrow \delta CO + CeO_2$$

(2) 反应物为 H_2O 与 $CeO_{2-\delta}$,产物为 H_2 与 CeO_2,因此配平后的方程式为

$$\delta H_2O + CeO_{2-\delta} \longrightarrow \delta H_2 + CeO_2$$

4. 知识点:化学计量学。

(1) $n_{O_2} : n_{CeO_2} = \dfrac{0.367\ \text{dm}^3/(24.0\ \text{dm}^3\cdot\text{mol}^{-1})}{127\ \text{g}/(172.12\ \text{g}\cdot\text{mol}^{-1})}$

$$= 0.0207 = \frac{\delta}{2}$$

$$\delta = 0.0414$$

(2) 根据第 1 题的总反应式可知,合成气的物质的量之和为 O_2 的两倍,因此体积也同样是两倍:

$$V_{O_2} = 2 \times 367 \text{ cm}^3 = 734 \text{ cm}^3$$

5. 知识点:气体物质的量的计算。

(1) $V_{H_2} = 0.747 \text{ dm}^3 \times \dfrac{1.70}{1.70 + 1} = 0.470 \text{ dm}^3$

$n_{H_2} = 0.470 \text{ dm}^3 / (24.0 \text{ dm}^3 \cdot \text{mol}^{-1})$
$= 0.0196 \text{ mol}$

(2) $V_{CO} = 0.747 \text{ dm}^3 \times \dfrac{1}{1.70 + 1} = 0.277 \text{ dm}^3$

$n_{CO} = 0.277 \text{ dm}^3 / (24.0 \text{ dm}^3 \cdot \text{mol}^{-1})$
$= 0.0115 \text{ mol}$

6.
$E_{\text{total}} = 3.60 \text{ kW} \times 26 \text{ min} + 0.80 \text{ kW} \times 34 \text{ min}$
$= 3.60 \times 10^3 \text{ J} \cdot \text{s}^{-1} \times 26 \times 60 \text{ s}$
$\quad + 0.80 \times 10^3 \text{ J} \cdot \text{s}^{-1} \times 34 \times 60 \text{ s}$
$= 7248 \text{ kJ}$

7. (1) 用第 5 题计算出的 CO 与 H_2 的实际物质的量来计算"可利用能量":

$E_{\text{usable}} = -(\Delta_c H^{\ominus}(\text{CO}(g)) \cdot n_{\text{CO}(g)} + \Delta_c H^{\ominus}(H_2(g)) \cdot n_{H_2(g)})$
$= -(-283 \text{ kJ} \cdot \text{mol}^{-1} \times 0.0115 \text{ mol}$
$\quad + 286 \text{ kJ} \cdot \text{mol}^{-1} \times 0.0196 \text{ mol})$
$= 8.86 \text{ kJ}$

(2) 根据第 6 题提供的等式计算"效率":

$$效率 = \frac{8.86 \text{ kJ}}{7248 \text{ kJ}} \times 100\% = 0.12\%$$

8. 知识点:同系物(homologous series)的性质变化;运用玻恩-哈伯循环计算反应焓变。

(1) 同系物的性质,例如沸点、标准生成焓、标准燃烧焓等可近似为等差数列。已知庚烷与辛烷的标准燃烧焓,因此可先求出等差数列的项差,然后计算出十二烷的燃烧焓:

$$\Delta = \Delta_c H^\ominus(C_8H_{18}) - \Delta_c H^\ominus(C_7H_{16})$$
$$= [-5470 - (-4816)] \text{ kJ} \cdot \text{mol}^{-1}$$
$$= -654 \text{ kJ} \cdot \text{mol}^{-1}$$
$$\Delta_c H^\ominus(C_{12}H_{26}) = \Delta_c H^\ominus(C_8H_{18}) + 4\Delta$$
$$= [-5470 + 4 \times (-654)] \text{ kJ} \cdot \text{mol}^{-1}$$
$$= -8086 \text{ kJ} \cdot \text{mol}^{-1}$$

（2）由于合成气与十二烷都可以完全燃烧产生 CO_2 与 H_2O，因此画出以下玻恩-哈伯循环图：

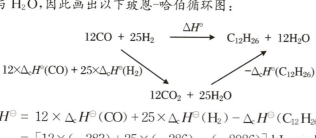

$$\Delta H^\ominus = 12 \times \Delta_c H^\ominus(CO) + 25 \times \Delta_c H^\ominus(H_2) - \Delta_c H^\ominus(C_{12}H_{26})$$
$$= [12 \times (-283) + 25 \times (-286) - (-8086)] \text{ kJ} \cdot \text{mol}^{-1}$$
$$= -2460 \text{ kJ} \cdot \text{mol}^{-1}$$

2016 英国化学奥林匹克竞赛试题解析

试题 1 本题涉及使用化学循环存储能量

  试题与解答

日常能量使用和从可再生能源中产生能量的波动激发了人们对能源存储的需求。能量可以通过硫-碘循环以化学形式存储。此循环被认为是一种比电解更有效的生产氢燃料的手段。

在高温下硫-碘循环包括三个气相平衡反应：

(1) $I_2(g) + SO_2(g) + 2H_2O(g) \rightleftharpoons H_2SO_4(g) + 2HI(g)$

(2) $2H_2SO_4(g) \rightleftharpoons 2SO_2(g) + 2H_2O(g) + O_2(g)$

(3) $2HI(g) \rightleftharpoons H_2(g) + I_2(g)$

1. 使用试题最后部分提供的数据和公式，回答以下关于反应(3)的问题：

(1) 计算在 298 K 时的标准焓变 $\Delta_r H^\ominus (298\ \text{K})$。

(2) 计算在 298 K 时的标准熵变 $\Delta_r S^\ominus (298\ \text{K})$。

(3) 计算在 298 K 时的标准吉布斯自由能变 $\Delta_r G^\ominus (298\ \text{K})$。

(4) 计算在 298 K 时的平衡常数 K_{298}。

(5) 计算在 723 K 时的平衡常数 K_{723}。假设 $\Delta_r H^\ominus$ 和 $\Delta_r S^\ominus$ 与温度无关。

2. 选择反应条件使得以上三个平衡反应都从左侧进行到右侧。假设反应(1)的产物都在反应(2)和(3)中被消耗。

3. 反应(2)在 298 K 的标准反应焓变为 +439 kJ·mol^{-1}。使用试题最后提供的表中 $H_2O(g)$ 的 $\Delta_f H^\ominus$(298 K) 来计算反应(1)在 298 K 时的标准反应焓变。

4. 在 298 K 时进行一次完整的硫-碘循环后,每摩尔硫原子可以存储多少能量?

数据:

	HI(g)	H_2(g)	I_2(g)	H_2O(g)
$\Delta_f H^\ominus$(298 K)/(kJ·mol^{-1})	26.5		62.4	−242
$S^\ominus$(298 K)/(J·K^{-1}·mol^{-1})	207	131	261	189

有用的公式:

$$\Delta S^\ominus = \sum \Delta S^\ominus(\text{生成物}) - \sum \Delta S^\ominus(\text{反应物})$$

$$\Delta G = \Delta H - T\Delta S$$

$$\Delta G^\ominus = -RT \ln K$$

有用的常数:

$$R = 8.314 \text{ J·K}^{-1}\text{·mol}^{-1}$$

解答 1. 知识点:化学反应焓变、熵变和吉布斯自由能变的计算;平衡常数与吉布斯自由能的关系。

(1) $\Delta_r H^\ominus = \Delta_f H^\ominus(I_2(g)) - 2 \times \Delta_f H^\ominus(HI(g))$
    $= (62.4 - 2 \times 26.5) \text{ kJ·mol}^{-1}$
    $= 9.4 \text{ kJ·mol}^{-1}$

(2) $\Delta_r S^\ominus = S^\ominus(H_2(g)) + S^\ominus(I_2(g)) - 2 \times S^\ominus(HI(g))$
    $= (131 + 261 - 2 \times 207) \text{ J·K}^{-1}\text{·mol}^{-1}$
    $= -22 \text{ J·K}^{-1}\text{·mol}^{-1}$

(3) $\Delta_r G^\ominus = \Delta_r H^\ominus - T \cdot \Delta_r S^\ominus$
    $= 9.4 \text{ kJ·mol}^{-1} - 298 \text{ K}$
    $\cdot (-22 \times 10^{-3} \text{ kJ·K}^{-1}\text{·mol}^{-1})$
    $= 16.0 \text{ kJ·mol}^{-1}$

(4) $\ln K_{298} = -\dfrac{\Delta_r G^\ominus}{RT}$

$$= -\frac{16.0 \times 10^3 \text{ J} \cdot \text{mol}^{-1}}{8.314 \text{ J} \cdot \text{K}^{-1} \cdot \text{mol}^{-1} \times 298 \text{ K}}$$

$$= -6.46$$

$$K_{298} = 1.57 \times 10^{-3}\text{①}$$

(5) $\Delta_r G^\ominus = \Delta_r H^\ominus - T \cdot \Delta_r S^\ominus$

$$= 9.4 \text{ kJ} \cdot \text{mol}^{-1} - 723 \text{ K}$$
$$\cdot (-22 \times 10^{-3} \text{ kJ} \cdot \text{K}^{-1} \cdot \text{mol}^{-1})$$
$$= 25.3 \text{ kJ} \cdot \text{mol}^{-1}$$

$$\ln K_{723} = -\frac{\Delta_r G^\ominus}{RT}$$

$$= -\frac{25.3 \times 10^3 \text{ J} \cdot \text{mol}^{-1}}{8.314 \text{ J} \cdot \text{K}^{-1} \cdot \text{mol}^{-1} \times 723 \text{ K}}$$

$$= -4.21$$

$$K_{723} = 1.48 \times 10^{-2}$$

2. 将反应式(1)~(3)相加即可得到总反应式,同时注意消去反应(1)的所有产物。

$2 \times$ 反应(1) $+$ 反应(2) $+ 2 \times$ 反应(3):

$$2H_2O \longrightarrow 2H_2 + O_2$$

3. 知识点:盖斯定律。

根据第2题的提示可知

$2 \times \Delta_r H^\ominus(1) + \Delta_r H^\ominus(2) + 2 \times \Delta_r H^\ominus(3)$

$$= -2 \times \Delta_f H^\ominus(H_2O(g)) = 484 \text{ kJ} \cdot \text{mol}^{-1}$$

$$\Delta_r H^\ominus(1) = \frac{1}{2} \times (484 - 2 \times 9.4 - 439) \text{ kJ} \cdot \text{mol}^{-1}$$

$$= 13 \text{ kJ} \cdot \text{mol}^{-1}$$

4. 知识点:反应热计算。

由于一个反应循环中,即 $2\times$ 反应(1) $+$ 反应(2) $+ 2\times$ 反应(3),有 2 mol 硫原子,因此每摩尔硫原子储存的能量为

$$\frac{1}{2} \times 484 \text{ kJ} = 242 \text{ kJ}$$

---

① UKChO官网提供的本题的标准答案有误。

试题 2　本题涉及钨的化学

试题与解答

过渡金属钨的化学性质与主族元素硫有一些相似之处，这是因为这两种原子最外层均有 6 个电子。当这两种元素与高电负性元素如氟和氧结合时，它们会达到最高的 +6 氧化态。

氟化钨(Ⅵ)可被应用于半导体工业，而钨氧化物被用来制造电致色变窗户。如右图中的飞机窗户，当施加电压时就会变色。

钨在自然界中最常以钨酸根离子(WO_4^{2-})的形式存在，该离子与硫酸根离子(SO_4^{2-})近似。一种常见的含钨矿物为白钨矿(钨酸钙，$CaWO_4$)。

1. 画出 WO_4^{2-} 离子的结构，展示出其中的化学键并给出 O—W—O 的键角。

用碳酸钠溶液处理白钨矿会得到钨酸钠溶液和一种白色盐沉淀。在钨酸钠溶液中加入盐酸可以产生钨酸，其在加热后得到氧化钨(Ⅵ)。氧化钨可用氢气还原得到纯金属钨。

2. (1) 给出白钨矿与碳酸钠溶液的反应方程式。

(2) 给出钨酸钠溶液与盐酸的反应方程式，并画出钨酸的结构。

(3) 给出从钨酸生成氧化钨的反应方程式。

(4) 给出生成金属钨的反应方程式。

在电致色变窗户中，对透明氟化钨(Ⅵ)层与离子源，例如锂盐，之间施加电压后会发生下列反应。在该反应中一些锂离子被嵌入氧化物的结构中：

$$WO_3 + xLi^+ + xe^- \longrightarrow Li_xWO_3$$

产物 Li_xWO_3，又被称为钨青铜，它的颜色由 x 的取值所决定。x 的取值范围为 0~1；若呈现蓝黑色，则 x 的取值为 0.3。

3. (1) 计算当 $x=1$ 时钨的氧化态。

(2) 计算当 $x=0.3$ 时钨的平均氧化态。

硫元素和钨元素都可以与氟气反应形成六氟化物。SF_6 和 WF_6 在室温常压下皆为气体,并且 WF_6 为该条件下已知密度最大的气体。WF_6 毒性极强,这是因为它能与水迅速反应生成两种物质。而 SF_6 在水中呈现惰性且无毒。

4. 假设空气中仅含有氮气,计算 SF_6 和 WF_6 相对于空气的密度。

5. 计算 298 K、标准压强下 $WF_6(g)$ 的实际密度,以 $g \cdot cm^{-3}$ 为单位。

6. 给出 WF_6 与水的反应方程式。

考虑如下气相反应:
$$SF_6(g) + 4H_2O(g) \longrightarrow H_2SO_4(g) + 6HF(g)$$

7. (1) 请预测该反应的标准熵变为正数还是负数。

(2) 使用以下数据计算该反应的标准焓变:

	$SF_6(g)$	$H_2O(g)$	$H_2SO_4(g)$	$HF(g)$
$\Delta_f H^{\ominus} /$ $(kJ \cdot mol^{-1})$	-1210	-242	-735	-273

(3) 对于 SF_6 与水的反应,以下哪个选项是正确的?

A. SF_6 动力学稳定且热力学稳定

B. SF_6 动力学稳定但热力学不稳定

C. SF_6 动力学不稳定但热力学稳定

D. SF_6 动力学不稳定且热力学不稳定

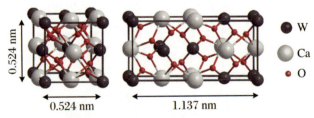

白钨矿($CaWO_4$)晶胞的两种视图
晶胞尺寸为 0.524 nm×0.524 nm×1.137 nm
右侧的视图可通过将左侧视图旋转 90°得到

实际上 tungsten 为白钨矿的早期瑞典语名字。它的字面含义为重(tung)石头(sten)，这是由于白钨矿通常比和它一起被发现的其他矿石的密度要大很多。

上页图中为白钨矿的晶胞。通过 X 射线晶体谱学可以确定一个晶体的晶胞并展示出晶体中原子的排列方式。晶胞堆积形成了整体结构。有一些原子被完全包含在晶胞内，而在顶点、棱心或者面心上的原子只有一部分被包含在晶胞里。

8. 考虑原子在一个晶胞中的百分比，计算一个晶胞中的钨原子、钙原子和氧原子的数量。

9. 使用第 8 题中的答案和晶胞的尺寸计算"重石头"白钨矿的密度。

解答 1. 知识点：VESPR 模型。

根据题意，WO_4^{2-} 结构与 SO_4^{2-} 类似，因此 WO_4^{2-} 为正四面体结构，即

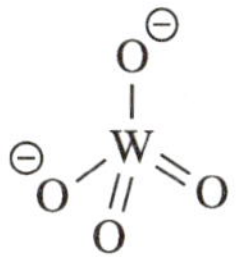

键角亦为 109.5°。

2. 知识点：化学反应方程式的书写与配平；常见酸的结构。

（1）反应物为 $CaWO_4$ 与 Na_2CO_3，产物之一为 Na_2WO_4，根据复分解反应的规律易知另一产物为 $CaCO_3$，因此配平后的方程式为

$$CaWO_4 + Na_2CO_3 \longrightarrow Na_2WO_4 + CaCO_3$$

（2）反应物为 Na_2WO_4 与 HCl，产物之一为钨酸 H_2WO_4，根据复分解反应的规律易知另一产物为 NaCl，因此配平后的方程式为

$$Na_2WO_4 + 2HCl \longrightarrow H_2WO_4 + 2NaCl$$

H_2WO_4 的结构与硫酸（H_2SO_4）类似：

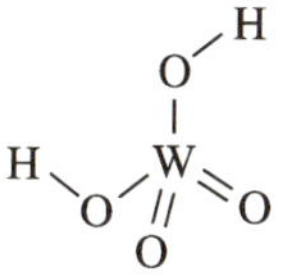

（3）反应物为 H_2WO_4，产物之一为 WO_3，易知另一

产物为 H_2O,因此配平后的方程式为
$$H_2WO_4 \longrightarrow WO_3 + H_2O$$

(4) 反应物为 WO_3 与 H_2,产物之一为单质 W,易知另一产物为 H_2O,因此配平后的方程式为
$$WO_3 + 3H_2 \longrightarrow W + 3H_2O$$

3. 知识点:氧化态的计算。

(1) $x=1$ 时,化学式为 $LiWO_3$,其中氧的氧化态为 -2,锂的氧化态为 $+1$,因此钨的氧化态为 $+5$。

(2) $x=0.3$ 时,化学式为 $Li_{0.3}WO_3$,其中氧的氧化态为 -2,锂的氧化态为 $+1$,因此钨的平均氧化态为 $+5.7$。

4. 知识点:理想气体的密度计算。

根据理想气体状态方程
$$pV = nRT \Rightarrow pV = \frac{m}{M}RT \Rightarrow pM = \frac{m}{V}RT \Rightarrow pM = \rho RT$$

可知,理想气体的密度与摩尔质量成正比,因此
$$\rho_{SF_6} : \rho_{air} = M_{SF_6} : M_{air} = 5.21$$
$$\rho_{WF_6} : \rho_{air} = M_{WF_6} : M_{air} = 10.63$$

5. 知识点:理想气体的密度计算。

$$\rho_{WF_6} = \frac{pM}{RT}$$
$$= \frac{100 \text{ kPa} \times 295.85 \text{ g} \cdot \text{mol}^{-1}}{8.314 \text{ kPa} \cdot \text{L} \cdot \text{mol}^{-1} \cdot \text{K}^{-1} \times 298 \text{ K}}$$
$$= 11.9 \text{ g} \cdot \text{L}^{-1} = 0.0119 \text{ g} \cdot \text{cm}^{-3}$$

6. 知识点:化学反应方程式的书写与配平。

WF_6 发生水解反应,易知其中一个产物为 HF,另一产物为钨的氢氧化物。根据第 2 题(2)提示,此氢氧化物应为钨酸 H_2WO_4,因此配平后的方程式为
$$WF_6 + 4H_2O \longrightarrow H_2WO_4 + 6HF$$

7. 知识点:化学反应的热力学计算及其意义。

(1) 方程式右侧产物中总共有 7 mol 气体分子,左侧反应物中总共有 5 mol 气体分子,因此反应的标准熵变为正值。

(2) $\Delta_r H^{\ominus} = \Delta_f H^{\ominus}(H_2SO_4(g)) + 6 \times \Delta_f H^{\ominus}(HF(g))$
$\qquad - (\Delta_f H^{\ominus}(SF_6(g)) + 4 \times \Delta_f H^{\ominus}(H_2O(g)))$
$= \{-735 + 6 \times (-273)$

$$-[-1210+4\times(-242)]\} \text{ kJ}\cdot\text{mol}^{-1}$$
$$=-195 \text{ kJ}\cdot\text{mol}^{-1}$$

（3）由于该反应的 $\Delta_r H^\ominus$ 为负值，$\Delta_r S^\ominus$ 为正值，根据 $\Delta_r G^\ominus = \Delta_r H^\ominus - T\cdot\Delta_r S^\ominus$，$\Delta_r G^\ominus$ 一定是负值，因此该反应热力学自发但因为动力学原因难以发生。所以 SF_6 在热力学上不稳定，但在动力学上稳定。

8. 知识点：晶胞中原子数目的计算。

钨原子中有 8 个在顶点、4 个在面上、1 个在体心：
$$8\times\frac{1}{8}+4\times\frac{1}{2}+1\times1=4$$

钙原子中有 6 个在面上、4 个在棱心：
$$6\times\frac{1}{2}+4\times\frac{1}{4}=4$$

氧原子中有 16 个在体内：
$$16\times1=16$$

9. 知识点：晶胞密度的计算。

根据第 8 题的答案，一个白钨矿的晶胞中有 4 个 $CaWO_4$：

$$\rho=\frac{n\cdot M}{N_A\cdot V}$$

$$=\frac{4\times287.93 \text{ g}\cdot\text{mol}^{-1}}{6.02\times10^{23} \text{ mol}^{-1}\times(0.524^2\times1.137)\times10^{-21} \text{ cm}^3}$$

$$=6.13 \text{ g}\cdot\text{cm}^{-3}$$

背景拓展阅读

钨和钨的重要化合物

金属钨

钨是银白色、有光泽，具有体心立方结构的金属。钨非常坚硬，密度很高（$19.25 \text{ g}\cdot\text{cm}^{-3}$），且拥有所有金属中最高的熔点（3422 ℃）和所有元素中最高的沸点（5660 ℃）。

钨表面形成一层薄膜，因此化学性质较稳定，不与大多数非金属、非氧化性酸和碱反应。

三氧化钨和钨酸盐

三氧化钨（WO_3）是一种淡黄色固体，由顶角连接的

WO₆ 八面体的三维阵列构成。

WO₃ 是酸性氧化物，难溶于水，氧化性较弱，溶于碱性水溶液中时生成含钨酸根离子（WO_4^{2-}）的盐。

$$WO_3 + 2NaOH \longrightarrow Na_2WO_4 + H_2O$$

钨酸盐的氧化性极弱，在酸性条件下与 H_2S 作用，会将钨酸盐中的氧逐渐置换成硫，生成一系列硫代钨酸盐。

$$WO_4^{2-} \longrightarrow WO_3S^{2-} \longrightarrow WO_2S_2^{2-} \longrightarrow WOS_3^{2-} \longrightarrow WS_4^{2-}$$

钨的同多酸

两个或两个以上相同的酸酐和若干水分子组成的酸称为同多酸。

将钨酸盐溶液酸化，并不断降低 pH 时，WO_4^{2-} 离子就会发生缩聚作用生成同多酸根离子。pH 越低，缩合度越大。但在酸性太强的时候，会发生解聚。

$$WO_4^{2-} \longleftrightarrow [H_2W_{12}O_{42}]^{10-} \longleftrightarrow [H_2W_{12}O_{40}]^{6-}$$
$$\longleftrightarrow [W_{10}O_{32}]^{4-} \longleftrightarrow [W_6O_{19}]^{2-} \longleftrightarrow WO_2^{2+}$$

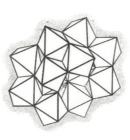

$[H_2W_{12}O_{42}]^{10-}$

$[H_2W_{12}O_{40}]^{6-}$

试题 3 本题涉及双键当量

试题与解答

双键当量（*DBE*）即一个化合物含有双键和/或环的数量，在通过化学式推断可能结构中非常有用。

左图中的邦德先生的 *BDE* 为 7。

1. 直链烷烃的通式为 C_nH_{2n+2}。给出以下类型化合物的通式：

(1) 一个烯烃或者环烷烃。

(2) 一个炔烃(包含 C≡C)。

(3) 一个环烯烃。

(4) 一个双炔烃。

一个烃类化合物每多一个额外的环或者 π 键,它与烷烃相比就少 2 个氢原子。一个结构中含有的环和/或 π 键的总数称为双键当量。对于多环结构,其含有环的数量可以通过计算经过多少次切断才能使剩余的结构没有环来确定。

2. 下表中展示了 $DBE=1$ 和 $DBE=2$ 时环、双键和三键的可能组合。请展示出 $DBE=3$ 和 $DBE=4$ 时可能的组合。

DBE	环	双键	三键
1	1	0	0
	0	1	0
2	2	0	0
	0	2	0
	1	1	0
	0	0	1

一个烃类化合物的 DBE 可以通过比较其化学式 C_nH_X 中实际氢原子数(X)与碳原子数相同的直链烷烃 C_nH_A 中的氢原子数(A)来得到:

$$DBE = \frac{1}{2} \times (A - X)$$

例如,计算环己烯(C_6H_{10})的 DBE,由于己烷(6 个碳原子的烷烃)的氢原子数为 14,因此

$$DBE_{环己烯} = \frac{1}{2} \times (14 - 10) = 2$$

3. 计算以下各分子的 DBE:

(1) C_5H_4。

(2) $C_{18}H_{20}$。

(3) C_{60}。

(4) 。

(5) 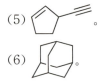。

(6) 。

DBE 的类型可以用光谱技术如 NMR 来展现。

在 ^{13}C NMR 中,光谱中的信号数取决于一个结构中不同碳原子化学环境的数量。例如,在苯中,所有碳原子等价,因此光谱中只显示一个峰,而 1,3-二甲基苯中有 5 种不同的化学环境,如下图所示:

在苯中,所有的碳原子在相同化学环境中,因此光谱中仅有 128 ppm 一个峰

在 1,3-二甲基苯中,忽略环上 π 键的画法,分子中有一对称面(或者旋转轴,以虚线表示)。这就意味着只有 5 种不同的化学环境,因此光谱中出现 5 个峰。(注意 130 ppm 和 128 ppm 上的特定的碳原子必须在轴上。)

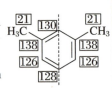

对于以下化学环境的碳原子,通常给出其相应区域的峰:

- 连有三键的炔烃碳:70~100 ppm;
- 连有双键的烯烃碳:100~160 ppm;
- 以 4 根单键与碳原子或者氢原子连接的碳:0~50 ppm。

在相对少见的丙二烯基团 $R_2C\!=\!C\!=\!CR_2$ 中,中心碳原子的峰信号超过 200 ppm,处于其侧翼位置并与其直接相连的碳原子的信号与连有三键的炔烃碳在相同区域,即

- 丙二烯中心碳:>200 ppm;
- 丙二烯侧翼碳:70~100 ppm。

如果使用更先进的 NMR 技术,除了可以知晓特定的环境中碳原子数量,还可以知晓一个特定碳原子上连有氢原子的数量。我们可以将连有 3、2、1 或者 0 个氢原子的碳原子分别标注为 (CH_3)、(CH_2)、(CH) 或者 C。那么 1,3-二甲基苯的谱图可总结为

$2 \times 138(C)$,　$130(CH)$,　$128(CH)$,
$2 \times 126(CH)$,　$2 \times 21(CH_3)$

4. 以下数据来自于化学式为 C_8H_8(DBE 为 5)的分

子的各种异构体的 ^{13}C NMR 谱图。对于每个谱图,首先完成下面的表格并由此推测每个化合物中三键、双键和环的数量。接着提出一个与数据相符合的骨架结构(无需给特定碳原子标注相应数值)。

光谱图	信号/ppm
A	8×132(C)
B	8×47(C)
C	4×96(C),4×20(CH$_2$)
D	2×210(C),134(C),113(CH$_2$),2×93(CH),2×79(CH$_2$)
E	147(C),2×138(CH),2×131(CH),2×127(CH),112(CH$_2$)
F	142(CH),136(CH),127(CH$_2$),120(CH$_2$),117(CH),112(CH),91(C),89(C)
G	2×146(C),2×127(CH),2×122(CH),2×30(CH$_2$)
H	154(C),151(C),2×136(CH),2×128(CH),2×37(CH$_2$)
I	157(C),101(CH$_2$),2×26(CH),4×19(CH)

	每个区域的碳原子数 (加和必须为8)					推断得到结构信息		
光谱	三键(炔烃)	双键(烯烃)	单键	丙二烯中心碳	丙二烯侧翼碳	三键数量	双键数量	环数量
A								
B								
C								
D								
E								
F								
G								
H								
I								

解答 1. 知识点:有机烃类化合物的通式。

(1) 一分子烯烃比烷烃少 2 个氢原子,因此通式为 C_nH_{2n}。

(2) 一分子炔烃比烯烃少 2 个氢原子,因此通式为 C_nH_{2n-2}。

(3) 一分子环烯烃比烯烃少 2 个氢原子,因此通式为 C_nH_{2n-2}。

(4) 一分子双炔烃比烷烃少 8 个氢原子,因此通式为 C_nH_{2n-6}。

2. 知识点:有机物不饱和度计算;

能力点:数学枚举法。

① $DBE=3$ 时,环数量+双键数量+2×三键数量=3。

② $DBE=4$ 时,环数量+双键数量+2×三键数量=4。

经过枚举可得下表:

DBE	环	双键	三键
3	3	0	0
	2	1	0
	1	2	0
	1	0	1
	0	3	0
	0	1	1
4	4	0	0
	3	1	0
	2	2	0
	2	0	1
	1	3	0
	1	1	1
	0	4	0
	0	2	1
	0	0	2

3. 知识点:有机物不饱和度计算。

(1) $DBE_{C_5H_4} = \dfrac{1}{2} \times (2\times5+2-4) = 4$。

(2) $DBE_{C_{18}H_{20}} = \dfrac{1}{2} \times (2 \times 18 + 2 - 20) = 9$。

(3) $DBE_{C_{60}} = \dfrac{1}{2} \times (2 \times 60 + 2 - 0) = 61$。

(4) $DBE_{C_6H_6} = \dfrac{1}{2} \times (2 \times 6 + 2 - 6) = 4$。

(5) $DBE_{C_7H_8} = \dfrac{1}{2} \times (2 \times 7 + 2 - 8) = 4$。

(6) $DBE_{C_{10}H_{16}} = \dfrac{1}{2} \times (2 \times 10 + 2 - 16) = 3$。

4．知识点：^{13}C NMR；

能力点：有机物结构推断。

首先根据每个化合物的^{13}C NMR 数据得出每种碳碳键的数量，并通过 DBE 推断出其可能的结构。

A　8 个碳原子(8×132)均形成烯烃双键，因此共有4 根碳碳双键与1 个环。

B　8 个碳原子(8×47)均形成单键，因此共有5 个环。

C　4 个碳原子(4×96)形成炔烃三键，4 个碳原子(4×20)形成单键，因此共有2 根碳碳三键与1 个环。

D　2 个碳原子(2×210)为丙二烯中心原子，2 个碳原子(134，113)形成烯烃双键，4 个碳原子(2×93，2×79)为丙二烯侧翼原子，因此共有5 根碳碳双键。

E　8 个碳原子(147，2×138，2×131，2×127，112)均形成烯烃双键，因此共有4 根碳碳双键与1 个环。

F　6 个碳原子(142，136，127，120，117，112)均形成烯烃双键，2 个碳原子(91，89)形成炔烃三键，因此共有3 根碳碳双键，1 根碳碳三键。

G　6 个碳原子(2×146，2×127，2×122)均形成烯烃双键，2 个碳原子(2×30)形成单键，因此共有3 根碳碳双键，2 个环。

H　6 个碳原子(154，151，2×136，2×128)均形成烯烃双键，2 个碳原子(2×37)形成单键，因此共有3 根碳碳双键，2 个环。

I　2 个碳原子(157，101)形成烯烃双键，6 个碳原子(2×26，4×19)均形成单键，因此共有1 根碳碳双键，4 个环。

接着推断出各个化合物的可能结构。

A 8个碳碳双键上的碳原子化学环境均相同。

B 8个单键碳原子化学环境均相同。

C 共两种化学环境，其中2根碳碳三键环境相同，且剩下的4个碳原子环境相同。

D 2个丙二烯结构环境相同，剩下2个烯烃碳原子环境不同。

E 4根碳碳双键中的2根具有相同化学环境，其余2根不同。

F 3根碳碳双键环境均不同，且碳碳三键不在末端。

G 3根碳碳双键中2根环境相同，另外1根中的2个碳原子环境相同，剩下的2个单键碳原子环境相同，因此易联想到1,2取代苯环结构。

H 3根碳碳双键中2根环境相同，另外1根中的2个碳原子环境不同，剩下的2个单键碳原子环境相同。

I 6个单键碳原子中4个环境相同，剩下的2个环境也相同。碳碳双键的2个碳原子环境不同。

因此各化合物的结构如下：

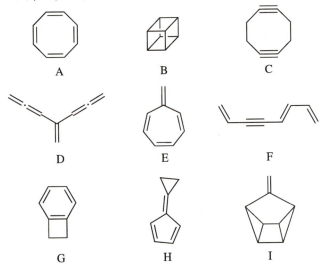

试题 4 本题涉及氟班色林的合成

试题与解答

在 2015 年，药物氟班色林（Addyi）成为首款待批准的治疗女性性欲低下症的药物。下图为氟班色林的结构：

氟班色林

合成该分子的过程中，首先要合成两种前驱物分子 A 和 C，路线如下图所示：

1. 计算得到 A 的经验式。
2. 画出化合物 A、B 和 C 的结构。

如下图所示，剩余的合成步骤起始于化合物 Z。该示意图中所有的反应都已配平。

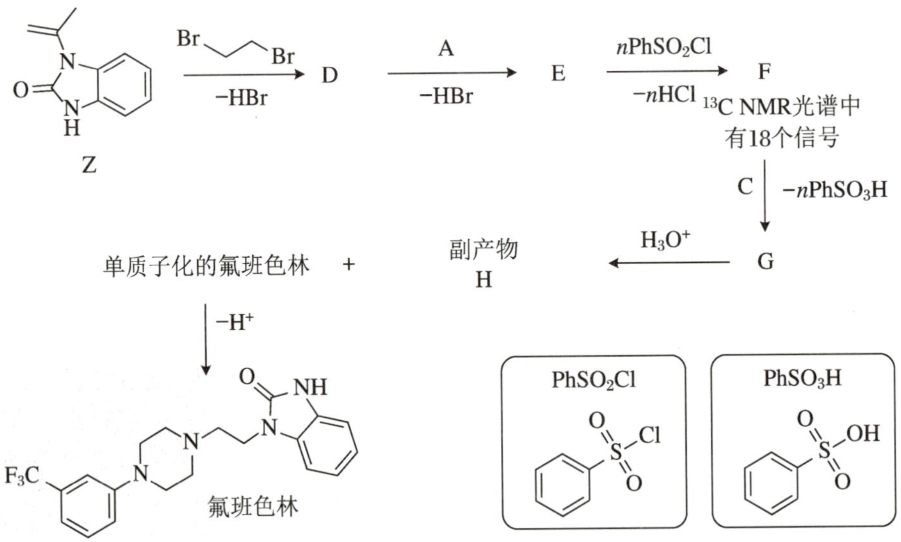

3. 画出化合物 D、E、F、G 和副产物 H 的结构。

4. 所合成的氟班色林一开始以其单质子化盐的形式存在。在氟班色林的结构上，圈出被质子化的原子。

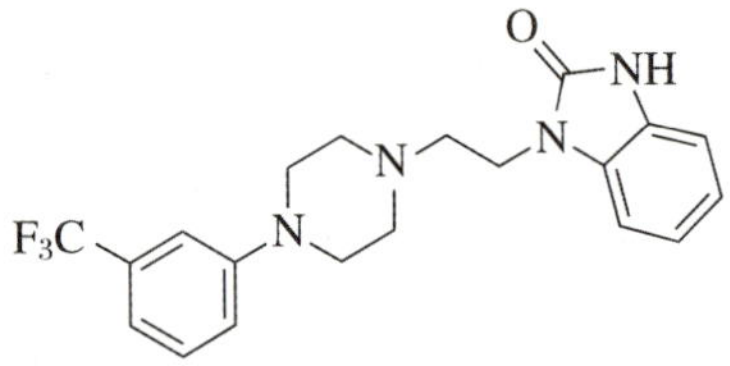

化合物 Z 可由 1,2-二氨基苯与乙酰乙酸乙酯合成。合成步骤如下图所示，其中所有反应均已配平。

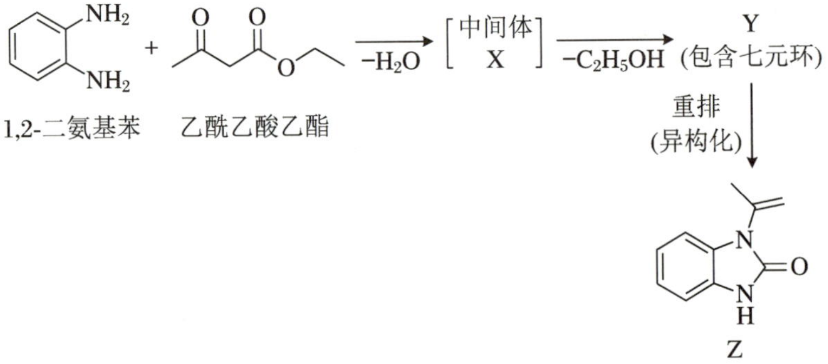

5. 画出中间件体 X 和化合物 Y 的结构。

解答 1. 知识点：经验式的计算。

由反应物和元素质量分数可知 A 中还有氧元素：

$$n_C : n_H : n_N : n_O$$
$$= \frac{45.70\%}{12.01} : \frac{10.55\%}{1.008} : \frac{13.32\%}{14.01} : \frac{30.43\%}{16.00}$$
$$= 4 : 11 : 1 : 2$$

因此 A 的经验式为 $C_4H_{11}NO_2$。

2. 知识点:醚的氨解;苯的硝基化;苯环取代基的定位效应;硝基苯的还原;

能力点:有机结构推断。

① 生成 A。

根据 A 和反应物的化学式,可知 A 由两分子环氧乙烷与一分子氨进行亲核取代反应得到:

$$2 \underset{}{\triangle\!\!\!\!O} + NH_3 \longrightarrow HO\text{-}CH_2CH_2\text{-}NH\text{-}CH_2CH_2\text{-}OH$$
$$\text{A}$$

② 生成 B。

生成 B 的反应为苯环的硝基化反应,—CF_3 为强诱导吸电子基团,因此为间位定位基:

[结构式:PhCF₃ + HNO₃/H₂SO₄ → 间-O₂N-C₆H₄-CF₃ (B)]

③ B ⟶ C。

该过程为硝基苯的催化加氢还原反应,生成苯胺:

[结构式:间-O₂N-C₆H₄-CF₃ (B) + Pd/H₂ → 间-H₂N-C₆H₄-CF₃ (C)]

3. 知识点:亲核取代反应;醇的磺基化;乙烯基胺的水解;

能力点:有机结构推断。

① Z ⟶ D。

该步骤为二级酰胺对卤代烃的亲核取代反应,生成 N—取代酰胺:

[结构式:Z + BrCH₂CH₂Br —(-HBr)→ D]

② D + A ⟶ E。
该过程为二级胺对卤代烃的亲核取代反应：

③ E ⟶ F。
本过程为醇的磺基化反应，生成磺酸酯：

④ F + C ⟶ G。
该步骤为苯胺对磺酸酯的亲核取代反应：

⑤ G ⟶ H + 单质子化氟班色林。
本过程为乙烯基胺的水解反应：

4. 知识点：有机物的碱性。

氟班色林分子中有 5 个位点可以质子化：4 个氮原子和 1 个氧原子。

通常羰基氧碱性弱于酰胺、苯胺和胺，因此氧原子不太可能被质子化。

而由于苯基和羰基的共轭吸电子效应，胺的碱性比酰胺和苯胺要强，因此最佳质子化的位点为胺的氮原子。

氟班色林分子中左侧的胺氮原子被有共轭吸电子效应的苯环相连，且苯环上有很强的诱导吸电子基团—CF_3，因此碱性最强的为中间的胺氮原子：

5. 知识点：亲核加成-消除反应；酯的氨解；

能力点：有机结构推断。

① 生成中间体 X。

本步骤为苯胺对酮羰基的亲核加成-消除反应：

② X ⟶ Y。

根据消除一分子乙醇可知，本步骤为酯的氨解：

中间体X   Y

试题 5   本题涉及给理查三世确定年代

试题与解答

约克王朝国王理查德在战争中徒劳无功而在 1485 年阵亡。2012 年,他的遗体在 Greyfriars 停车场地下被发现,2015 年下葬于莱斯特教堂。人们通过尸骨中的放射性碳确定其年代。

可以认为,骨骼残骸中所发现的骨头质量的 60% 为羟基磷灰石($Ca_5(PO_4)_3(OH)$),剩余的主要为胶原蛋白,即一种蛋白质,它的主要氨基酸成分为甘氨酸(H_2NCH_2COOH)。

在用放射性碳定年法对此骨架进行测试的过程中,从一根肋骨中取出 1.0 g 的样品。首先去除样品中的无机成分。

1. 以下哪项可以最有效地去除不需要的无机成分并留下有机成分?

    A. 反复用水洗涤后再用丙酮洗涤

    B. 加热至 400 ℃

    C. 用稀 HCl 溶液反复洗涤再用稀 NaOH 溶液洗涤

剩余的有机成分胶原蛋白,可以假设为聚甘氨酸(只由甘氨酸组成的聚合物)。它在过量氧气中燃烧,然后将含碳的产物用氢气还原为石墨。

2. (1) 画出聚甘氨酸的最简重复单元。

(2) 写出并配平含有 n 个重复单元的聚甘氨酸燃烧的反应方程式。

(3) 写出并配平由含碳的产物生成石墨的反应方

程式。

（4）1.0 g 的骨头样品处理后所产生石墨的质量是多少？

放射性碳定年法基于碳元素的三种同位素，即 ^{12}C、^{13}C 和 ^{14}C。其中两种较轻的同位素很稳定，但 ^{14}C 具有放射性且半衰期为 5568 a。在一个刚死亡的样品中，这些同位素的标准丰度比例为

$$98.93\% : 1.07\% : 1.215 \times 10^{-10}\%$$

3. 在一个 2.0 mg 的刚死亡的样品中，平均一天内有多少 ^{14}C 原子进行衰变？

比起测量实际的衰变速率，一种更加灵敏的技术是通过质谱计算特定质量原子的数量来确定 ^{12}C、^{13}C 和 ^{14}C 的比例。骨头样品中 ^{12}C：^{14}C 的比例经检测为 $1:1.154 \times 10^{-12}$。

4. 使用这些数据，确定这些骨头的年代以及骨头所有者的死亡时间。

解答 1. 知识点：物质的分离手段。

根据题意，我们需要去除骨头样本中的无机成分，即羟基磷灰石，并保留有机成分，即胶原蛋白。

A. 先用水洗，然后用丙酮洗。由于羟基磷灰石与胶原蛋白均不溶于水和丙酮，因此该方法无法去除无机成分。

B. 加热至 400 ℃。在该温度下羟基磷灰石不会分解，但蛋白质会分解，因此不能达到保留有机成分的目的。

C. 先用稀盐酸溶液洗涤，再用稀氢氧化钠溶液洗涤。羟基磷灰石为弱碱性盐，会溶解于稀盐酸溶液，但蛋白质一般较难溶解于稀酸和稀碱溶液，因此该方法可以达到目的。

2. 知识点：缩聚反应；化学方程式的书写与配平；化学计量学。

（1）氨基酸单体聚合的方式为缩聚：

$$n\text{H}_2\text{N}-\text{CH}_2-\text{COOH} \longrightarrow (-\text{NH}-\text{CH}_2-\text{CO}-)_n + \text{H}_2\text{O}$$

(2) 反应物为聚赖氨酸与 O_2，产物为 CO_2、H_2O 与 N_2，配平后的方程式为

$$(NHCH_2CO)_n + \frac{9}{4}nO_2 \longrightarrow 2nCO_2 + \frac{3}{2}nH_2O + \frac{1}{2}nN_2$$

(3) 反应物为 CO_2 与 H_2，产物之一为 C，易知另一个产物为 H_2O，配平后的方程式为

$$CO_2 + 2H_2 \longrightarrow C + 2H_2O$$

(4) $n_C = n_{CO_2} = 2n \times n_{\text{polyglycine}}$

$$= 2n \times \frac{1.0 \text{ g} \times 40\%}{57.05n \text{ g} \cdot \text{mol}^{-1}}$$

$$= 0.014 \text{ mol}$$

$m_C = 0.014 \text{ mol} \times 12.01 \text{ g} \cdot \text{mol}^{-1} = 0.17 \text{ g}$

3. 知识点：一级反应动力学计算。

① 首先计算样品中 ^{14}C 原子的初始数量。

$$n_C = \frac{2.0 \times 10^{-3} \text{ g}}{12.01 \text{ g} \cdot \text{mol}^{-1}} = 1.7 \times 10^{-4} \text{ mol}$$

$N_C = n_C \cdot N_A$

$$= 1.7 \times 10^{-4} \text{ mol} \times 6.02 \times 10^{23} \text{ mol}^{-1}$$

$$= 1.02 \times 10^{20}$$

$N^0_{^{14}C} = 1.215 \times 10^{-10}\% \times 1.02 \times 10^{20}$

$$= 1.2 \times 10^8$$

② 然后计算 ^{14}C 原子的衰变速率常数以及衰变量。核衰变反应都是一级反应，因此

$$k = \frac{\ln 2}{t_{1/2}} = \frac{\ln 2}{5568 \times 365 \text{ d}}$$

$$= 3.411 \times 10^{-7} \text{ d}^{-1}$$

$\ln \dfrac{N_{^{14}C}}{N^0_{^{14}C}} = -kt = -3.411 \times 10^{-7} \text{ d}^{-1} \times 1 \text{ d}$

$$= -3.411 \times 10^{-7}$$

$N_{^{14}C} = 119999959$

$N^0_{^{14}C} - N_{^{14}C} = 41$

4. 知识点：一级反应动力学计算。

① 首先计算 ^{12}C 与 ^{14}C 的初始数量比。

$N_{^{12}C} : N_{^{14}C} = 98.93\% : (1.215 \times 10^{10}\%)$

$$= 1 : (1.228 \times 10^{-12})$$

② 接着计算骨头样品中 ^{14}C 的剩余百分比。
$$\frac{1.154 \times 10^{-12}}{1.228 \times 10^{-12}} = 93.97\%$$

③ 最后计算出骨头样品的年代，即经历衰变的时间。

$\ln 93.97\% = -kt$

$t = \dfrac{\ln 93.97\%}{-3.411 \times 10^{-7} \text{ d}^{-1}}$

$ = 1.823 \times 10^5 \text{ d} = 500 \text{ a}$

死亡时间 = 2012 a − 500 a = 1512 a

2017 英国化学奥林匹克竞赛试题解析

试题 1　本题涉及里奥的绿色跳水池

 试题与解答

在里奥奥运会的跳水池变成绿色时,人们认为是水中藻类的生长所致;然而举办方强烈反对这一说法。即使在发布了官方报告以后,依然有人猜测颜色变化背后的真正原因。

在游泳池的氯化中最常用的一种化合物是次氯酸钠($NaClO$)。

1. 计算次氯酸钠中氯的氧化态。

溶解于水后,ClO^- 与其共轭酸之间建立起了平衡。

2. 给出该平衡方程式。

该平衡与 pH 高度相关且在酸性条件下会产生氯气。

3. 给出次氯酸盐与 HCl 反应生成氯气的方程式。

举办方最终解释称跳水池的绿色是由于无意间加入了大量过氧化氢导致藻类的生长。过氧化氢会分解次氯酸盐并生成氯离子。

4. 给出过氧化氢与次氯酸盐的反应方程式。

次氯酸盐同样可以与氨和类氨化合物反应生成含有

氮和氯的化合物。其中一种是三氯化氮,它可以导致眼刺激和游泳池中的独特气味。

5. (1) 给出生成三氯化氮的反应方程式。

(2) 画出三氯化氮的结构,展示出它的形状并指出 Cl—N—Cl 的大致键角。

基于不同的反应比例,氨和次氯酸盐的另一种可能的反应产物为联胺($H_2N—NH_2$)和氯离子。

6. 给出此反应的方程式。

游泳池中有时会加入硫酸铜,因此有人认为是它导致了游泳池呈现绿色。美国游泳运动员 Ryan Lochte 金发中的淡绿色也同样是由于铜离子的存在。有些洗发水的高 pH 使得铜离子在头发上形成沉淀。

7. 提出使得 Ryan Lochte 头发变绿的蓝色沉淀的化学式。

解答 1. 知识点:氧化态的计算。

NaClO 中 Na 的氧化态为 +1,O 的氧化态为 -2,因此 Cl 的氧化态为 +1。

2. 知识点:共轭酸碱对;酸碱反应式的书写。

ClO^- 与其共轭酸 HClO 之间的可逆反应为
$$ClO^- + H_2O \rightleftharpoons HClO + OH^-$$

3. 知识点:化学反应方程式的书写与配平。

反应物为 ClO^- 与 HCl,产物之一为 Cl_2,因此有
$$ClO^- + H^+ + Cl^- \longrightarrow Cl_2 + OH^-$$

由于是酸性条件,因此
$$H^+ + OH^- \longrightarrow H_2O$$

两个方程式加和后得到
$$ClO^- + 2H^+ + Cl^- \longrightarrow Cl_2 + H_2O$$

4. 知识点:化学反应方程式的书写与配平。

反应物为 H_2O_2 与 ClO^-,产物之一为 Cl^-。因此可知 ClO^- 中的氯元素被还原,被氧化的为 H_2O_2,氧化产物为 O_2:
$$H_2O_2 + ClO^- \longrightarrow Cl^- + O_2 + H_2O$$

5. (1) 知识点:化学反应方程式的书写与配平。

反应物为 ClO^- 与 NH_3,产物之一为 NCl_3,易知另一产物为 OH^-,因此方程式为

$$3ClO^- + NH_3 \longrightarrow NCl_3 + 3OH^-$$

（2）知识点：VSEPR 模型。

NCl_3 的中心氮原子周围电子对数为 4，其中成键电子对数为 3，因此为三角锥（trigonal pyramidal）结构：

由于孤对电子对成键电子的排斥力，其键角比正四面体的 109.5° 略小一些，为 106°～108°。

6. 知识点：化学反应方程式的书写与配平。

反应物为与 ClO^- 与 NH_3，产物中有 N_2H_4 与 Cl^-，因此方程式为

$$ClO^- + 2NH_3 \longrightarrow N_2H_4 + Cl^- + H_2O$$

7. 知识点：铜的元素化学。

Cu^{2+} 离子在碱性条件下形成的蓝色沉淀为 $Cu(OH)_2$。

试题 2　本题涉及大气化学

试题与解答

火山口的巨大硫块

研究大气中发生的化学反应对于理解并解决全球气候问题来说是不可或缺的。硫化氢（H_2S）是一种在大气中展示出有趣的化学性质的分子。H_2S 存在于天然气中，在火山附近同样很常见。

从大气中天然去除 H_2S 的方法是让其与 OH 自由基[①]（大气层中主要的日间氧化剂）反应。这个反应发生于 H_2S 和 OH 自由基的单次碰撞。

1. 给出 H_2S 与 OH 自由基反应生成水和另一种自由基的反应方程式。

为了测量第 1 题中反应的速率常数，人们在实验室中通过将硫化亚铁与盐酸反应来制取干燥的 H_2S。

---

① OH 自由基为原试题的表述。准确的表述为羟基自由基（·OH）。

2. 给出实验室制备 H_2S 的反应方程式。

在火山区域,H_2S 在空气中的平均释放速度为 7.65×10^5 molecules·cm^{-3}·s^{-1}。测量得知随着时间的变化,H_2S 的浓度是一个常数,这就意味着在火山区域 H_2S 产生的速率与其消耗的速率相等。

对于一个由两种物质 A 与 B 单次碰撞而产生的反应,其反应速率可表达为

$$\text{反应速率} = k \times [A] \times [B]$$

其中,k 是对应的速率常数,$[A]$ 和 $[B]$ 分别为 A 和 B 的浓度。

3. 计算大气中 H_2S 的浓度,以 molecules·cm^{-3} 为单位。

你可以假设唯一可以将 H_2S 从大气中去除的过程是它与 OH 自由基的反应,并且 OH 自由基的平均浓度为 1.1×10^6 molecules·cm^{-3}。经测量,第 1 题中化学反应的速率常数为 $k=4.7\times 10^{-12}$ cm^3·molecules^{-1}·s^{-1}。

4. H_2S 的平均浓度的常用单位为 μg·m^{-3}。将第 3 题中得到的 H_2S 的浓度表达为以 μg·m^{-3} 为单位的数值。

天然气中通常含有以 H_2S 的形式存在的硫元素。为了将硫排放最小化,我们通常对天然气进行脱硫处理,在该过程中 H_2S 部分燃烧生成 SO_2,它会继续与剩余 H_2S 反应生成单质硫。

5. (1) 给出 H_2S 燃烧的反应方程式。
(2) 给出 H_2S 与 SO_2 反应的方程式。

直接测量 OH 自由基的浓度是非常困难的,因此我们通常需要采用间接的方法。除了 H_2S 以外,OH 自由基还可以氧化大气层中的其他化合物,例如 1,1,1-三氯乙烷。由于在 20 世纪 90 年代人们停止了向大气层中释放 1,1,1-三氯乙烷,它的浓度变化可以被用来间接估算 OH 自由基的大气平均浓度。1,1,1-三氯乙烷的浓度随时间的变化趋势为简单的指数衰变,即拥有典型的一级反应动力学特征。

6. (1) 使用下图,估算 1,1,1-三氯乙烷的半衰期

($t_{1/2}$),精确到 0.1 a。

(2) 将第 6 题(1)答案的单位转换为 s(1 a 为 365.25 d)。

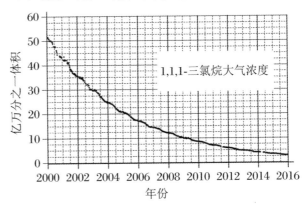

假设随着时间的变化,OH 自由基的浓度是一个常数,并且可以将 1,1,1-三氯乙烷从大气中去除的唯一过程是它与 OH 自由基的反应,我们可以用以下表达式得到反应的观测速率常数(k_{obs}):

$$t_{1/2} = \frac{\ln 2}{k_{obs}}$$

观测速率常数 k_{obs} 为二级速率常数($k_{2nd} = 1.0 \times 10^{-14}$ cm$^3 \cdot$ molecules$^{-1} \cdot$ s^{-1})与 OH 自由基浓度的乘积。

7. 使用你计算的 1,1,1-三氯乙烷的半衰期,计算大气中 OH 自由基的平均浓度(以 molecules $\cdot$ cm^{-3} 为单位)。

解答 1. 知识点:化学反应方程式的书写与配平。

反应物为 H_2S 与 OH 自由基,产物之一为 H_2O,不难猜到另一产物为 SH 自由基[①],因此反应方程式为

$$H_2S + OH \longrightarrow SH + H_2O$$

2. 知识点:化学反应方程式的书写与配平。

反应物为 FeS 与 HCl,产物之一为 H_2S,易知另一产物为 $FeCl_2$,因此反应方程式为

$$FeS + 2HCl \longrightarrow FeCl_2 + H_2S$$

3. 知识点:化学速率的计算。

---

① 准确的表述为 $\cdot$ SH。

H_2S 的产生速率等于消耗速率,则有

$$7.65 \times 10^5 \text{ molecules} \cdot \text{cm}^{-3} \cdot \text{s}^{-1}$$
$$= k \times [H_2S] \times [OH]$$
$$= 4.7 \times 10^{-12} \text{ cm}^3 \cdot \text{molecules}^{-1} \cdot \text{s}^{-1}$$
$$\times [H_2S] \times 1.1 \times 10^6 \text{ molecules} \cdot \text{cm}^{-3}$$
$$[H_2S] = 1.5 \times 10^{11} \text{ molecules} \cdot \text{cm}^{-3}$$

4. 知识点:单位转换。

$$[H_2S] = 1.5 \times 10^{11} \text{ molecules} \cdot \text{cm}^{-3}$$
$$\times \frac{1 \text{ mol}}{6.02 \times 10^{23} \text{ molecules}} \times 34.08 \text{ g} \cdot \text{mol}^{-1}$$
$$\times \frac{10^6 \text{ cm}^3}{1 \text{ m}^3} \times \frac{10^6 \text{ μg}}{1 \text{ g}}$$
$$= 8.5 \text{ μg} \cdot \text{m}^{-3}$$

5. 知识点:化学反应方程式的书写与配平。

(1) 反应物为 H_2S 与 O_2,产物之一为 SO_2,易知另一产物为 H_2O,因此反应方程式为

$$2H_2S + 3O_2 \longrightarrow 2SO_2 + 2H_2O$$

(2) 反应物为 H_2S 与 SO_2,产物之一为硫单质,易知另一个产物为 H_2O:

$$2H_2S + SO_2 \longrightarrow 3S + 2H_2O$$

6. 知识点:半衰期的计算;单位转换。

(1) 在图中曲线上找出任意两个 y 轴数值为两倍关系的点,例如(2003,30)与(2006.75,15),因此半衰期为

$$t_{1/2} \approx 2006.75 - 2003 \approx 3.8 \text{ a}$$

(2) $3.8 \text{ a} \times \dfrac{365.25 \text{ d}}{1 \text{ a}} \times \dfrac{24 \text{ h}}{1 \text{ d}} \times \dfrac{60 \text{ min}}{1 \text{ h}} \times \dfrac{60 \text{ s}}{1 \text{ min}}$

$$= 1.2 \times 10^8 \text{ s}$$

7. 本题较简单,通过仔细阅读搞清楚速率常数与浓度之间的关系即可。

$$k_{\text{obs}} = \frac{\ln 2}{1.2 \times 10^8 \text{ s}} = 5.8 \times 10^{-9} \text{ s}^{-1} = k_{\text{2nd}} \cdot [OH]$$
$$= 1.0 \times 10^{-14} \text{ cm}^3 \cdot \text{molecules}^{-1} \cdot \text{s}^{-1} \cdot [OH]$$
$$[OH] = 5.8 \times 10^5 \text{ molecules} \cdot \text{cm}^{-3}$$

试题 3　本题涉及钢铁侠的化学

  试题与解答

尽管他的名称是"钢铁侠",实际上 2008 年的电影声称这位漫画英雄的金属装甲为钛金合金。

2016 年 7 月,研究人员发现一种特定的钛金合金,化学式为 Ti_3Au,它的硬度是纯钛和大多数不锈钢合金的四倍。它同样具有生物相容性从而适合用来制造人造髋关节和膝关节以及修复骨骼结构的螺钉和植入物。

目前人们使用一种氮化钛(TiN)薄膜,来增强钛的硬度,如用在切割工具中。其也可以使钛呈现美丽的金色。钢铁侠也可能会选用这种颜色来使自己的装甲看起来更漂亮。

TiN 薄膜通常使用化学气相沉积技术来制备。在此过程中,TiN 在基底上由加热到 320 ℃ 以上高温的四氯化钛和氨气反应生成。这个反应的未配平的方程式可以表达为

$a\,TiCl_4(g) + b\,NH_3(g) \longrightarrow c\,TiN(s) + d\,HCl(g) + e\,N_2(g)$

1. (1) 氮化钛中钛的氧化态是什么?

(2) $TiCl_4$ 和 NH_3 的反应中哪个元素被氧化?

(3) $TiCl_4$ 和 NH_3 的反应中哪个元素被还原?

(4) 配平以上反应方程式。

为了制备钛金合金,将这两种单质以合适的比例在氩气的惰性气氛中一起加热。

2. 假设制造钢铁侠的装甲需要 40 kg 合金,计算制备这些合金(Ti_3Au)所需钛和金的质量。

Ti_3Au 合金有两种不同的形式,可用 α 形态和 β 形态加以区分。不同形态的合金中原子的排列方式可以用晶胞来展示。通过 X 射线晶体谱学可以确定一个晶体的晶胞并展示出晶体中原子的排列方式。晶胞堆积形成了整体结构。有一些原子被完全包含在晶胞内,而在顶点、棱

心或者面心上的原子只有一部分被包含在晶胞里。

α-Ti₃Au 和 β-Ti₃Au 的晶胞都是立方体型。合金的硬度取决于每个原子的化学键数量和这些键的长度。

以下为 α 形态的晶胞的两张示意图。在该晶胞中，立方体的每个顶点上有 1 个金原子，并且每个面心上有 1 个钛原子。立方体边长为 4.15 Å。

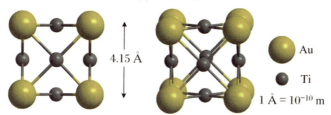

3. 通过晶胞堆积形成的 α-Ti₃Au 的整体结构中，钛原子被金原子和其他的钛原子包围。

（1）每个金原子周围有几个钛原子？
（2）每个钛原子周围有几个金原子？
（3）每个钛原子周围有几个钛原子？

4.（1）计算 Ti—Au 的距离。
（2）计算 2 个钛原子之间最短的距离。

β 形态同样在立方体的每个顶点上有 1 个金原子，但还有 1 个金原子在立方体中心。立方体边长为 5.09 Å。立方体的每个面上有 2 个钛原子，它们之间的距离恰好为立方体边长的一半。Ti—Ti 原子对位于每个面的中心，并且与立方体的一条边平行。立方体相邻面上的 Ti—Ti 原子对相互垂直。

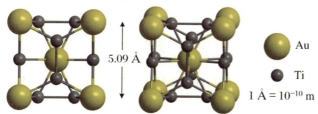

5. 通过晶胞堆积形成的 β-Ti₃Au 的整体结构中，钛原子被金原子和其他的钛原子包围。然而现在有两种不同的钛原子间距：最近的和次最近的。

（1）每个金原子周围有几个钛原子？
（2）每个钛原子周围有几个金原子？
（3）每个钛原子周围有几个最近的和次最近的钛

原子?

6. (1) 计算 Ti—Au 的距离。

(2) 计算钛原子与其次最近的钛原子之间的距离。

解答 1. 知识点：氧化态的计算；氧化还原的概念；化学方程式的配平。

(1) TiN 中氮的氧化态为 -3，因此钛的氧化态为 $+3$。

(2) 反应中氧化态上升的为 NH_3 中的 N 元素：$-3 \rightarrow 0$。

(3) 反应中氧化态下降的为 $TiCl_4$ 中的 Ti 元素：$+4 \rightarrow +3$。

(4) 配平后的方程式为

$$6TiCl_4 + 8NH_3 \longrightarrow 6TiN + 24HCl + N_2$$

2. 知识点：化学计量学。

Ti_3Au 中，

$$w_{Ti} = \frac{3 \times 47.90}{3 \times 47.90 + 196.97} \times 100\% = 42.2\%$$

$$w_{Au} = \frac{196.97}{3 \times 47.90 + 196.97} \times 100\% = 57.8\%$$

因此在 40 kg Ti_3Au 中，

$$m_{Ti} = 42.2\% \times 40 \text{ kg} = 17 \text{ kg}$$

$$m_{Au} = 57.8\% \times 40 \text{ kg} = 23 \text{ kg}$$

3. 知识点：晶胞中原子配位数的计算。

此题难度较大，需要考生有较强的空间想象能力。

(1) 每个金原子周围有 12 个最近的钛原子：

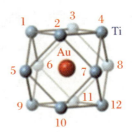

(2) 每个钛原子周围有 4 个最近的金原子：

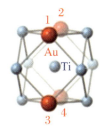

（3）每个钛原子周围有 8 个最近的钛原子：

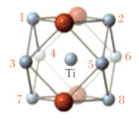

4. 知识点：晶胞中原子间距离的计算。

此题难度较大，需要考生有较强的空间想象能力和数学几何计算能力。

（1）晶胞面心上的钛原子与 2 个相对顶点上的金原子紧密接触：

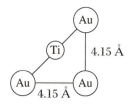

$$2d_{Ti-Au} = \sqrt{2} \times 4.15 \text{ Å} = 5.87 \text{ Å}$$
$$d_{Ti-Au} = 2.93 \text{ Å}$$

（2）距离最近的 2 个钛原子可与晶胞体心形成一等腰直角三角形，其腰长为晶胞边长的一半：

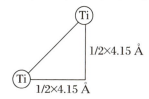

$$d_{Ti-Ti} = \sqrt{2} \times \frac{1}{2} \times 4.15 \text{ Å} = 2.93 \text{ Å}$$

5. 知识点：晶胞中原子配位数的计算。

此题难度较大，需要考生有较强的空间想象能力。

（1）每个金原子周围有 12 个最近的钛原子：

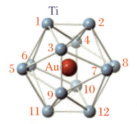

(2) 每个钛原子周围有 4 个最近的金原子：

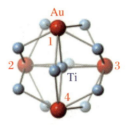

(3) 每个钛原子周围有 2 个最近的钛原子：

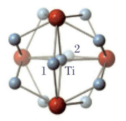

每个钛原子周围有 8 个次最近的钛原子：

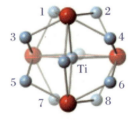

6. 知识点：晶胞中原子间距离的计算。

此题难度较大，需要考生有较强的空间想象能力和数学几何计算能力。

(1) 晶胞相邻 2 个顶点上的金原子与面上最近的 Ti 原子形成一等腰三角形，底边上的高为晶胞边长的 1/4：

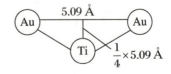

$$d_{\text{Ti-Au}} = \sqrt{\left(\frac{1}{4} \times 5.09 \text{ Å}\right)^2 + \left(\frac{1}{2} \times 5.09 \text{ Å}\right)^2} = 2.85 \text{ Å}$$

(2) 钛原子与其最近的棱心以及次近的 2 个 Ti 原子可形成一个四面体：

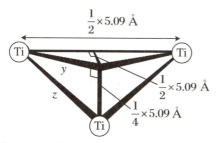

y 为棱心与次最近钛原子的距离，z 即为钛原子与次最近钛原子的距离

$$y = \sqrt{\left(\frac{1}{4} \times 5.09 \text{ Å}\right)^2 + \left(\frac{1}{2} \times 5.09 \text{ Å}\right)^2} = 2.85 \text{ Å}$$

$$d_{\text{Ti-Ti}} = z = \sqrt{y^2 + \left(\frac{1}{4} \times 5.09 \text{ Å}\right)^2} = 3.12 \text{ Å}$$

背景拓展阅读

钛与高硬度钛合金

钛的性质

与铝和镁类似，金属钛在暴露于空气中时，表面会形成致密的氧化物薄层来避免进一步腐蚀或者氧化。因此金属钛具有相当优秀的抗腐蚀能力，可与铂相比拟。

另外，金属钛在具有较低密度（$4.506 \text{ g} \cdot \text{cm}^{-3}$）的同时却具有极强的极限抗拉强度（约 434 MPa）。

高硬度钛合金

然而金属钛的硬度不够，从而无法在一些医学领域得到应用。因此合成具有生物相容性的高硬度钛合金非常重要。

研究者们发现 Ti-Cu 和 Ti-Ag 合金可以显著提升金属钛的硬度，可能的原因为固溶强化（solid-solution hardening）和金属互化物（intermetallic compound）（Ti_2Cu 或 Ti_2Ag）的形成。

受到这些研究的启发,美国莱斯大学的 Svanidze 等对 Ti-Au 合金进行了较为全面的研究[1]。金、银、铜具有相同价电子,但是金有更高的质量密度,因此具有更高的价电子密度,从而可以进一步提高金属键的强度,增加硬度。

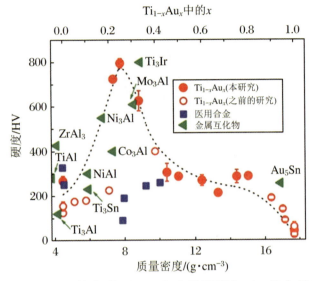

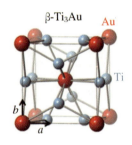

Svanidze 等发现 Ti-Au 合金的硬度与 Au 的含量并不呈线性关系,并指出所形成的金属互化物 β-Ti$_3$Au 导致了硬度的增加。

实验和理论计算表明 β-Ti$_3$Au 的高硬度来源于以下三个因素:

(1) Ti—Au 键长较短。

(2) 高价电子密度。

(3) 电子态密度中的赝能隙。

参考文献

[1] Svanidze E, Besara T, Ozaydin M F, et al. High hardness in the biocompatible intermetallic compound β-Ti$_3$Au[J]. Science Advances, 2016, 2(7): e1600319.

试题 4　本题涉及扭曲烷分子

试题与解答

尽管环己烷（C_6H_{12}）的结构通常为正六边形，但实际上它是一个有着许多不同形状（又称构象）的灵活多变的分子。下图展示了两种不同的构象：椅式和扭船式。用数字1~6对六元环上的碳原子进行标号来表示它们的连接方式。

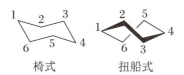

椅式是环己烷能量最低的构象，这是因为其中所有的键角几乎等于四面体碳原子的理想键角。扭船式的能量更高。

1. 椅式环己烷的理想 C—C—C 键角与正六边形的角度相差多少度？

如下图所示，金刚烷分子可以视为在环己烷的椅式构象的基础上额外增加 4 个碳原子。这样就形成了新的六元环。在金刚烷中所有的六元环都锁定在椅式构象。

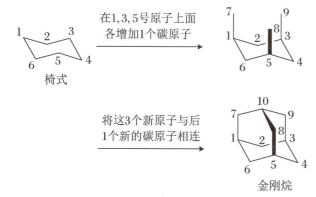

2. 对于金刚烷中每个不同的六元环，用数字对每个碳原子按它们连接起来的顺序进行标号，从最小的数字

开始(如 1-2-3-4-5-6)。

3. 金刚烷的 ^{13}C NMR 中有几个信号?(也就是,有多少不同环境的碳原子?)

如下图所示,扭曲烷分子可以视作在环己烷的扭船式构象的基础上额外增加 4 个碳原子。这样就形成了新的六元环。在扭曲烷中所有的六元环都锁定在扭船式构象,因而命为此名。

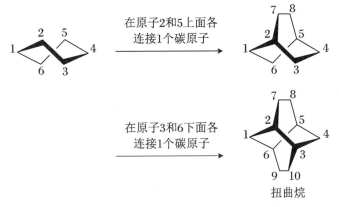

扭曲烷

4. 对于扭曲烷中每个不同的六元环,用数字对每个碳原子按它们连接起来的顺序进行标号,从最小的数字开始(如 1-2-3-4-5-6)。

5. 扭曲烷的 ^{13}C NMR 中有几个信号?(也就是,有多少不同环境的碳原子?)

6. 金刚烷和扭曲烷互为异构体。它们的分子式是什么?

金刚烷所有六元环都处于最稳定的椅式构象,因此其是一种非常稳定的分子。它在 1933 年作为原油的成分被发现。作为对比,扭曲烷是一种张力很大的分子,由于其所有六元环都处于能量较高的扭船式构象。它必须通过一定方式合成才能得到,第一次合成是在 1962 年。合成路线如下所示:

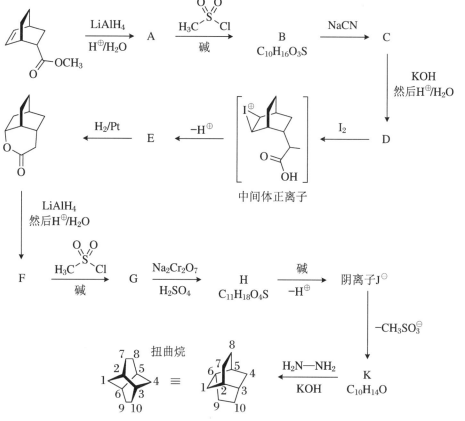

在合成过程中没有C—C单键被打破,因此起始原料中的单键始终保持完好。

7. 画出化合物 A～H、阴离子 J⁻ 和化合物 K 的结构。

8. 请回答以下问题:
(1) 扭曲烷有几个对称面?
(2) 扭曲烷有多少对称旋转轴?
(3) 扭曲烷是否可以和其镜像重合?

解答 1. 知识点:原子杂化与键角。

环己烷中碳原子的杂化类型为 sp^3,因此 C—C—C 的理想键角是 $109.5°$。该键角与正六边形内角之差为 $120° - 109.5° = 10.5°$。

2. 金刚烷结构中除了底面的六元环以外,还有侧面的 3 个六元环,编号分别为

1-2-3-9-10-7 或者 1-7-10-9-3-2
1-6-5-8-10-7 或者 1-7-10-8-5-6
3-4-5-8-10-9 或者 3-9-10-8-5-4

3. 知识点：^{13}C NMR；碳原子的化学环境。

通过金刚烷的结构式可知共有两种不同的碳原子，一种为三级（tertiary）碳原子，另一种为二级（secondary）碳原子：

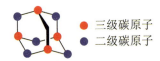

● 三级碳原子
● 二级碳原子

4. 扭曲烷结构中共有四个六元环，编号分别为
1-2-7-8-5-6 或者 1-6-5-8-7-3
1-2-3-10-9-6 或者 1-6-9-10-3-2
2-3-4-5-8-7 或者 2-7-8-5-4-3
3-4-5-6-9-10 或者 3-10-9-6-5-4

5. 知识点：^{13}C NMR；碳原子的化学环境。

扭曲烷中有三种不同的碳原子，一种为三级碳原子，另外两种为不同的二级碳原子：

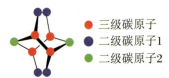

● 三级碳原子
● 二级碳原子1
● 二级碳原子2

6. 知识点：有机物骨架式。

金刚烷和扭曲烷的分子式为 $C_{10}H_{16}$。

7. 知识点：酯的还原；醇的磺基化；亲核取代；腈的水解；醇的氧化；

能力点：有机结构推断。

① 起始物 ⟶ A

根据反应条件可知，该过程为酯的还原反应，生成醇：

② A ⟶ B。

醇与甲磺酰氯反应生成磺酸酯：

③ B⟶C。

CH$_3$SO$_3^-$是非常好的离去基团,因此会受到强亲核试剂CN$^-$的进攻,生成腈(nitrile):

④ C⟶D。

腈在碱性条件下水解,酸化后成为羧酸:

⑤ 中间体正离子⟶E。

比较中间体正离子与E形成的内酯的结构可知,E与H$_2$反应过程中,碘原子被还原,因此内酯结构在E中已经形成。所以中间体正离子⟶E为分子内亲核取代反应:

⑥ 内酯⟶F。

根据反应条件可知,生成F的反应为内酯的还原,形成醇:

⑦ F⟶G。

该反应为醇的磺基化。根据H的化学式可知F中只有一个羟基被磺基化，环上羟基由于位阻较大，较难发生亲核取代反应，因此为乙醇基被磺基化：

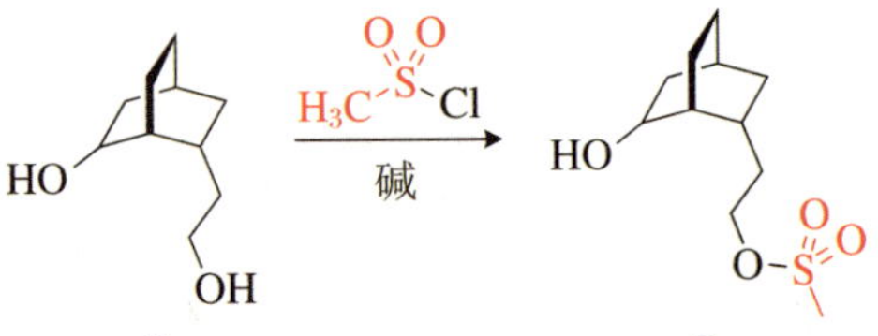

F　　　　G

⑧ G⟶H。

根据反应条件可知，该过程为二级醇的氧化反应，生成酮：

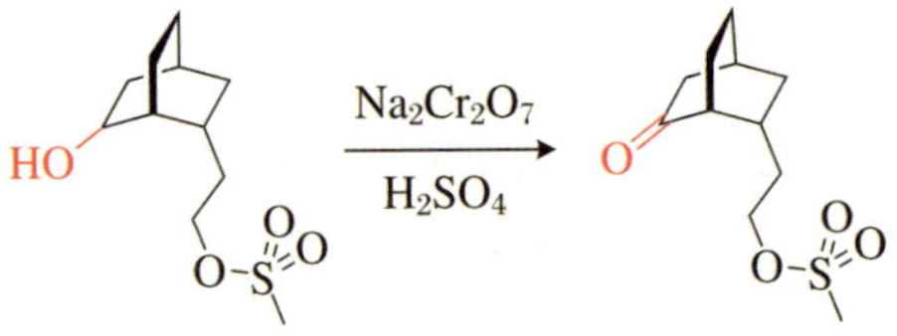

G　　　　H

⑨ H⟶J^-。

本步骤为酮羰基在碱的作用下生成α碳负离子：

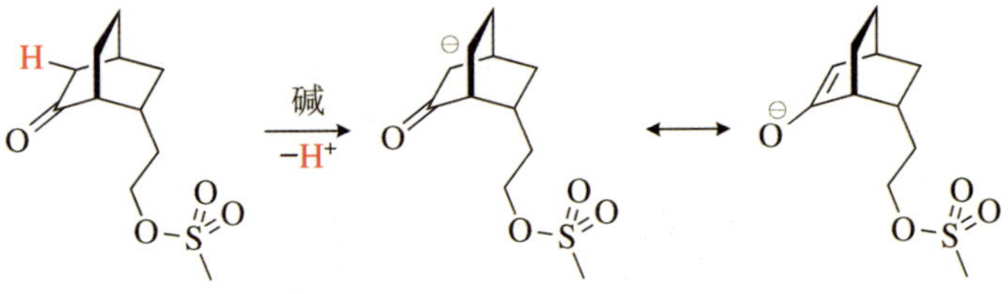

H　　　　阴离子J^-

⑩ J^-⟶K。

根据提示，可知该过程为分子内亲核取代反应：

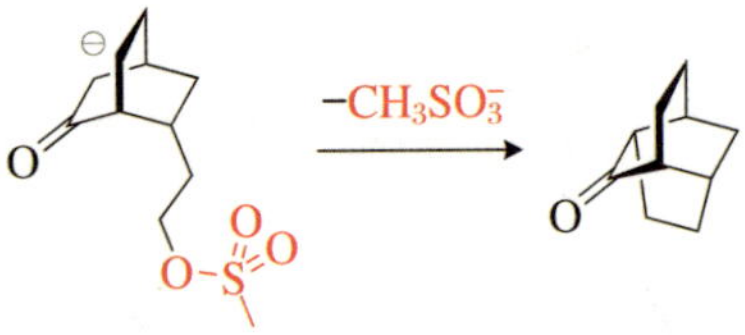

阴离子J^-　　　　K

由于K⟶扭曲烷的反应为Wolff-Kishner-黄鸣龙还原反应，因此K的结构亦可由最终产物扭曲烷倒推得到。

8. 知识点：分子的对称性；分子的手性。

(1) 扭曲烷分子不存在对称面。
(2) 扭曲烷分子中存在 3 条 C_2 对称轴:

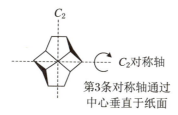

第3条对称轴通过中心垂直于纸面

(3) 扭曲烷分子不存在对称面和对称中心,因此有手性,所以分子本身与其镜像无法重合。

试题 5 本题涉及超强碱

试题与解答

在水溶液中最强的碱为氢氧根离子,但是在有机溶剂中可能有更强的碱。

多年以来人们已知的最强碱为甲基负离子,然而在 2008 年,一个科研小组合成了一氧化锂负离子,它的碱性更加强。

2016 年,这个纪录被重新改写。澳大利亚的研究人员宣布合成了一种有机气态双负离子(DEB^{2-}),它有着至今报道过的最强的质子亲合力,也就是说,它是最强碱。

一个碱的强度可以通过其质子亲合力来表征。物种 X^- 的质子亲合力 $PA(X^-)$,可以通过以下反应的标准焓变来表达:

$$HX \longrightarrow H^+ + X^-$$

1. 使用下表中的数据计算甲基负离子的质子亲和力 $PA(CH_3^-)$,单位为 $kJ \cdot mol^{-1}$。

反应 1	$CH_4 \longrightarrow H\cdot + CH_3\cdot$	$439 \; kJ \cdot mol^{-1}$
反应 2	$H\cdot \longrightarrow H^+ + e^-$	$2.18 \times 10^{-18} \; J$
反应 3	$CH_3\cdot + e^- \longrightarrow CH_3^-$	$-7.52 \; kJ \cdot mol^{-1}$

119

一氧化锂负离子的质子亲合力为 1778 kJ·mol^{-1}，因此其碱性比甲基负离子更强。一氧化锂负离子在质谱仪中生成。草酸锂负离子（LiC$_2$O$_4^-$）首先失去一个中性分子 P（相对分子质量为 44），接下来失去另一个中性分子 Q（相对分子质量为 28）。

2. 画出草酸根（C$_2$O$_4^{2-}$）的结构并给出 P 和 Q 的分子式。

有机气态双负离子（DEB^{2-}）有着至今报道过最高的质子亲合力 1843 kJ·mol^{-1}。该双负离子由化合物 A 合成，化合物 A 为双取代基苯（C$_6$H$_4$R$_2$），其中两个取代基 R 相同。化合物 A 的分子式为 C$_{12}$H$_6$O$_4$，并在加入碳酸氢钠后产生气泡。

3. 指出导致气泡产生的 R 中的官能团，并由此推导出 R 的结构。

4. 画出所有可能的双取代苯（C$_6$H$_4$R$_2$），并指出每个结构在 ^{13}C NMR 谱中的信号数。

在化合物 A 的负离子质谱中观测到 DEB^{2-} 的存在。过程中间涉及物种 B^{2-} 和 C^{2-}。化合物 A 在其 ^{13}C NMR 中有 6 个信号。

化合物 A $\longrightarrow$ B^{2-} $\longrightarrow$ C^{2-} $\longrightarrow$ DEB^{2-}
C$_{12}$H$_6$O$_4$ $\quad\quad$ $m/z=106$ $\quad$ $m/z=84$ $\quad$ $m/z=62$

5. 确定中间体 B^{2-}、C^{2-} 和 DEB^{2-} 的结构。

解答 1. 知识点：盖斯定律；单位转换。

首先将反应 2 的焓变单位转换为 kJ·mol^{-1}：

$\Delta H_2 = 2.18 \times 10^{-18} \times 10^{-3}$ kJ $\times 6.02 \times 10^{23}$ mol^{-1}
$\quad\quad = 1312$ kJ·mol^{-1}

然后计算总反应焓变：

$\Delta H = \Delta H_1 + \Delta H_2 + \Delta H_3$
$\quad\quad = (439 + 1312 - 7.52)$ kJ·mol^{-1}
$\quad\quad = 1743$ kJ·mol^{-1}

2. 草酸根离子的结构为

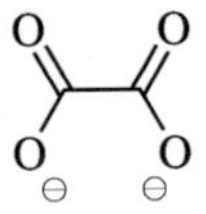

由于 P 与 Q 分子中只有碳与氧元素,结合相对分子质量可知其分别为 CO_2 与 CO。

3. 知识点:羧酸的酸性。

化合物 A 可与 $NaHCO_3$ 反应产生气泡,因此 A 为羧酸,取代基 R 中含有羧基—COOH。同时 R 的化学式为—C_3HO_2,因此 R 的结构只能为

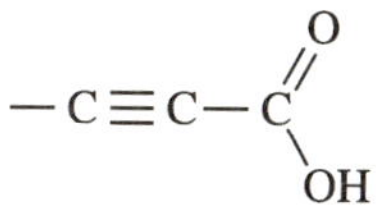

$$-C\equiv C-\overset{\displaystyle O}{\underset{\displaystyle OH}{C}}$$

4. 知识点:双取代基苯的异构体;^{13}C NMR。

$C_6H_4R_2$ 作为双取代基苯,有邻、间、对三种异构体,其碳原子化学环境数(即 ^{13}C NMR 信号数)分别如下:

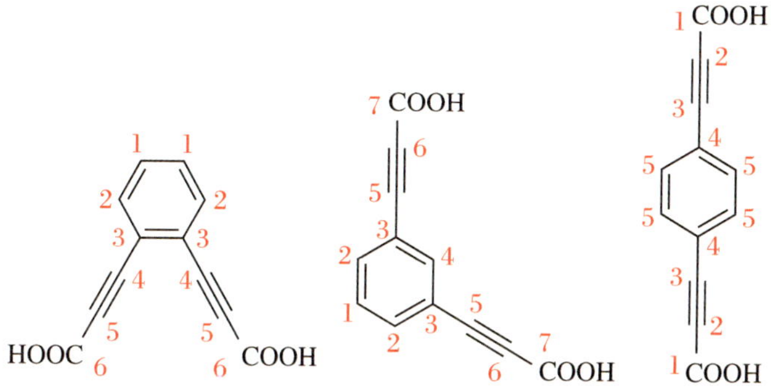

邻位:6个信号
间位:7个信号
对位:5个信号

5. 知识点:结合质谱数据的有机推断。

① A ⟶ B^{2-}。

由于 A 有 6 个 ^{13}C NMR 信号,因此 A 为邻位异构体。根据 B^{2-} 的质荷比,可知 B 的摩尔质量为 212 g·mol^{-1},因此 B 为 A 失去两个 H^+ 的产物,结构式为

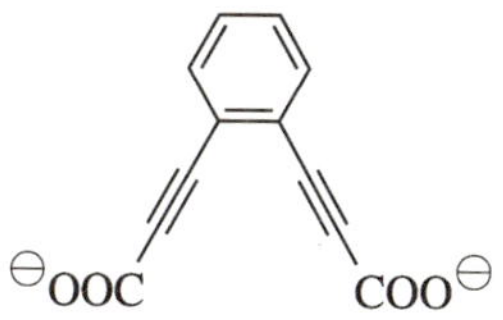

（邻位苯环两侧各连 —C≡C—COO⁻ 基团）

② B^{2-} ⟶ C^{2-}。

根据质荷比可知 C^{2-} 的摩尔质量为 168 g·mol^{-1},因此该过程中失去一个相对分子质量为 44 的分子,即 CO_2,因此 B^{2-} 失去一侧的羧基,结构式变为

③ $C^{2-} \longrightarrow DEB^{2-}$。

根据质荷比可知 DEB^{2-} 的摩尔质量为 $124 \text{ g} \cdot \text{mol}^{-1}$，因此该过程中失去另一分子 CO_2。DEB^{2-} 的结构式为

📖 背景拓展阅读

超强碱

超强碱的定义和分类

二异丙基胺基锂

根据 IUPAC 的定义，超强碱"具有非常强的碱性，例如二异丙基胺基锂（LDA）"。

超强碱通常可以分为两大类：

(1) 有机类。

(2) 金属有机类。

有机超强碱

质子海绵

有机超强碱通常为碱性强于"质子海绵"的中性有机分子。

"质子海绵"的强碱性是由于：

(1) 质子化后大大减少空间位阻。

(2) 氮原子孤对电子之间的排斥力。

有机超强碱通常不带电并含有氮原子，氮原子起到接受质子的作用。有机超强碱通常含有脒、胍、磷腈类基团。

例如，含磷二环有机非离子超强碱，又称 Verkade Base，其共轭酸在甲腈溶剂中的 pK_a 为 32.9。

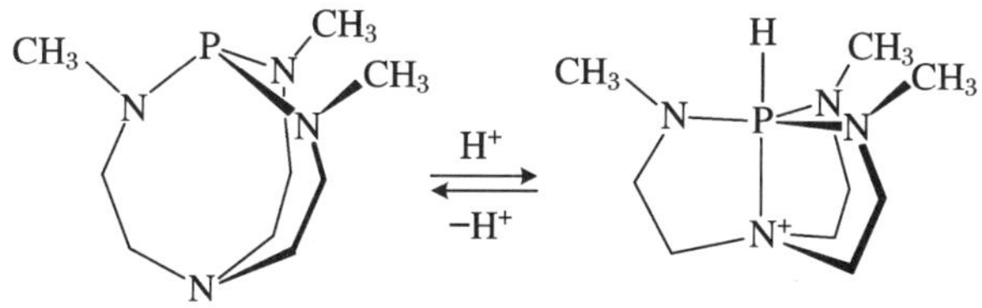

金属有机超强碱

金属有机超强碱通常为活泼金属盐类,包括有机锂、有机镁、金属醇盐、金属胺盐等,例如格氏试剂。

Schlosser 碱是一种比较典型的金属有机超强碱,由烷基锂及钾醇盐混合而成。最常见的 Schlosser 碱为正丁基锂与叔丁醇钾的混合物。

锂与醇羟基中氧的亲和力以及正丁基锂和叔丁醇钾的阳离子交换,使得正丁基的离子性变强,整体的碱性也随之增强。

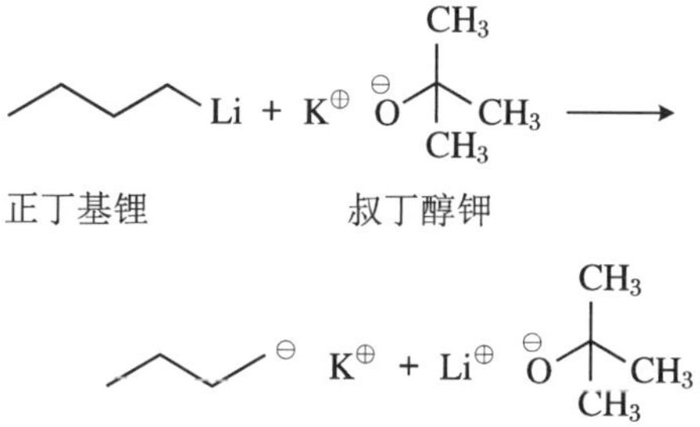

正丁基锂　　　　叔丁醇钾

超强碱在有机合成中的应用

二氟代烷在超强碱(P_4-t-Bu)的作用下产生碳负离子进攻芳基酮形成醇[1]。

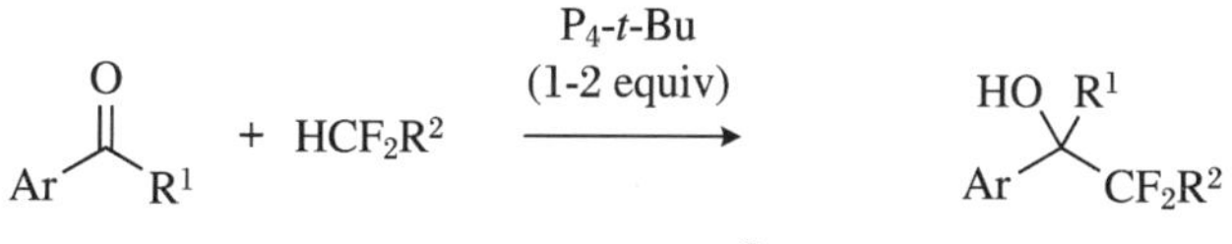

碳负离子:$RF_2C^{\ominus}$ H-$P_4^{\oplus}$-t-Bu

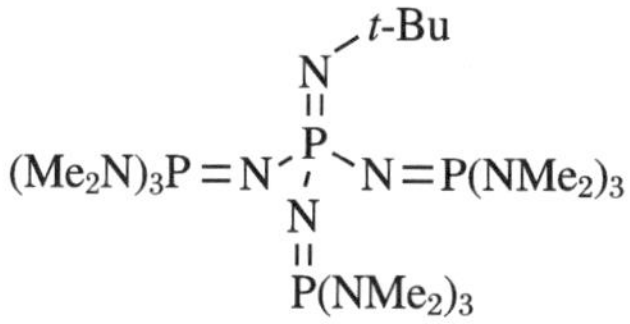

P_4-t-Bu
pK_{BH+}=42.7

参考文献

[1] Kawai H, Yuan Z, Tokunaga E, et al. A sterically demanding organo-superbase avoids decomposition of a naked trifluoromethyl carbanion directly generated from fluoroform[J]. Organic & Biomolecular Chemistry, 2013, 11(9): 1446-1450.

2018 英国化学奥林匹克竞赛试题解析

试题 1　本题涉及一些锂化合物的应用

 试题与解答

锂离子电池已成为传统铅酸电池的热门替代品。最近锂离子电池的安全性问题吸引了媒体的注意。在 2016 年,一家重要生产商由于电池燃烧/爆炸的问题召回了几百万部手机。

锂离子电池中嵌入了含锂化合物作为电极材料。嵌入是一种将分子(或者离子)可逆地包络或者插入层状结构材料中的过程。

在放电的时候,阴极为嵌入了锂离子的氧化钴,阳极为嵌入了锂离子的石墨。在充电和放电的过程中,锂离子通过电解质从一个电极转移到另一个电极。电解质通常是溶解在有机溶剂中的锂盐。

如果使用电池时遵守生产商的产品说明,那么电池中永远不会产生单质锂。

1. 放电时,阴极的半反应为

$$CoO_2 + Li^+ + e^- \longrightarrow LiCoO_2$$

(1) CoO_2 中钴的氧化态是多少?

(2) $LiCoO_2$ 中钴的氧化态是多少?

2. 当电池过度充电时,金属 Li 在其中一个电极上产生并造成严重的火灾危险。Li 在哪个电极上产生?

A. 在阳极,即氧化钴所在电极
B. 在阴极,即氧化钴所在电极
C. 在阳极,即石墨所在电极
D. 在阴极,即石墨所在电极

3. 电解质中使用最广泛的有机溶剂被称为 EC。它的分子式为 $C_3H_4O_3$。EC 的水解产物之一为 1,2-乙二醇。画出 EC 的结构。

锂在空气中剧烈燃烧生成氧化锂和过氧化锂(Li_2O_2)的混合物。

4. 写出锂在空气中燃烧的反应方程式,假设生成的两种产物的物质的量之比为 1:1。

过氧化锂可以在密闭空间例如潜水艇和太空飞船中,净化空气。它可以从空气中除去二氧化碳并产生氧气。

5. 写出过氧化锂与二氧化碳的反应方程式。

国际空间站上,化合物 A 被用来储存氧气。元素分析结果显示化合物 A 含有 6.52% 锂和 33.32% 氯(质量分数)。

6. (1) 确定化合物 A 的经验式。

(2) 画出化合物 A 中阴离子的点叉式。

(3) 指出化合物 A 中阴离子的形状。

(4) 给出化合物 A 分解的方程式。假设在此过程中,化合物 A 中所有的氧原子都以氧气分子的形式被释放出去。

一个化合物储存氧气的效率可以用它的氧气体积比例(OV)来表达。

$$OV = \frac{释放氧气的体积}{释放这些氧气的化合物的体积}$$

化合物 A 的密度是 $2.42 \text{ g} \cdot \text{cm}^{-3}$。

7. 计算化合物 A 在室温和常压下的氧气体积比例。

解答 1. 知识点:氧化态的计算。

(1) CoO_2 中 O 的氧化态为 -2,因此 Co 的氧化态为 $+4$。

(2) $LiCoO_2$ 中 O 的氧化态为 -2,Li 的氧化态为 $+1$,因此 Co 的氧化态为 $+3$。

2. 知识点:阴阳极判断;电极反应。

金属 Li 的生成是由于还原反应,$Li^+ + e^- \longrightarrow Li$,因此反应在阴极发生。

根据第 1 题,在作为原电池放电时,CoO_2 为阴极,石墨为阳极。因此在作为电解池充电时,石墨为阴极,选择 D。

3. 知识点:酯的水解;

能力点:有机结构推断。

EC 水解产物为一个二醇化合物,因此 EC 大概率为酯类化合物,且具有如下结构:

结合分子式 $C_3H_4O_3$ 可知,剩余部分为酯羰基 $C=O$,因此 ED 的完整结构为

碳酸乙烯酯(1,3-dioxolan-2-one)

4. 知识点:化学方程式的书写与配平。

由题意可知,反应物为 Li 与 O_2,产物为氧化锂 Li_2O 与过氧化锂 Li_2O_2,且物质的量之比为 1:1,因此配平后的方程式为

$$8Li + 3O_2 \longrightarrow 2Li_2O + 2Li_2O_2$$

5. 知识点:化学方程式的书写与配平。

反应物为 Li_2O_2 与 CO_2,产物之一为 O_2,易知另一产物为 Li_2CO_3,因此配平后的方程式为

$$2Li_2O_2 + 2CO_2 \longrightarrow 2Li_2CO_3 + O_2$$

6. (1) 知识点:经验式的计算。

根据题意,化合物 A 含有三种元素,即 Li、Cl 和 O,质量分数分别为 6.52%、33.32% 和 60.16%,因此三种元素的个数比为

$$n_{Li} : n_{Cl} : n_O = \frac{m_{Li}}{M_{Li}} : \frac{m_{Cl}}{M_{Cl}} : \frac{m_O}{M_O}$$

$$= \frac{6.52\%}{6.94} : \frac{33.32\%}{35.45} : \frac{60.16\%}{16.00}$$

$$= 0.939 : 0.9399 : 3.76$$

$$= 1 : 1 : 4$$

因此，A 的经验式为 $LiClO_4$。

(2) 知识点：VSEPR 模型；简单分子/离子的点叉式。

根据 VSEPR 模型，ClO_4^- 中心原子 Cl 周围有 4 对电子且皆为成键电子对。由于 Cl 在第三周期，拥有空的 d 亚层，可以容纳更多电子，不必遵守 8 电子规则，所以 ClO_4^- 有很多的共振结构。

在最稳定的共振结构中，负电荷在其中一个 O 原子上，Cl 的形式电荷为零。因此，ClO_4^- 最稳定的共振式结构为

对应的叉点式为

(3) 知识点：VSEPR 模型；分子/离子几何结构。

ClO_4^- 中心原子 Cl 周围 4 对电子且皆为成键电子对，因此其立体结构为正四面体。

(4) 知识点：化学方程式的书写和配平。

反应物为 $LiClO_4$，产物之一为 O_2，另一产物无氧元素，因此为 LiCl。配平后的反应方程式为

$$LiClO_4 \longrightarrow LiCl + 2O_2$$

7. 知识点：化学计量学。

假设有 1 mol $LiClO_4$，则

$$m_{LiClO_4} = 106.39 \text{ g}$$

$$V_{LiClO_4} = \frac{m_{LiClO_4}}{\rho_{LiClO_4}} = \frac{106.39 \text{ g}}{2.42 \text{ g} \cdot \text{cm}^{-3}} = 44.0 \text{ cm}^3$$

$$n_{O_2} = 2 \cdot n_{LiClO_4} = 2 \text{ mol}$$
$$V_{O_2} = 2 \text{ mol} \times 24.0 \text{ dm}^3 \cdot \text{mol}^{-1} = 48.0 \text{ dm}^3$$
$$OV = \frac{48.0 \times 10^3 \text{ cm}^3}{44.0 \text{ cm}^3} = 1091$$

背景拓展阅读

锂离子电池发展简史

锂离子电池之前

在锂离子电池被研究出来之前,最典型且具有历史意义的电池有 1836 年英国科学家 Daniel 发明的丹尼尔电池(Daniel Cell),1856 年法国科学家 Planté 发明的铅酸蓄电池以及 1899 年瑞典科学家 Jungner 发明的镍镉电池等。

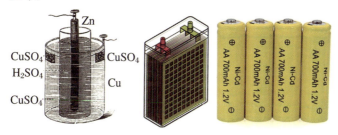

锂离子电池的发展

锂的低密度($0.534 \text{ g} \cdot \text{cm}^{-3}$)、高电容量(理论值为 $3860 \text{ mAh} \cdot \text{g}^{-1}$)和低电势($-3.04 \text{ V vs. SHE}$)使之成为理想的电池负极材料,但锂的化学性质过于活泼,有很大的潜在危险性,因此长时间内人们难以控制它。

1958 年 Harris 在博士论文中提到金属锂在不同的有机酯溶液中形成了钝化层,并且其观察到了离子传输现象。正是这些实验促进了锂离子电池的发展。

1970 年松下公司发明了 Li ‖ CF_x 电池,其中 $x = 0.5 \sim 1$。虽然这种电池为一次电池,无法充电,但其容量很大(理论值为 $865 \text{ mAh} \cdot \text{kg}^{-1}$)且电压稳定。目前依然将其应用在小型电器中。

1974 年间英国化学家 Whittingham 发明了 Li ‖ TiS_2 电池,并发表了一系列关于金属锂与 TiS_2 形成插层化合

物 Li_xTiS_2 的论文[1]。

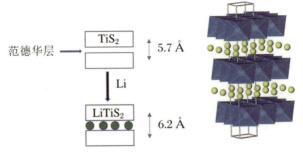

1979 年美国固体物理学家 Goodenough 发现了 LCO($LiCoO_2$)的插层结构[2]，其中的锂离子可以进行可逆的嵌入和脱出。

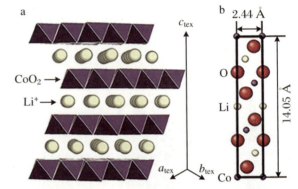

1986 年在日本旭化成公司工作的吉野彰首次将 LCO、焦炭、$LiClO_4$ 的 PC 溶液组合在一起，形成了第一个现代意义上的锂离子二次电池[3]。

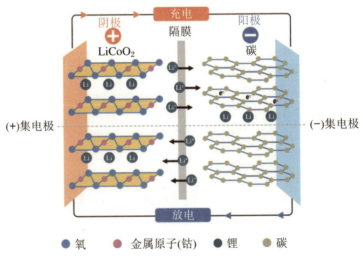

2019 年瑞典皇家科学院宣布将当年的诺贝尔化学奖授予 Goodenough、Whittingham 与吉野彰,以表彰他们在锂离子电池研发领域做出的卓越贡献。

当代锂离子电池

在 1990 年以后锂离子电池的体系逐渐向当代体系靠近,主要研究重心是改进电池负极材料以优化电池性能。主要的负极材料有钴酸锂(LCO)、磷酸铁锂($LiFePO_4$)、三元镍钴锰($LiNiO_2/LiCoO_2/LiMnO_2$)等。

参考文献

[1] Whittingham M S. Ultimate limits to intercalation reactions for lithium batteries[J]. Chemical Reviews, 2014, 114(23): 11414-11443.

[2] Mizushima K, Jones P C, Wiseman P J, et al. Li_xCoO_2 ($0 < x \leqslant 1$): a new cathode material for batteries of high energy density[J]. Solid State Ionics, 1981, 3: 171-174.

[3] Yoshino A. The birth of the lithiumion battery[J]. Angewandte Chemie International Edition, 2012, 51(24): 5798-5800.

试题 2　本题涉及制氨

 试题与解答

我们可以通过哈伯法(Haber process)合成氨,氨的主要用途是合成粮食作物肥料。哈伯法生产氨消耗了全球约 1% 的能源,也正因如此,一些研究组在试图寻找更加可持续的生产氨的方法。

回答这道题时你可以使用以下的关系式和常数:
$$\Delta G^{\ominus} = \Delta H^{\ominus} - T\Delta S^{\ominus}$$
$$\Delta G^{\ominus} = -nFE_{\text{cell}}^{\ominus}$$

其中,n 是电池反应等式中转移的电子数;F 为法拉第常数(1 mol 电子所携带的电荷),等于 9.65×10^4 C·mol^{-1};

$E_{cell}^{\ominus}$是电化学电池电势,单位为伏特($1\text{ V}=1\cdot\text{J}\cdot\text{C}^{-1}$)。

$$Q = It$$

其中,Q是电荷数,单位为库仑(C);I是电流,单位为安培(A);t是时间,单位为秒(s)。

$$1\text{ t} = 1\times 10^6\text{ g}$$

一种最近发表的制取氨的方法使用了以下的三步法:

步骤1 在750 K电解熔融的氢氧化锂形成金属锂,即

$$4\text{LiOH} \longrightarrow 4\text{Li} + 2\text{H}_2\text{O} + \text{O}_2$$

步骤2 金属锂与氮气反应生成氮化锂。

步骤3 氮化锂与水反应生成氢氧化锂和氨。

因此,步骤3中生成的氢氧化锂可以重新在步骤1中使用,这个过程就可以重复。

1. 写出步骤1的两个半反应,它们结合起来成为总反应方程式。

下表给出了步骤1的热化学数据(保留三位有效数字)。

750 K	LiOH	Li	H_2O	O_2
$\Delta_f H^{\ominus}/(\text{kJ}\cdot\text{mol}^{-1})$	-446	$+15.0$	-268	$+15.8$
$S^{\ominus}/(\text{J}\cdot\text{K}^{-1}\cdot\text{mol}^{-1})$	$+128$	$+63.7$	$+224$	$+236$

2. 计算在750 K时,以下关于步骤1的数值:

(1) $\Delta H^{\ominus}$,以$\text{kJ}\cdot\text{mol}^{-1}$为单位。

(2) $\Delta S^{\ominus}$,以$\text{J}\cdot\text{K}^{-1}\cdot\text{mol}^{-1}$为单位。

(3) $\Delta G^{\ominus}$,以$\text{kJ}\cdot\text{mol}^{-1}$为单位。

只有当实际电压超过电化学电池电势0.60 V时,电解才能以可观的速率进行。

3. 计算进行步骤1所需要的最低电压。

4. 写出步骤2和步骤3的方程式并由此计算步骤1产生的锂与步骤3产生的氨的计量学比例。

在小尺寸模型实验中,研究人员使用了0.200 A的电流,持续1000 s。过程中锂的产率为88.5%。假设步骤2和步骤3的产率为100%。

5. 计算步骤1中产生的锂的质量。

6. 计算在室温常压下,产生氨气的体积,以 cm³ 为单位。

这种方法的一个潜在应用就是将可再生能源作为电解所需电能的来源,并在农场里制造氨,从而可以直接使用。一个英国农场的平均面积为 130 英亩(acre),且一个农场每年每英亩需要 0.0770 t 氨(1 acre = 0.004047 km²)。

7. 如果过程结束后氢氧化锂并没有被回收利用,计算在一年中总共需要多少锂(以 t 为单位)。

解答 1. 知识点:电解半反应方程式。

① 阳极。

阳极周围发生氧化反应,因此阴离子 OH^- 被氧化失去电子,氧化产物为 O_2 与 H_2O,配平后的半反应式为

$$4OH^- \longrightarrow O_2 + 2H_2O + 4e^-$$

② 阴极。

阴极周围发生还原反应,因此阳离子 Li^+ 被还原得到电子,还原产物为 Li,配平后的半反应式为

$$Li^+ + e^- \longrightarrow Li$$

2. 知识点:化学反应焓变、熵变和吉布斯自由能变的计算。

(1) $\Delta H^\ominus = 4 \times \Delta_f H^\ominus(Li) + 2 \times \Delta_f H^\ominus(H_2O)$
$\qquad + \Delta_f H^\ominus(O_2) - 4 \times \Delta_f H^\ominus(LiOH)$
$\quad = [4 \times (+15.0) + 2 \times (-268)$
$\qquad + 15.8 - 4 \times (-446)] \text{ kJ} \cdot \text{mol}^{-1}$
$\quad = 1323.8 \text{ kJ} \cdot \text{mol}^{-1}$

(2) $\Delta S^\ominus = 4 \times S^\ominus(Li) + 2 \times S^\ominus(H_2O) + S^\ominus(O_2)$
$\qquad - 4 \times S^\ominus(LiOH)$
$\quad = [4 \times 63.7 + 2 \times 224$
$\qquad + 236 - 4 \times 128] \text{ J} \cdot \text{K}^{-1} \cdot \text{mol}^{-1}$
$\quad = 426.8 \text{ J} \cdot \text{K}^{-1} \cdot \text{mol}^{-1}$

(3) $\Delta G^\ominus = \Delta H^\ominus - T \cdot \Delta S^\ominus$
$\quad = 1323.8 \text{ kJ} \cdot \text{mol}^{-1}$
$\qquad - 750 \text{ K} \times 426.8 \text{ J} \cdot \text{K}^{-1} \cdot \text{mol}^{-1}$
$\quad = 1003.7 \text{ kJ} \cdot \text{mol}^{-1}$

3. 知识点：电解池电动势计算。

$$E_{\text{cell}}^{\ominus} = -\frac{\Delta G^{\ominus}}{nF}$$

$$= -\frac{1003.7 \times 10^3 \text{ J} \cdot \text{mol}^{-1}}{4 \times 96500 \text{ C} \cdot \text{mol}^{-1}}$$

$$= -2.60 \text{ V}$$

因此理论分解电压，即电解池电动势(electrochemical cell potential)为 2.60 V。根据题意，实际分解电压 (applied potential)比电解池电动势高出 0.60 V，因此进行步骤 1 所需要的最低电压为 3.20 V。

4. 知识点：方程式的书写与配平；化学计量学。

① 步骤 2 和步骤 3 的方程式。

步骤 2：

反应物为 Li 与 N_2，产物为氮化锂 Li_3N，因此配平后的方程式为

$$6Li + N_2 \longrightarrow 2Li_3N$$

步骤 3：

反应物为 Li_3N 与 H_2O，产物为 LiOH 与 NH_3，因此配平后的方程式为

$$Li_3N + 3H_2O \longrightarrow 3LiOH + NH_3$$

② 根据步骤 2 和步骤 3 的方程式可知

$$3Li \sim Li_3N \sim NH_3$$

因此 Li 与 NH_3 的物质的量之比为 3∶1。

5. 知识点：电解反应的化学计量学。

① 计算通过的电子的物质的量。

$$Q = I \cdot t = 0.200 \text{ A} \times 1000 \text{ s} = 200 \text{ C}$$

$$n_{e^-} = \frac{Q}{F} = \frac{200 \text{ C}}{96500 \text{ C} \cdot \text{mol}^{-1}} = 2.07 \times 10^{-3} \text{ mol}$$

② 计算所得 Li 的物质的量与质量。

$$n_{Li} = n_{e^-} \times 88.5\% = 1.83 \times 10^{-3} \text{ mol}$$

$$m_{Li} = n_{Li} \cdot M_{Li}$$

$$= 1.83 \times 10^{-3} \text{ mol} \times 6.94 \text{ g} \cdot \text{mol}^{-1}$$

$$= 1.27 \times 10^{-2} \text{ g}$$

6. 知识点：化学计量学。

$$n_{NH_3} = \frac{1}{3} \cdot n_{Li} = 6.10 \times 10^{-4} \text{ mol}$$

$$V_{NH_3} = n_{NH_3} \times 24.0 \text{ dm}^3 \cdot \text{mol}^{-1} = 14.6 \text{ cm}^3$$

7. 知识点：化学计量学。

$$m_{NH_3} = 0.0770 \text{ t} \cdot \text{acre}^{-1} \times 130 \text{ acre}$$
$$\qquad = 10.0 \text{ t} = 1.00 \times 10^7 \text{ g}$$
$$n_{Li} = 3 \times n_{NH_3} = 3 \times \frac{1.00 \times 10^7 \text{ g}}{17.04 \text{ g} \cdot \text{mol}^{-1}}$$
$$\qquad = 1.76 \times 10^6 \text{ mol}$$
$$m_{Li} = n_{Li} \cdot M_{Li}$$
$$\qquad = 1.76 \times 10^6 \text{ mol} \times 6.94 \text{ g} \cdot \text{mol}^{-1}$$
$$\qquad = 1.22 \times 10^7 \text{ g} = 12.2 \text{ t}$$

背景拓展阅读

更绿色的合成氨

"哈伯法"的局限性

具有百年历史的"哈伯法"是催化工艺发展史上的一座里程碑，引发了肥料生产的变革，促进了全球粮食产品史无前例的增长。

哈伯法虽然效率高，但条件苛刻、耗能巨大且产生大量的温室气体二氧化碳。有没有更绿色的制取氨的方法呢？

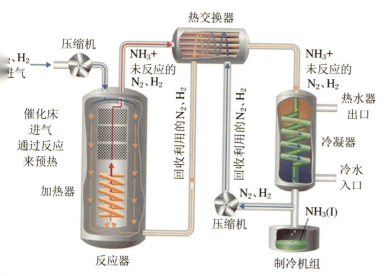

电化学法

澳大利亚莫纳什大学的 MacFarlane 设计了下图的反向燃料电池。这种反向电池使用风能和太阳能提供的电能,在温和的条件下将电解水产生的氢气与氮气结合制取氨。

然而该反应的效率较低,为 1%～15%。

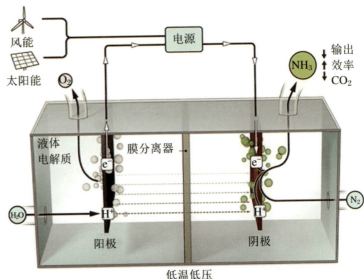

MacFarlane 很快找到了症结:在电池的阴极,大量电子会与水分子,而非氮气结合。

为了最小化这一竞争,MacFarlane 引入了高 N_2 溶解度的离子液体作为电解质,从而将转换效率提高到了 60%[1]。

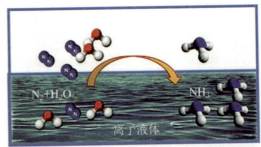

2022 年 CSIRO 能源公司的 HyungKuk Ju 等人报道通过在泡沫镍上合成 3-D 垂直石墨烯并加载氧化钌(RuO_2)与氧化铈(CeO_2)的纳米层催化剂,显著增加了 KOH 电解质中 NH_3 的产率[2]。

科学家们依然在坚持不懈地研究更多的新技术与材料来实现绿色合成氨。然而目前的技术与"哈伯法"相比效率或成本上均有较大差距，离大规模生产还有很长的路要走。

参考文献

［1］ Zhou F，Azofra L M，Ali M，et al. Electro-synthesis of ammonia from nitrogen at ambient temperature and pressure in ionic liquids［J］. Energy & Environmental Science，2017，10(12)：2516-2520.

［2］ Ju H K，Seo D H，Chung S，et al. Green ammonia synthesis using CeO_2/RuO_2 nanolayers on vertical graphene catalyst via electrochemical route in alkaline electrolyte［J］. Nanoscale，2022，14(4)：1395-1408.

试题 3　本题涉及浓缩铀的应用

试题与解答

最近新闻中报道了几起地下核弹试验。这些核弹中释放出的能量来源于铀元素的核裂变。自然界中的铀有两种主要的同位素：^{235}U 和 ^{238}U。然而，只有 ^{235}U 可以进行核裂变。因此在使用前，自然界中的铀需要经过浓缩（通常使用如右图所示的气体离心法）来提高 ^{235}U 在样品中的比例。

核爆炸所释放的能量（或称能量收益）是用千吨（kiloton，kt）作为单位来衡量的（$1\ kt = 4.184 \times 10^{12}\ J$）。当一磅（0.45 kg）$^{235}U$（精确相对原子质量为 235.0439）完全裂变后，能量收益为 8.0 kt。

1. 计算 ^{235}U 裂变时释放的能量，以 $kJ \cdot mol^{-1}$ 为单位。

在地壳中发现的铀的精确相对原子质量为 238.0289。^{238}U 的精确相对原子质量为 238.0507。

2. 假设只存在 ^{235}U 和 ^{238}U，计算地壳中它们的百分比丰度：

(1) ^{235}U。

(2) ^{238}U。

如果要在核武器中使用，铀样品必须至少包含 80% 的 ^{235}U 同位素。由于这个比例比地壳中 ^{235}U 的比例要高很多，因此必须人工浓缩来提高 ^{235}U 的含量。^{235}U 的浓缩过程首先是将铀转化成六氟化铀（UF_6），六氟化铀在 57 ℃ 以上呈气态。这两种不同同位素的六氟化铀气体（$^{235}UF_6$ 和 $^{238}UF_6$）可以在离心机中被分离。

3. 氟的哪种性质对于气体离心机成功分离 $^{235}UF_6$ 和 $^{238}UF_6$ 来说是不可或缺的？

A. 单质氟以双原子分子形式存在

B. 氟在自然界中仅有一种同位素

C. 所有元素中氟的电负性最高

D. 氟在室温常压下是气体

E. 氟能与大多数金属剧烈反应

UF_6 的形状为八面体。

4. UF_6 是极性分子吗？

5. $^{238}UF_6$ 比 $^{235}UF_6$ 重多少？以 $^{235}UF_6$ 的质量百分比的形式给出你的答案。在这小题中使用整数相对原子质量。

一旦 UF_6 样品被浓缩到含有足够 $^{235}UF_6$ 同位素的程度，就必须将其转换回金属铀。首先，用氢气处理 UF_6 形成四氟化铀。接着，将四氟化铀与金属镁在一起加热得到金属铀。

6. 写出以下方程式：

(1) 六氟化铀与氢气反应。

(2) 四氟化铀与镁反应。

将铀矿石转换成 UF_6 是一个更加复杂的过程。铀在自然界中以氧化物 U_3O_8 的形式存在。U_3O_8 有几种不同的晶体结构，它们都含有两种不同氧化态的铀原子。

7. 如果 U_3O_8 中铀原子的氧化态之差为以下数值

时,给出 U_3O_8 中铀原子的氧化态:

(1) 1。

(2) 2。

下图展示了 U_3O_8 至 UF_6 的转换过程(并没有标明所有的反应副产物)。

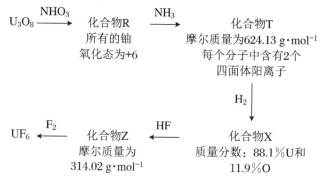

8. (1) 化合物 R 是由一个带有 +2 价电荷的线性阳离子和一个带有 −1 价电荷的平面三角形阴离子所组成的。画出化合物 R 中阳离子和阴离子的结构,并展示出它们结构中的化学键。

(2) 化合物 T 的结构较为复杂。它可以视作由两个相同的阳离子和一个阴离子所组成。画出四面体阳离子的结构并给出阴离子的化学式。

(3) 给出化合物 X 和 Z 的化学式。

铀是一种放射性元素。^{235}U 和 ^{238}U 都会进行 α 衰变。铀原子通过失去一个 α 粒子转换成一个其他元素的原子。α 粒子是氦原子的原子核。

9. 写出 ^{235}U 和 ^{238}U 的放射性衰变的反应方程式,给出所形成的新元素的质量数。

^{235}U 衰变的速率比 ^{238}U 快很多。这就意味着自然界中的铀样品在没有浓缩的情况下无法用来制作核炸弹。

一种同位素的核衰变速率可以用其放射性半衰期 $t_{1/2}$ 来衡量。下图展示了两种铀的同位素的质量随着时间的变化趋势:

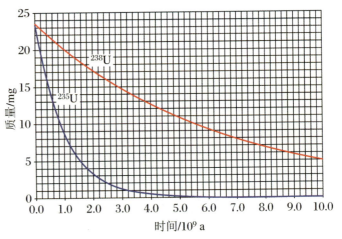

10. 根据该图,给出其半衰期,以年(a)为单位。

(1) ^{235}U。

(2) ^{238}U。

以下等式描述了经过 t 时间后剩余的放射性原子数 N 与初始数量 N_0 之间的关系:

$$N = N_0 e^{-\lambda t}$$

其中,$\lambda = \dfrac{\ln 2}{t_{1/2}}$。

假设在地球刚形成时,^{235}U 和 ^{238}U 的原子数相同。

11. 使用前面小题中的答案,估算地球的年龄。

解答 1. 知识点:单位转换。

8.0 kt · pound^{-1}

$$= \frac{8.0 \text{ kt}}{1 \text{ pound}} \times \frac{4.18 \times 10^{12} \text{ J}}{1 \text{ kt}} \times \frac{1 \text{ kJ}}{10^3 \text{ J}} \times \frac{1 \text{ pound}}{0.45 \text{ kg}}$$

$$\times \frac{1 \text{ kg}}{1000 \text{ g}} \times 235.0439 \text{ g} \cdot \text{mol}^{-1}$$

$$= 1.75 \times 10^{10} \text{ kJ} \cdot \text{mol}^{-1}$$

2. 知识点:元素相对原子质量的计算。

假设 ^{235}U 的丰度为 x,则 ^{238}U 的丰度为 $1-x$。

$235.0439x + 238.0505(1-x) = 238.0289$

$x = 7.25 \times 10^{-3}$

因此,^{235}U 的丰度为 0.725%,^{238}U 的丰度为 99.275%。

3. 知识点:同位素的性质。

同位素的离心分离是利用其质量数的差异,因此如果 F 元素拥有多种同位素的话,将无法保证 $^{235}UF_6$ 与 $^{238}UF_6$ 有着稳定的质量差。所以选择 B 选项,即 F 在自然界中仅有一种同位素。

4. 知识点:分子极性。

UF_6 为八面体结构,6 根 U—F 键的极性互相抵消,因此为非极性分子。

5. 知识点:摩尔质量计算。

$$\frac{M_{^{238}UF_6} - M_{^{235}UF_6}}{M_{^{235}UF_6}} \times 100\% = \frac{3}{349} \times 100\% = 0.86\%$$

6. 知识点:化学方程式的书写与配平。

(1) 反应物为 UF_6 与 H_2,产物之一为 UF_4,易知另一产物为 HF。配平后的方程式为

$$UF_6 + H_2 \longrightarrow UF_4 + 2HF$$

(2) 反应物为 UF_4 与 Mg,产物之一为单质 U,易知另一产物为 MgF_2。配平后的方程式为

$$UF_4 + 2Mg \longrightarrow U + 2MgF_2$$

7. 知识点:氧化态的计算。

(1) 假设较高的氧化态为 x,则有

$$\begin{cases} 2x + (x-1) = 16 \\ x + 2(x-1) = 16 \end{cases} \Rightarrow x = 6$$

因此,1 个铀原子的氧化态为 +6,2 个铀原子的氧化态为 +5。

(2) 假设较高的氧化态为 x,则有

$$\begin{cases} 2x + (x-2) = 16 \\ x + 2(x-2) = 16 \end{cases} \Rightarrow x = 6$$

因此,2 个铀原子的氧化态为 +6,1 个铀原子的氧化态为 +4。

8. 知识点:简单离子的结构;VSEPR;

能力点:无机结构推断。

(1) 根据题意,化合物 R 中铀的氧化态为 +6,另外其结构为线性,因此不难猜到铀与两个氧原子相连,因此结构式为

$$[\ddot{\text{O}}=\text{U}=\ddot{\text{O}}]^{2+}$$

根据反应条件易知阴离子为硝酸根 NO_3^-,因此结构式为

$$\begin{bmatrix} \ddot{\ddot{O}} \\ | \\ \ddot{\ddot{O}}-N=\ddot{\ddot{O}} \end{bmatrix}^{-}$$

(2) ① 综合考虑所有反应物,唯一可能的四面体阳离子为铵根离子 NH_4^+。

② 阴离子的摩尔质量为 $624.13 - 2 \times M_{NH_4^+} = 588.05 \text{ g} \cdot \text{mol}^{-1}$,且带有两个负电荷。根据这个摩尔质量可知,阴离子含有两个铀原子(只有一个铀原子的话,剩余部分摩尔质量过大,不太可能;三个铀原子的话,超出了 $588.05 \text{ g} \cdot \text{mol}^{-1}$)。

③ 剩余部分摩尔质量为 $588.05 - 2 \times M_U = 111.99 \text{ g} \cdot \text{mol}^{-1}$,结合阴离子的电荷可知,只有可能为 7 个氧原子。

因此该阴离子为 $U_2O_7^{2-}$。

(3) 根据化合物 X 的元素组成易得

$$n_U : n_O = \frac{88.1\%}{238.03} : \frac{11.9\%}{16.00} = 1 : 2$$

因此,化合物 X 的化学式为 UO_2。

$X \longrightarrow Z$ 的反应类似于我们所熟悉的金属氧化物与酸的反应,并结合 $Z \longrightarrow UF_6$ 的反应可知,Z 为铀的氟化物盐。根据其摩尔质量,可知 Z 为 UF_4。

9. 知识点:核反应方程式。

^{235}U 与 ^{238}U 衰变类型均为 α 衰变,因此方程式为

$$^{235}_{92}U \longrightarrow\, ^{231}_{90}Th + ^{4}_{2}He$$

$$^{238}_{92}U \longrightarrow\, ^{234}_{90}Th + ^{4}_{2}He$$

10. 知识点:半衰期的计算。

(1) 由图可知,^{235}U 初始质量约为 23.5 mg,因此在纵坐标上找到约为初始质量一半的点,对应的横坐标即为半衰期,约为 0.7×10^9 a。

(2) 由图可知,^{238}U 初始质量约为 23.5 mg,因此在纵坐标上找到约为初始质量一半的点,对应的横坐标即为半衰期,约为 4.45×10^9 a。

11. 知识点:半衰期相关计算;

能力点:新信息理解与运用。

假设地球的年龄为 t 年,^{235}U 与 ^{238}U 的初始原子数皆为 N_0。

① t 年后,^{235}U 与 ^{238}U 的原子数为

$$N_{235} = N_0 \cdot e^{-\frac{\ln 2}{t_{1/2}(^{235}\text{U})} \times t}$$

$$N_{238} = N_0 \cdot e^{-\frac{\ln 2}{t_{1/2}(^{238}\text{U})} \times t}$$

② 代入 ^{235}U 与 ^{238}U 的丰度得

$$\frac{N_{235}}{N_{238}} = e^{-\frac{\ln 2}{t_{1/2}(^{235}\text{U})} \times t + \frac{\ln 2}{t_{1/2}(^{238}\text{U})} \times t} = \frac{0.725}{99.275}$$

③ 代入 ^{235}U 与 ^{238}U 的半衰期,解得

$$t = 5.9 \times 10^9 \text{ a}$$

试题 4 本题涉及镇咳剂

试题与解答

2017 年 9 月,英国首相 Theresa May,在保守党会议中演讲时剧烈咳嗽。镇咳药物右美沙芬(dextromethorphan)被应用于一些咳嗽治疗药剂中,例如氢溴酸右美沙芬(Benylin)。这种药物可以治疗她。本题涉及右美沙芬的合成。合成过程中涉及了一些强化学键和稳定碳正离子的生成。

右美沙芬

右美沙芬通常以氢溴酸单水合盐的形式给患者服用。

1. 在下图中圈出右美沙芬盐中被质子化的原子。

2. 确定右美沙芬的分子式,并由此计算其氢溴酸单

水合盐的摩尔质量。

右美沙芬的合成路线中有几个步骤。请注意以下合成路线图并未展示所有反应的副产物。

右美沙芬的合成路线由化合物 F 的合成开始。

H_3CO-C$_6H_4$-CH$_2$OH $\xrightarrow{SOCl_2}$ 化合物A $\xrightarrow[3. H^+/H_2O]{1. Mg;\ 2. CO_2}$ 化合物B $\xrightarrow{SOCl_2}$ 化合物C

IR: 3100 cm^{-1}(非常宽)
1716 cm^{-1}(尖锐)

环己酮 + NC-CH$_2$-CO$_2$H $\xrightarrow{KOH}$ [环己烯-C(CN)(CO$_2$H)] $\xrightarrow{加热}$ 化合物D + 气体分子X (摩尔质量为44.01 g·mol^{-1}) $\xrightarrow[2. H^+/H_2O]{1. LiAlH_4}$ 化合物E

化合物C + 化合物E → 化合物F (H$_3$CO-C$_6$H$_4$-CH$_2$-C(=O)-NH-CH$_2$-CH$_2$-环己烯基)

3. 画出化合物 A、B、C、D、E 和气体 X 的结构。

在生成化合物 D 的反应中,氰乙酸(cyanoacetic acid)在氢氧化钾的作用下会两次失去质子。

NC-CH$_2$-CO$_2$H (氰乙酸) $\xrightarrow{KOH}$ 阴离子Z$^-$ $\xrightarrow{KOH}$ 阴离子Z^{2-}

4. (1) 画出阴离子 Z$^-$ 的结构。
(2) 画出阴离子 Z^{2-} 的结构。

合成过程继续从化合物 F 转换为化合物 J。

化合物F $\xrightarrow{POCl_3}$ 化合物G $\xrightarrow{H_2/Ni\ 催化剂}$ 化合物H 分子式 C$_{17}$H$_{23}$NO $\xrightarrow[H^+]{HCHO}$ [正离子I$^+$] $\xrightarrow{NaBH_4}$ 化合物J

5. 化合物 F 中的两个碳原子在合成化合物 G 的时候被连接在了一起,请写出这两个碳原子的编号。

6. 画出化合物 H 和正离子 I^+ 的结构。

合成过程继续通过一步从化合物 J 转换成化合物 M_1 和 M_2。在磷酸溶液中加热时,化合物 J 首先转化为中间体 K 和一种无色的液体 Y。中间体 K 接着转化为碳正离子 L^+,然后环化形成两种异构体 M_1 和 M_2 的混合物。

将 M_1 和 M_2 的混合物用三甲基苯基氯化铵(一种甲基化试剂)处理后得到左美沙芬和右美沙芬的混合物。

在该混合物中加入 D-酒石酸就可以将我们希望得到的右美沙芬与不希望得到的左美沙芬分离开。这个过程被称为离析(resolution)。

在化合物 J 转换成化合物 M_1 和 M_2 的过程中,可能有不同的碳原子被连接起来。

7. 指出在此反应中所有可能相连的碳原子对。

8. 画出中间体 K、碳正离子 L^+ 和液体 Y 的结构。

9. 画出两个异构体 M_1 和 M_2 的结构,清楚地展示出除了氢原子以外其他往外伸出纸面(用楔形线)和往内进入纸面(用虚线)的原子。

指出 M_1 和 M_2 的异构体类型。

解答 1. 知识点：胺类的碱性。

右美沙芬分子中有连接三个烷基(alkyl)的氮原子，因此属于胺类化合物(amine)，具有一定碱性。因此在其氢溴酸水合盐中，氮原子将被质子化。

2. 知识点：有机骨架式；摩尔质量计算。

右美沙芬分子式为 $C_{18}H_{25}NO$。注意计算其氢溴酸单水合盐的摩尔质量时需要加上一分子 HBr 与 H_2O：

$$M = M_{C_{18}H_{25}NO} + M_{HBr} + M_{H_2O} = 370.32 \text{ g} \cdot \text{mol}^{-1}$$

3. 知识点：羟基氯代；格氏试剂的形成和反应；脱羧反应；腈的还原；

能力点：有机结构推断。

① 起始物──→A。

该过程为羟基在氯化亚砜($SOCl_2$)作用下的氯代反应：

② A──→B。

本步骤为经典的合成增加一个碳原子的羧酸的方法。

首先卤代烃与镁反应生成格氏试剂(Grignard reagent)：

然后格氏试剂与 CO_2 反应并酸化得到羧酸：

③ B ⟶ C。

该过程与起始物 ⟶ A 的反应基本相同,同样为羟基的氯代反应:

$$\text{H}_3\text{CO-C}_6\text{H}_4\text{-CH}_2\text{COOH} \xrightarrow{\text{SOCl}_2} \text{H}_3\text{CO-C}_6\text{H}_4\text{-CH}_2\text{COCl}$$

    B   C

④ 生成 D。

根据 X 的摩尔质量可知,X 为 CO_2。因此该过程为加热条件下的脱羧反应:

$$\underset{D}{\text{cyclohexylidene=C(CN)(CO}_2\text{H)}} \xrightarrow{\text{加热}} \underset{}{\text{cyclohexylidene=CH-CN}} + \underset{X}{CO_2}$$

⑤ D ⟶ E。

根据反应条件可知,该过程为腈(nitrile)的还原反应,生成酰胺。同样可以由最终产物 F 倒推得到相同的结论。

$$\underset{D}{\text{cyclohexylidene=CH-CN}} \xrightarrow{\text{LiAlH}_4} \underset{E}{\text{cyclohexylidene=CH-CH}_2\text{NH}_2}$$

4. 知识点:有机化合物的酸性。

氰乙酸中有两个酸性较强的氢原子:

$$\text{NC-CH(H)-CO}_2\text{H}$$

其中,羧基中的氢原子酸性相对更强,因此 Z^- 与 Z^{2-} 的结构分别为

$$\underset{Z^-}{\text{NC-CH}_2\text{-CO}_2^-} \quad\quad \underset{Z^{2-}}{\text{NC-CH}^--\text{CO}_2^-}$$

5. 能力点:有机化合物骨架结构的辨认。

观察比较化合物 F 与 G 的骨架:

可知，化合物 F 中 9 号与 13 号碳原子在反应中相连。

6. 知识点：催化加氢还原；醛酮的亲核加成-消除反应。

① G ⟶ H。

根据反应条件，可知本步骤为催化加氢还原反应。结合化合物 J 的结构以及化合物 H 的分子式可知，化合物 G 中的 C=N 被还原了。此处需注意的是，正离子 I$^+$ ⟶ J 这步所用的 $NaBH_4$ 也是还原剂，但其活性较低，不足以还原 C=N，因此 C=N 是在 G ⟶ H 这步中被还原的。

② H ⟶ 正离子 I$^+$。

该过程为胺对甲醛的亲核加成-消除反应：

7. 能力点:有机化合物骨架结构的辨认。

比较化合物 J 与右美沙芬的结构

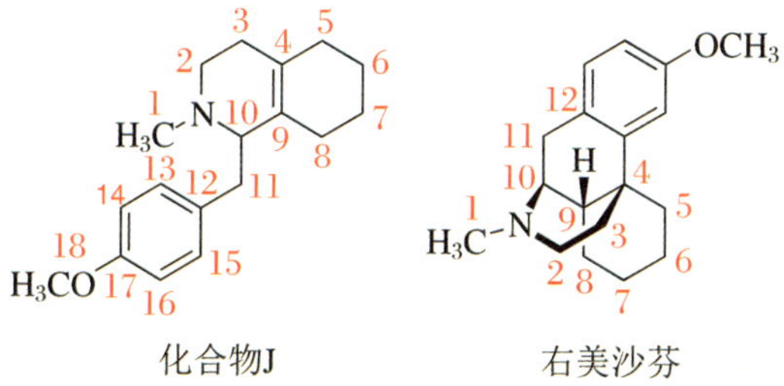

可知,化合物 J 的 4 号碳原子与苯环上甲氧基的间位碳原子(13 号或者 15 号)相连。

8. 知识点:醚的水解;弗里德-克拉夫茨(Friedel-Crafts)烷基化;

能力点:有机结构推断。

① J ⟶ K。

根据 Y 的摩尔质量和 J 的结构可知,本步骤为醚在酸性条件下的水解反应:

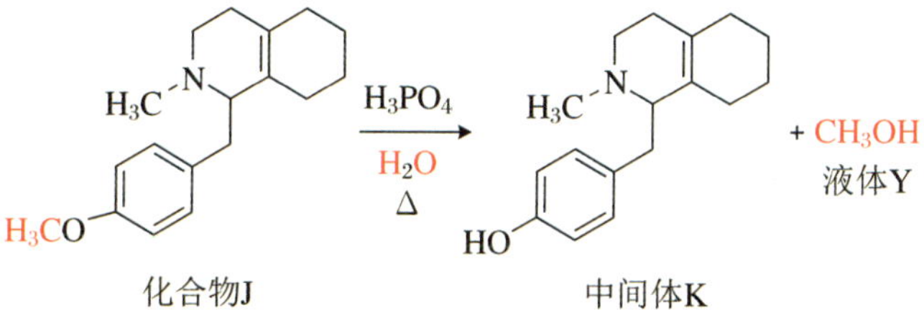

② K ⟶ L$^+$。

由于 L$^+$ ⟶ M$_1$ 和 M$_2$ 为苯环上的弗里德-克拉夫茨烷基化反应,因此 L$^+$ 应为中间体 K 在酸性条件下质子化形成的碳正离子。另外,因为是 4 号碳原子与苯环相连,所以质子需要加在碳碳双键另一端的 9 号碳原子上,这样正电荷便会出现在 4 号碳原子上:

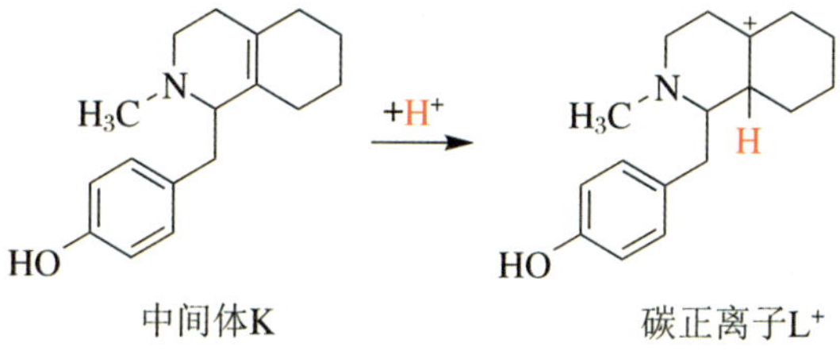

9. 知识点:立体异构体;

能力点:有机结构推断。

根据题意,M$_1$ 和 M$_2$ 反应生成左美沙芬和右美沙芬所用试剂三甲基苯基氯化铵为甲基化试剂，因此 M_1 和 M_2 的结构分别为左美沙芬和右美沙芬在甲氧基处去除一个甲基：

M_1 和 M_2 中 3 个手性碳原子构型均不同，因此为对映异构体(enantiomer)。

试题 5　本题涉及"惰性"气体氦

试题与解答

2013 年有新闻报道科学家们要求英国政府禁止销售充满氦气的派对气球，因为其在科学中的应用，例如超导磁铁，过于有价值而不应该浪费在儿童派对上。

氦气在地球大气中的平均浓度为 $0.916\ \text{mg·m}^{-3}$，并且地球大气的体积大约为 $4.2\times10^9\ \text{km}^3$。

1. 计算地球大气中氦的物质的量。

2. 半径为 r 的球体体积为 $\dfrac{4}{3}\pi r^3$。假设派对气球是球形的且半径为 14 cm，计算在室温常压下，地球大气层中的氦气可以填充满多少个气球？

氦有非常强的惰性，它有着填满的最外电子层和所有元素中最高的电离能。去年全球 17 名研究者合作报告了在极高压强(300 GPa)下化合物 X(氦和钠的化合物)的形成。

通过 X 射线晶体谱学可以确定一个晶体的晶胞并展示出晶体中原子的排列方式。晶胞堆积形成了整体结构。

下图为化合物 X 的晶胞，其中氦原子位于晶胞的顶点和面心，钠原子以立方体的形式位于晶胞内部。这些原子中有一些完全被包含在晶胞内，而在顶点、棱心或者面心上的原子只有一部分被包含在晶胞里。

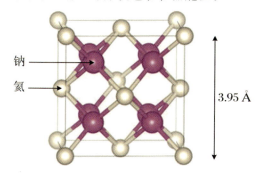

3. 考虑到原子属于一个晶胞的比例，计算一个晶胞中钠原子和氦原子的总数量。

4. 化合物 X 的化学式是什么？

5. 使用第 3 题的答案和晶胞的边长，计算化合物 X 的密度，以 g·cm^{-3} 为单位。

化合物 X 的计算结果显示，化合物 X 中的钠原子以 Na$^+$ 离子形式存在。钠原子的价层电子形成电子对并定域在晶体结构的缝隙中。

6. 你认为化合物 X 属于以下哪种类型？
A. 金属晶体
B. 共价晶体
C. 离子晶体
D. 导体
E. 绝缘体

在正常大气压下，化合物 X 很不稳定，它会分解为钠和氦气。

7. 写出化合物 X 分解的反应方程式。

下图显示了分解反应的自由能变化值 $\Delta_{\text{decomp}} G$ 与压强之间的函数关系：

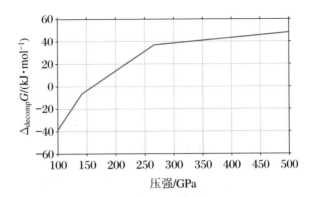

8. 化合物 X 的形成变得热力学有利所需的最低压强是多少？

解答 1. 知识点：物质的量的计算；单位换算。

$$m_{He} = 0.916 \text{ mg} \cdot \text{m}^{-3} \times 4.2 \times 10^9 \times 10^9 \text{ m}^3$$
$$= 3.8 \times 10^{15} \text{ g}$$

$$n_{He} = \frac{m_{He}}{M_{He}} = \frac{3.8 \times 10^{15} \text{ g}}{4.003 \text{ g} \cdot \text{mol}^{-1}}$$
$$= 9.5 \times 10^{14} \text{ mol}$$

2. 知识点：气体物质的量的计算。

$$V = \frac{4}{3}\pi r^3 = \frac{4}{3}\pi \times (1.4 \text{ dm})^3 = 11 \text{ dm}^3$$

$$n = \frac{11 \text{ dm}^3}{24.0 \text{ dm}^3 \cdot \text{mol}^{-1}} = 0.46 \text{ mol}$$

所以气球的个数为 $\frac{9.5 \times 10^{14} \text{ mol}}{0.46 \text{ mol}} = 2.1 \times 10^{15}$。

3. 知识点：离子化合物的晶胞与化学式的关系。

在一个晶胞中，8 个 Na 原子处于晶胞内，8 个 He 原子在顶点上以及 6 个 He 原子在面心上。因此真正属于一个晶胞的 Na 原子有 $8 \times 1 = 8$ 个，而 He 原子有 $8 \times \frac{1}{8} + 6 \times \frac{1}{2} = 4$。

4. 由 $n_{Na} : n_{He} = 2 : 1$ 可得化学式为 Na_2He。

5. 知识点：晶体密度计算。

$$\rho = \frac{4 \cdot M_{Na_2He}}{N_A \cdot a^3}$$

$$= \frac{4 \times 49.983 \text{ g} \cdot \text{mol}^{-1}}{6.02 \times 10^{23} \text{ mol}^{-1} \times (3.95 \times 10^{-8} \text{ cm})^3}$$

$$= 5.39 \text{ g} \cdot \text{cm}^{-3}$$

6. 知识点：晶体类型；导电性。

根据题意，Na 在 Na_2He 晶体中以离子形式存在，因此其为离子晶体。而因为其价电子为定域，无法自由移动，所以为绝缘体。

7. 知识点：化学方程式的书写与配平。

根据题意，反应物为 Na_2He，产物为 Na 与 He，因此配平后的方程式为

$$Na_2He \longrightarrow 2Na + He$$

8. 知识点：吉布斯自由能变化与反应自发性。

化学反应热力学有利，需要 $\Delta G < 0$，因此只需在图中寻找最靠近 $\Delta_{\text{decomp}} G = 0$ 的这点即可，对应横坐标压强约为 160 GPa。

2019 英国化学奥林匹克竞赛试题解析

试题 1　本题涉及二氧化碳

试题与解答

食品与饮料工业消耗大量二氧化碳。在 2018 年夏季,全球二氧化碳供应短缺导致超市限制冷冻食品运输和啤酒的供给。考虑到大气中二氧化碳含量的上升,这个现象是非常具有讽刺性的。

1. (1) 画出一氧化碳与二氧化碳的点叉结构式。
   (2) 计算碳在一氧化碳和二氧化碳中氧化态的差值。

英国化学家亨利(William Henry)研究了气体溶解于液体中的平衡过程。他提出,溶解于液体中的一种气体的浓度与它的气相中的分压成正比。这个正比系数即亨利常数。CO_2 的亨利常数为 3.3×10^{-2} mol·dm^{-3}·atm^{-1}。

碳酸饮料的密闭容器中包含着溶解了的 CO_2。溶解

了的 CO_2 与容器顶端少量气态 CO_2 建立起平衡。

2. (1) 25 ℃时,在一罐 250 mL 的碳酸饮料中,CO_2 气体分压为 3.0 atm。在该碳酸饮料中 CO_2 的浓度是多少?

(2) 溶解在一罐 250 mL 的碳酸饮料中的 CO_2 的质量是多少?

(3) 如果罐中只含有本题(2)中计算所得质量的 CO_2,计算 25 ℃时罐中的压强。

(4) 在什么情况下,CO_2 在水中的溶解度最大?

高压低温　　高压高温　　低压低温　　低压高温

3. 一罐碳酸饮料最大能承受的压强为 7 atm。使用以下图表,计算出一个饮料罐可以安全储存的最高温度。

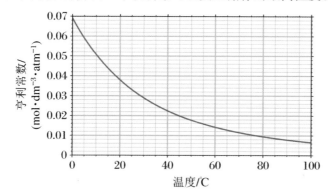

一种工业生产 CO_2 的方法涉及了 Haber-Bosch 过程。

$CH_4 + H_2O \rightleftharpoons CO + 3H_2$　　步骤 1

$N_2 + 3H_2 \rightleftharpoons 2NH_3$　　步骤 2

$CO + H_2O \rightleftharpoons CO_2 + H_2$　　步骤 3

氨(步骤 2 的产物)被广泛用于制造肥料。肥料的生产通常在夏季时停止。与去年炎热夏季时软饮料需求的增长相结合,肥料的停产同样导致了 CO_2 的供应短缺。

步骤 3 中,在一个 1100 K 的反应器中包含 40 mol CO、20 mol H_2 和 20 mol CO_2 的起始混合物与 40 mol 水蒸气反应并达到平衡。在 1100 K 时该反应的 K_p 为 0.64。

4. 计算达到平衡后,离开反应器的各种气体的物质的量。

$CO(g)$、$CO_2(g)$ 和 $H_2O(g)$ 的标准生成焓分别为

$-110.5 \text{ kJ} \cdot \text{mol}^{-1}$、$-393.5 \text{ kJ} \cdot \text{mol}^{-1}$和$-241.1 \text{ kJ} \cdot \text{mol}^{-1}$。

5. 计算 CO 与水蒸气反应生成 CO_2 和 H_2 的反应焓变。

解答 1.(1)知识点:简单共价化合物的点叉式。

CO_2 的结构较为简单,但在画 CO 时需要注意,三键中的一根键为配位键,因此两个电子均由氧原子提供。

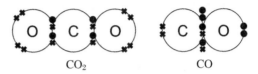

(2)知识点:氧化态的计算。

氧原子在两个化合物中的氧化态均为 -2,因此碳原子在 CO_2 中的氧化态为 $+4$,在 CO 中为 $+2$,两者的差值为 $+2$。

2.(1)知识点:利用亨利定律计算溶液中气体的物质的量浓度。

根据题中信息,物质的量浓度与气相中气体分压成正比,因此可得

$$c = k \cdot p$$
$$= 3.3 \times 10^{-2} \text{ mol} \cdot \text{dm}^{-3} \cdot \text{atm}^{-1} \times 3.0 \text{ atm}$$
$$= 9.9 \times 10^{-2} \text{ mol} \cdot \text{dm}^{-3}$$

(2)知识点:物质的量浓度、物质的量与质量之间的换算。

$$n = c \cdot V$$
$$= 9.9 \times 10^{-2} \text{ mol} \cdot \text{dm}^{-3} \times 250 \times 10^{-3} \text{ dm}^3$$
$$= 2.5 \times 10^{-2} \text{ mol}$$
$$m = n \cdot M = 2.5 \times 10^{-2} \text{ mol} \times 44.01 \text{ g} \cdot \text{mol}^{-1}$$
$$= 1.1 \text{ g}$$

(3)知识点:理想气体状态方程。

$$p = \frac{nRT}{V}$$
$$= \frac{2.5 \times 10^{-2} \text{ mol} \times 8.314 \text{ kPa} \cdot \text{dm}^3 \cdot \text{mol}^{-1} \cdot \text{K}^{-1} \times (25+273) \text{ K}}{250 \times 10^{-3} \text{ dm}^3}$$
$$= 2.5 \times 10^2 \text{ kPa}$$

(4)知识点:气体溶解过程中的热力学。

CO_2 在水中溶解的方程式为

$$CO_2(g) \rightleftharpoons CO_2(aq)$$

该过程可逆,正反应方向为溶解,逆反应方向为气体的析出。

根据勒沙特列原理(Le Chatelier's principle),增大压强,平衡将向正方向移动,因此溶解度增大。

由于正反应方向为熵减过程,根据 $\Delta G = \Delta H - T\Delta S$,温度的下降会使吉布斯自由能 G 降低,促进溶解反应的进行。

综上所述,高压低温的条件下,CO_2 在水中的溶解度最大。

3. 知识点:亨利定律;

能力点:图表理解与运用。

温度变化不大,因此我们默认 CO_2 在水中的溶解度不变,依然为 9.9×10^{-2} mol·dm^{-3}。根据题意,在极限压强 7 atm 下,亨利常数为

$$k = \frac{c}{p} = \frac{9.9 \times 10^{-2} \text{ mol} \cdot \text{dm}^{-3}}{7 \text{ atm}}$$
$$= 1.4 \times 10^{-2} \text{ mol} \cdot \text{dm}^{-3} \cdot \text{atm}^{-1}$$

对照图中曲线,对应的横坐标温度约为 60 ℃。

4. 知识点:ICE 表格计算化学平衡。

首先根据压力平衡常数 K_p 与浓度平衡常数 K_c 之间的关系计算出 K_c:

$$K_c = \frac{K_p}{(RT)^{\Delta n}} = \frac{K_p}{(RT)^0} = K_p = 0.64$$

然后使用 ICE 表格:

	CO	+ H$_2$O	$\rightleftharpoons$ CO$_2$	+ H$_2$	$K_c = 0.64$
初始物质的量	40	40	20	20	
物质的量变化	$-x$	$-x$	$+x$	$+x$	
平衡物质的量	$40-x$	$40-x$	$20+x$	$20+x$	

将平衡物质的量代入 K_c 的表达式:

$$K_c = \frac{[CO_2][H_2]}{[CO][H_2O]} = \frac{\left(\frac{20+x}{V}\right)^2}{\left(\frac{40-x}{V}\right)^2} = \left(\frac{20+x}{40-x}\right)^2 = 0.64$$

$$\frac{20+x}{40-x} = 0.80$$

$x = 6.7$

平衡时各种气体的物质的量：

CO：$40 - x = 33.3$ mol

H_2O：$40 - x = 33.3$ mol

CO_2：$20 + x = 26.7$ mol

H_2：$20 + x = 26.7$ mol

5. 知识点：由生成焓计算反应焓变。

$CO(g) + H_2O(g) \longrightarrow CO_2(g) + H_2(g)$

$\Delta H^\ominus = \Delta H_f^\ominus(CO_2(g)) + \Delta H_f^\ominus(H_2(g)) - \Delta H_f^\ominus(CO(g))$
$\qquad - \Delta H_f^\ominus(H_2O(g))$
$\quad = [-393.5 + 0 - (-110.5)$
$\qquad - (-241.1)]$ kJ·mol^{-1}
$\quad = -41.9$ kJ·mol^{-1}

试题 2　本题涉及贵金属的工业分离

试题与解答

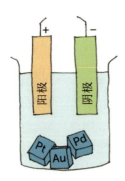

当使用电解法来提纯镍或者铜时，杂质沉积在阳极下方成为"阳极泥"。这些杂质中含有稀有金属，例如钌、锇、铱、钯、铂、银和金。

1. 指出以下电子排布结构所对应的元素：

(1) [Kr] $4d^{10}$。

(2) [Xe] $4f^{14}5d^96s^1$。

(3) [Xe] $4f^{14}5d^76s^2$。

首先通过加入王水（HCl/HNO_3）分离出金属杂质。金、钯和铂形成可溶的配合物。其他的金属形成单质或者金属盐沉淀。

金和铂与王水反应形成氯金酸（$HAuCl_4$）、氯铂酸（H_2PtCl_6）和二氧化氮。

2. (1) 写出金与王水反应的方程式。
(2) 写出铂与王水反应的方程式。

可以使用质谱来表征氯金酸。自然中的氯元素有两种同位素：^{35}Cl（75%丰度）和^{37}Cl（25%丰度）。^{197}Au 为 100%丰度。

3. 计算 $AuCl_4^-$ 离子的各个分子离子峰的 m/z 比值和强度（用所占百分比来表示）。计算时使用整数质量。

通过加入氯化亚铁可以将金从混合物中沉淀出来。溶液中剩下氯铂酸和氯钯酸。接着加入氯化铵后生成化合物 X 沉淀。继续加入氢氧化铵后生成化合物 Y 沉淀。

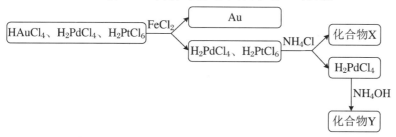

4. 写出氯金酸与氯化亚铁反应的方程式。

通过 X 射线晶体学可以确定晶胞的组成。晶胞展示了晶体中原子的排列方式。晶胞堆积在一起形成了整体的结构。

下图为配合物 X 的晶胞。铂在晶胞的顶点与面心处。中心的 NH_4^+ 通过氢键与氯离子配体相连。有些原子完全被容纳在晶胞内，而也有些在顶点、棱或者面上的原子仅部分被容纳在晶胞内。

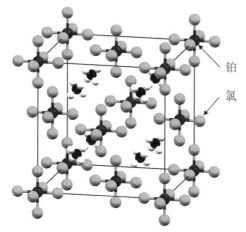

5. 化合物 X 的化学式是什么?

化合物 Y 中的 Pd 处于平面正方形环境中。元素分析显示：Pd 50.3%、Cl 33.5%、N 13.3% 以及 H 2.9%。

6. 画出化合物 Y 的可能结构。

7. 写出由 H_2PdCl_4 生成化合物 Y 的方程式。

我们可以通过一系列光谱技术来表征过渡金属配合物,其中一种是核磁共振(NMR)。就像 ^1H 和 ^{13}C 原子核可以在 NMR 实验中被激发一样,过渡金属原子核也可以。原子核的自旋量子数(I)不为零时就可以产生 NMR 光谱。原子核例如 ^{195}Pt 和 ^{103}Rh 能给出很有用的 NMR 光谱,然而,有些原子核例如 ^{105}Pd 会产生很宽的谱线因而不适合使用 NMR 表征。

过渡金属原子核与其他原子核之间的耦合会导致信号裂分,与在 ^1H NMR 中见到的双重峰、三重峰和四重峰很类似。

$$共振信号裂分的峰的数量 = (2N \times I) + 1$$

其中,N 为等价原子核数量;I 为所耦合的原子核的自旋量子数。

^{195}Pt 的自旋量子数 $I = \frac{1}{2}$。^1H 可以认为是 100% 丰度且自旋量子数 $I = \frac{1}{2}$。^{16}O 可以用认为是 100% 丰度且自旋量子数 $I = 0$。在 ^{195}Pt NMR 中并没有观测到 ^1H 原子核与铂之间的耦合。

铂的配合物如 $[Pt(NH_3)_4]^{2+}$ 和 $cis\text{-}[Pt(NH_3)_2(H_2O)_2]^{2+}$,可以在电镀池中形成。这两个配合物的 ^{195}Pt NMR 谱中在 $\delta = -2576$ ppm 和 -1555 ppm 产生信号。由于铂原子核与 $^{14}N(I=1)$ 或者 $^{15}N\left(I=\frac{1}{2}\right)$ 之间的耦合,这些信号产生了裂分。通过它们的裂分图形可以辨认这些信号。

8. 计算在以下配合物的 ^{195}Pt NMR 谱中氮原子导致的 ^{195}Pt 信号裂分的谱线数：

(1) $cis\text{-}[Pt(^{14}NH_3)_2(H_2O)_2]^{2+}$。

(2) $[Pt(^{14}NH_3)_4]^{2+}$。

(3) $[Pt(^{15}NH_3)_4]^{2+}$。

在 ^{195}Pt NMR 中，由 $I = 1$ 的原子核导致的共振信号裂分的谱线强度可以通过多项式 $(x^2 + xy + y^2)^n$ 的展开形式的系数来推得，其中，n 为等价耦合 ^{14}N 原子数量。因此

$n = 1$，$(x^2 + xy + y^2)^1 = x^2 + xy + y^2$

$n = 2$，$(x^2 + xy + y^2)^2 = x^4 + 2x^3y + 3x^2y^2 + 2xy^3 + y^4$

$n = 3$，$(x^2 + xy + y^2)^3 = x^6 + 3x^5y + 6x^4y^2 + 7x^3y^3 + 6x^2y^4 + 3xy^5 + y^6$

这就形成了一个类 Pascal 三角形。

$n = 0$ 1
$n = 1$ 1   1   1
$n = 2$ 1   2   3   2   1
$n = 3$ 1   3   6   7   6   3   1

9. 计算在以下配合物的 ^{195}Pt NMR 谱中裂分图形的谱线强度：

(1) $cis\text{-}[Pt(^{14}NH_3)_2(H_2O)_2]^{2+}$。

(2) $[Pt(^{14}NH_3)_4]^{2+}$。

解答 1. 知识点：原子核中电子数与质子数。

(1) 总电子数：36(Kr) + 10(4d) = 46。因此为 46 号元素 Pd。

(2) 总电子数：54(Xe) + 14(4f) + 9(5d) + 1(6s) = 78。因此为 78 号元素 Pt。

(3) 总电子数：54(Xe) + 14(4f) + 7(5d) + 2(6s) = 77。因此为 77 号元素 Ir。

考生在做这道题时容易纠结于元素 1 和 2 的不寻常的电子排布，从而难以做出判断，甚至怀疑题目本身有没有出错，是否可能是激发态的原子或者离子之类的。但其实只要抓住"中性原子中，质子数等于电子数"这一要点，就可以迅速求解。

2. 知识点：化学方程式的书写和配平。

(1) 反应物为 Au、HCl 和 HNO_3，产物为 $HAuCl_4$ 和 NO_2。在配平方程式时可知，还有一产物为溶剂 H_2O。因此配平后的方程式为

$Au + 4HCl + 3HNO_3 \longrightarrow HAuCl_4 + 3NO_2 + 3H_2O$

(2) 反应物为 Pt、HCl 和 HNO_3，产物为 H_2PtCl_6 和

NO_2。在配平方程式时可知,还有一产物为溶剂 H_2O。因此配平后的方程式为

$$Pt + 6HCl + 4HNO_3 \longrightarrow H_2PtCl_6 + 4NO_2 + 4H_2O$$

3. 知识点:同位素丰度;数学乘法原理。

在质谱中不同质荷比的 $AuCl_4^-$ 离子的信号强度,实际上是该离子出现的概率。因此,我们对 $AuCl_4^-$ 离子中出现 ^{37}Cl 的个数进行分类讨论:

① 0 个 ^{37}Cl。

4 个 Cl 原子皆为 ^{35}Cl,其概率为 $(0.75)^4 = 31.6\%$。

质荷比为 $197 + 4 \times 35 = 337$。

② 1 个 ^{37}Cl。

4 个 Cl 原子中 1 个为 ^{37}Cl,其余 3 个为 ^{35}Cl,其概率可用乘法原理求解。

步骤1:从 4 个 Cl 原子中选出 1 个。

步骤2:选出的这个 Cl 原子为 ^{37}Cl。

步骤3:剩余 3 个 Cl 原子为 ^{35}Cl。

其概率为 $C_4^1 \times 0.25 \times (0.75)^3 = 42.2\%$。

质荷比为 $197 + 37 + 3 \times 35 = 339$。

③ 2 个 ^{37}Cl。

4 个 Cl 原子中 2 个为 ^{37}Cl,其余 2 个为 ^{35}Cl,其概率可用乘法原理求解。

步骤1:从 4 个 Cl 原子中选出 2 个。

步骤2:选出的这 2 个 Cl 原子为 ^{37}Cl。

步骤3:剩余 2 个 Cl 原子为 ^{35}Cl。

其概率为 $C_4^2 \times (0.25)^2 \times (0.75)^2 = 21.1\%$。

质荷比为 $197 + 2 \times 37 + 2 \times 35 = 341$。

④ 3 个 ^{37}Cl。

4 个 Cl 原子中 3 个为 ^{37}Cl,其余 1 个为 ^{35}Cl,其概率可用乘法原理求解。

步骤1:从 4 个 Cl 原子中选出 1 个。

步骤2:选出的这个 Cl 原子为 ^{35}Cl。

步骤3:剩余 3 个 Cl 原子为 ^{37}Cl。

其概率为 $C_4^1 \times 0.75 \times (0.25)^3 = 4.7\%$。

质荷比为 $197 + 3 \times 37 + 35 = 343$。

⑤ 4 个 ^{37}Cl。

4 个 Cl 原子皆为 ^{37}Cl,其概率为 $(0.25)^4 = 0.39\%$。

质荷比为 $197+4\times37=345$。

4. 知识点：化学方程式的书写和配平。

由题干和示意图可知，反应物为 $HAuCl_4$ 和 $FeCl_2$，产物之一为 Au。不难看出这个是一个氧化还原反应。在反应中 Au 元素被还原，因此必有其他元素被氧化。通过简单观察发现氧化态为 +2 的 Fe 元素容易被氧化到 +3，所以另一产物为 $FeCl_3$。在配平反应式的过程中发现最后一个产物 HCl。配平后的反应方程式为

$$HAuCl_4 + 3\,FeCl_2 \longrightarrow Au + 3FeCl_3 + HCl$$

5. 知识点：离子化合物的晶胞与化学式的关系。

在一个晶胞中，8 个 NH_4^+ 处于晶胞体内，8 个 $PtCl_6^{2-}$ 在顶点上以及 6 个 $PtCl_6^{2-}$ 在面心上。因此真正属于一个晶胞的 NH_4^+ 有 $8\times1=8$ 个，而 $PtCl_6^{2-}$ 有 $8\times\dfrac{1}{8}+6\times\dfrac{1}{2}=4$ 个。

由 $n_{NH_4^+}:n_{PtCl_6^{2-}}=2:1$ 可得化学式为 $(NH_4)_2PtCl_6$。

6. 知识点：经验式计算；配合物的同分异构体。

首先通过元素质量分数计算出化合物 Y 中各元素的原子数量比：

$$\begin{aligned}n_{Pd}:n_{Cl}:n_N:n_H &= \dfrac{w_{Pd}}{M_{Pd}}:\dfrac{w_{Cl}}{M_{Cl}}:\dfrac{w_N}{M_N}:\dfrac{w_H}{M_H}\\ &=\dfrac{50.3\%}{106.42}:\dfrac{33.5\%}{35.45}:\dfrac{13.3\%}{14.01}:\dfrac{2.9\%}{1.008}\\ &\approx 1:2:2:6\end{aligned}$$

由题意可知，化合物 Y 中 Pd 元素处于平面正方形的中心，因此化合物 Y 中只有一个 Pd 原子。所以化合物 Y 的化学式为 $PdCl_2(NH_3)_2$。

根据化学式可知，Y 为一个配合化合物并且在平面正方形的 4 个顶点上有 2 个 NH_3 和 2 个 Cl 这 4 个配体。因此根据这 4 个配体的不同位置，化合物 Y 存在两种同分异构体：

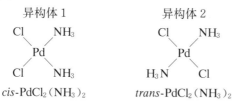

异构体 1　　　　　异构体 2
cis-$PdCl_2(NH_3)_2$　　trans-$PdCl_2(NH_3)_2$

7. 知识点：化学方程式的书写和配平。

由第4题前的示意图可知,反应物为 H_2PdCl_4 和 NH_4OH,产物之一为 Y 即 $PdCl_2(NH_3)_2$,在配平过程中易知剩下的产物为 H_2O 和 HCl。配平后的反应方程式为

$$H_2PdCl_4 + 2NH_4OH \longrightarrow PdCl_2(NH_3)_2 + 2H_2O + 2HCl$$

8. 能力点:新信息的理解和运用。

(1) $(2N \times I) + 1 = (2 \times 2 \times 1) + 1 = 5$。

(2) $(2N \times I) + 1 = (2 \times 4 \times 1) + 1 = 9$。

(3) $(2N \times I) + 1 = \left(2 \times 4 \times \dfrac{1}{2}\right) + 1 = 5$。

9. 能力点:新信息的理解和运用。

(1) $n = 2$,因此分裂图形中的谱线强度符合 $n = 2$ 时的类 Pascal 三角形,即 $1:2:3:2:1$。

(2) $n = 4$,因此分裂图像强度符合 $n = 4$ 时的类 Pascal 三角形:

$$\begin{aligned}(x^2 + xy + y^2)^4 =\ & x^8 + 4x^7y + 10x^6y^2 + 16x^5y^3 \\ & + 19x^4y^4 + 16x^3y^5 + 10x^2y^6 \\ & + 4xy^7 + y^8\end{aligned}$$

分裂图像强度比为 $1:4:10:16:19:16:10:4:1$。

背景拓展阅读

阳极泥的处理工艺

铜、铅阳极泥是铜、铅电解精炼过程中产生的一种副产物。

铜阳极泥的组成视产地而异,一般成分为 Cu、Au、Ag、Se、Te、Pb 以及少量 Bi、Sb、Fe 等,微量 Pd、Pt,还有 20%~40% 水分。

阳极泥处理工艺一般分为火法流程(fire method)和湿法流程(wet method)。其中火法流程应用得更为广泛。

火法流程一般包含以下工序:

(1) 除去铜和硒。

(2) 还原熔炼产生贵铅。

(3) 贵铅氧化精炼产出金银合金。

(4) 银电解精炼分离金银及金精炼。

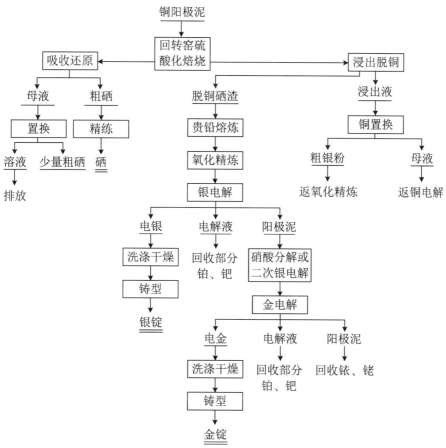

湿法流程具有生产周期短、金属直收率高、污染少等优点,目前发展较快。

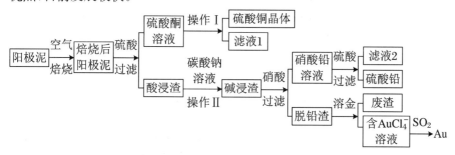

试题 3 本题涉及治疗神经性毒剂中毒

试题与解答

神经性毒剂连接并抑制乙酰胆碱酯酶（AChE）。被抑制的 AChE 无法再水解一种关键的神经递质，从而导致人瘫痪并最终死亡。

一种主要的治疗神经性毒剂中毒的试剂是一类含有官能团肟（C＝NOH）的化合物。这类化合物通过去除所连接的神经性毒剂来重新激活被抑制的 AChE。一种重要的重活化剂是 2-吡啶甲醛肟氯甲烷盐（PAM）。

PAM

1.（1）计算 PAM 的摩尔质量。

（2）一个神经性毒剂中毒的成年人需要每千克体重每小时 3.00 mmol 剂量的 PAM。计算一个 80 kg 的人在 24 h 治疗周期中所需 PAM 的质量。

神经性毒剂作用非常迅速。关于肟类治疗试剂的动力学研究有一个重要的研究领域。下图展示了 PAM 重新激活被抑制的 AChE 的反应速率：

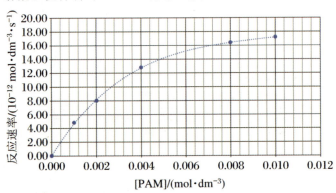

2.（1）当 PAM 浓度低于 0.0002 mol·dm^{-3} 时，给出 PAM 的反应级数。

（2）当 PAM 浓度高于 0.0008 mol·dm^{-3} 时，给出 PAM 的反应级数。

有人提出了以下两步机理来解释这些结果：

$$\text{AChE-I} + \text{PAM} \underset{}{\overset{K_c}{\rightleftharpoons}} \text{AChE-I-PAM} \overset{k_2}{\longrightarrow} \text{AChE} + \text{I-PAM}$$

其中，AChE-I 为被抑制的 AChE，AChE-I-PAM 为被抑制的 AChE 和 PAM 的配合物，I-PAM 为与神经毒剂连接的 PAM。

3. K_c 为第一步的平衡常数。写出 K_c 的表达式。

基于这个模型，可以推出以下式子来表达所观测到的被抑制的 AChE 的一级反应速率常数（k_{obs}）：

$$k_{obs} = \frac{k_2[\text{PAM}]}{[\text{PAM}] + \dfrac{1}{K_c}}$$

其中，k_{obs} 为观测到的速率常数，K_c 为第一步的平衡常数，k_2 为第二步的速率常数。

以 $\dfrac{1}{k_{obs}}$ 对 $\dfrac{1}{[\text{PAM}]}$ 作图可得如下图所示的直线：

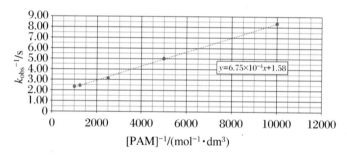

4. (1) 计算 k_2。

(2) 计算 K_c。

另一个重要的研究领域是研发更加有效的 AChE 重活化剂来治疗神经毒剂中毒。使用(E)-1,4-dibormobut-2-ene 作为起始物可以开发一种新的重活化剂。

5. 画出(E)-1,4-dibormobut-2-ene 的结构。

可以使用一系列的相关试剂，通过两步法合成这种重活化剂：

(E)-1,4-dibromobut-2-ene $\xrightarrow{\text{2-pyridyl-CHNOH}}$ 中间体 $[C_{10}H_{12}N_2OBr]^+Br^-$

$\xrightarrow{\text{2-pyridyl-CONH}_2}$ 重活化剂 $[C_{16}H_{18}N_4O_2]^{2+}(Br^-)_2$

其中, pyridyl-R 代表 2-R、3-R 或 4-R 取代吡啶。

6. 使用以上试剂可以合成几种不同的重活化剂？

最有效的重活化剂 Y 的 ^{13}C NMR 中有 12 个信号，并且它通过在 ^{13}C NMR 中有 8 个信号的中间体 X 合成。

7. 画出 X 和 Y 的结构。

解答 1. 知识点：摩尔质量计算；质量与物质的量计算；单位转换。

(1) 通过 PAM 结构式可以得到其化学式为 $C_7H_9ON_2Cl$，从而计算出其摩尔质量

$$M = (7 \times 12.01 + 9 \times 1.008 + 16.00 + 2 \times 14.01 + 35.45) \text{ g} \cdot \text{mol}^{-1}$$
$$= 172.61 \text{ g} \cdot \text{mol}^{-1}$$

(2)

$n = 3.00 \text{ mmol} \cdot \text{kg}^{-1} \cdot \text{h}^{-1} \times 80 \text{ kg} \times 24 \text{ h}$
$= 5.76 \text{ mol}$

$m = n \cdot M = 5.76 \text{ mol} \times 172.61 \text{ g} \cdot \text{mol}^{-1} = 994 \text{ g}$

2. 知识点：反应级数。

(1) 根据题中图像，PAM 浓度为 $0.0000 \sim 0.0002 \text{ mol} \cdot \text{dm}^{-3}$ 时，反应速率整体上与浓度成正比，即反应速率 $= k \cdot [\text{PAM}]$。因此反应级数大约为一级。

(2) 根据题中图像，PM 浓度在高于 $0.0008 \text{ mol} \cdot \text{dm}^{-3}$ 后，反应速率的增长速度开始变得缓慢，反应速率逐渐趋向于一个定值，即反应速率 $= k \cdot [\text{PAM}]^0$。因此反应级数大约为零级。

3. 知识点：平衡常数的表达式。

$$K_c = \frac{[\text{AChE-I-PAM}]}{[\text{AChE-I}] \cdot [\text{PAM}]}$$

4. 能力点：基本代数。

首先将原式变换成能体现出 $\dfrac{1}{k_{\text{obs}}}$ 与 $\dfrac{1}{[\text{PAM}]}$ 线性关系的形式：

$$\frac{1}{k_{\text{obs}}} = \frac{[\text{PAM}] + \dfrac{1}{K_c}}{k_2 \cdot [\text{PAM}]} = \frac{1}{k_2} + \frac{1}{k_2 \cdot K_c} \cdot \frac{1}{[\text{PAM}]}$$

(1) $\dfrac{1}{k_2}$ 对应一次函数图像的 y 轴截距，即

$$\frac{1}{k_2} = 1.58 \text{ s}$$

$$k_2 = 0.633 \text{ s}^{-1}$$

(2) $\dfrac{1}{k_2 \cdot K_c}$ 对应一次函数图像的斜率，即

$$\frac{1}{k_2 \cdot K_c} = 6.75 \times 10^{-4} \text{ mol} \cdot \text{dm}^{-3} \cdot \text{s}$$

$$\frac{1}{K_c} = 6.75 \times 10^{-4} \text{ mol} \cdot \text{L}^{-1} \cdot \text{s} \times 0.633 \text{ s}^{-1}$$

$$= 4.27 \times 10^{-4} \text{ mol} \cdot \text{dm}^{-3}$$

$$K_c = 2.34 \times 10^{3} \text{ mol}^{-1} \cdot \text{dm}^{3}$$

5. 知识点：有机物英文命名。

首先根据 but-2-ene 和双键构型（E）画出主碳链：

然后根据 1,4-dibromo 在主碳链上画上取代基：

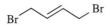

6. 知识点：数学乘法原理。

从原料（E）-1,4-dibromobut-2-ene 到重活化剂需要两步：

步骤 1：反应试剂有邻、间、对 3 种异构体，因此可以得到 3 种中间体。

步骤 2：反应试剂同样有邻、间、对 3 种异构体，因此对于每种中间体而言，可以得到 3 种重活化剂。

所以总共有 $3 \times 3 = 9$ 种重活化剂。

7. 知识点：吡啶的亲核取代反应；碳原子的化学

① 从(E)-1,4-dibromobut-2-ene 到中间体这一步，由于反应试剂有 3 种异构体，可以得到 3 种中间体，结构和对应 ^{13}C NMR 信号数分别如下：

中间体1　　　中间体2　　　中间体3
^{13}C NMR信号数　10　　　10　　　8

因此中间体 3 为 X 的结构。

② 从中间体到重活化剂这一步，由于反应试剂有 3 种异构体，可以得到 3 种重活化剂，结构和对应 ^{13}C NMR 信号数分别如下：

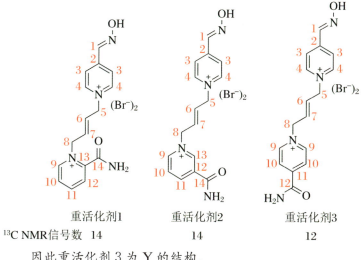

重活化剂1	重活化剂2	重活化剂3
^{13}C NMR信号数 14	14	12

因此重活化剂3为Y的结构。

试题4 本题涉及蜜蜂和英国脱欧

试题与解答

有人担忧新烟碱类杀虫剂对蜜蜂有害。噻虫嗪(thiamethoxam)是2018年4月被欧盟(EU)禁止在室外使用的三种新烟碱类杀虫剂之一。在英国脱欧后,这种杀虫剂有可能被英国再次使用。人们担心这会伤害到英国蜜蜂的数量。

噻虫嗪

1. 噻虫嗪的分子式是什么?

噻虫嗪的合成起始于甘油(glycerol)。A 转化为 B 的过程中同时生成两个副产物(B′和 B″)。B、B′和 B″互为同分异构体。B′和 B″互为几何异构体。相比于 B′, B″生成的量要少很多。

$$\underset{\text{甘油}}{\text{HO}\underset{\text{OH}}{\overset{\text{OH}}{\diagdown}}} \xrightarrow[\text{C}_3\text{H}_5\text{Cl}_3]{\text{过量的 POCl}_3} A \xrightarrow[\text{(碱)}]{\text{CaO}} B + B' + B''$$

2. 画出 A、B、B′ 和 B″ 的结构。

B 与硫氰化钠（NaSCN）反应生成 C，C 可以通过用氯气和四氯化碳处理转换成 D。

$$B \xrightarrow{\text{Na}^+ \text{S}^- - \text{C} \equiv \text{N}} \underset{C}{\overset{S=C=N}{\underset{Cl}{\diagdown}}} \xrightarrow[\text{回流}]{\text{Cl}_2 \; \text{CCl}_4} \underset{D}{\text{Cl}\diagdown\text{噻唑环}\diagdown\text{Cl}}$$

3. 画出硫氰根离子的一个共振式，用来解释 C 的生成。

剩余的合成路线由胍（guanidine）开始。

胍以三种等价的互变异构体的形式存在，它们互相之间形成快速的平衡。

互变异构体是只有氢原子和双键位置不同的同分异构体。

$$\underset{\text{胍}}{\text{H}_2\text{N}\underset{\text{NH}_2}{\overset{\text{NH}}{\diagdown}}} \xrightarrow{\text{HNO}_3/\text{H}_2\text{SO}_4} E \xrightarrow{\text{CH}_3\text{NH}_2} F \xrightarrow[\text{NaHCO}_3]{\text{HCHO}} [G] \; C_4H_{10}N_4O_4 \xrightarrow{\text{脱水}} H$$

$$H + D \xrightarrow{\text{K}_2\text{CO}_3} \text{噻虫嗪}$$

胍的互变异构体：
$$\text{H}_2\text{N}-\text{C}(=\text{NH})-\text{NH}_2 \rightleftharpoons \text{H}_2\text{N}-\text{C}(\text{NH}_2)=\text{NH} \rightleftharpoons \text{HN}=\text{C}(\text{NH}_2)-\text{NH}_2$$

每种中间体（E、F、G 和 H）也都有不同的互变异构体。

4. 画出与胍反应生成 E 的亲电试剂，清楚地展示其

形状。

5. 画出 E、F、G 和 H 的结构。每个化合物只需画出其中一个互变异构体。

在噻虫嗪的合成路线上的另一边，化合物 D 可以由丙醛（propanal）合成得到。

6. 画出 I 和中间体 J 的结构。

中间体 J 脱水后生成 K。K 有三种可能的互变异构体。然而，其中的一种互变异构体具有芳香性（和苯一样有 6 个 π 电子的环），因此该互变异构体的能量比另外两种的低很多。所以，在平衡时该最低能量的互变异构体占据优势。

7. 画出 K 最低能量的互变异构体（将 π 电子画成双键而不是圆圈）。

8. 画出 L 和 M 的结构。

C 通过自由基链式反应转换成 D，接着发生消除反应。链携带自由基 Z· 加成到了 C 的硫氰基上形成自由基中间体 V·。自由基 V· 环化后形成自由基中间体 W·，W· 与试剂 X 反应形成 Y 并且重新产生了链携带自由基 Z·。Y 接着发生消除反应形成 D。

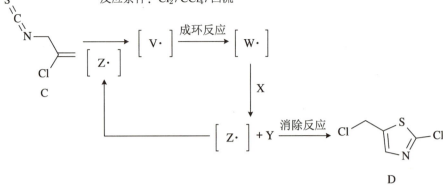

9. 画出自由基中间体 V· 和 W· 以及中间体 Y 的结构。

10. 写出试剂 X 和链携带自由基 Z· 的化学式。

解答 1. 知识点：有机分子骨架式。

数不同原子时注意细心即可。噻虫嗪的分子式为 $C_8H_{10}O_3N_5SCl$。

2. 知识点：羟基的卤代；卤代烃消除；卤代烃消除反应的立体选择性。

① 甘油到 A 这一步使用的试剂为 $POCl_3$，结合甘油的结构得知，该反应为羟基的卤代反应。又因为 $POCl_3$ 过量，因此甘油的三个羟基均被取代为 Cl：

② A⟶B 这步为 CaO 催化下卤代烃的 E2 消除反应。

在一般条件下（中等碱性、非高温），卤代烃 E2 消除生成烯烃主要为 Saytzerff 方向（连有氢原子数更少的碳原子上失去氢，形成热力学稳定产物），次要为 Hoffmann 方向（连有氢原子数更多的碳原子上失去氢，形成动力学稳定产物）。

因此，主要产物 B 的反应为

③ 副产物 B′和 B″为 Hoffmann 方向 E2 消除产物。根据题意，B′和 B″并不均等，因此我们可以通过 A 的构象分析，判断优势和劣势产物。

首先画出 A 的纽曼(Newman)投影式：

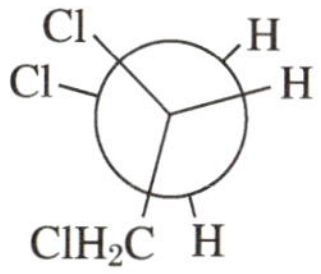

E2 消除反应的立体化学为反式共平面消除，因此将需要被消除的 H 和 Cl 原子放置在反式共平面的位置上。端基碳上有两个 H 原子，因此会得到两种构象：

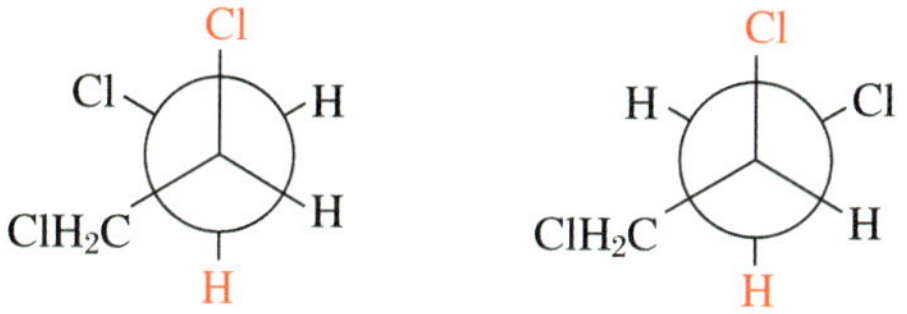

构象 1　　　　构象 2

很明显能看出，构象 1 的三个大基团距离较近，位阻较大，在能量上不利。因此由构象 1 消除得到的烯烃化合物为劣势产物 B″，构象 2 消除得到的烯烃化合物为优势产物 B′，示意图如下：

构象 1⟶B″

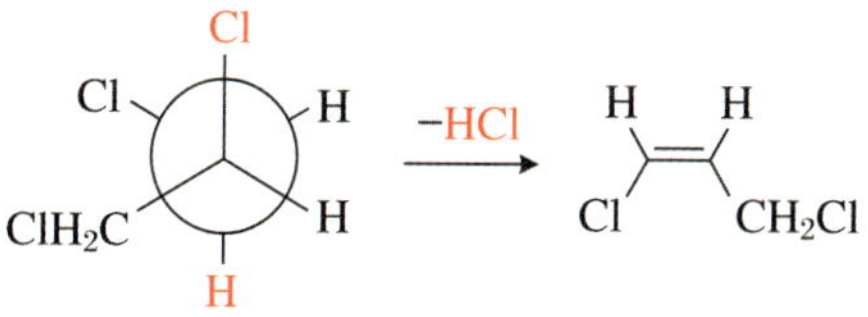

构象1　　　　B″

构象 2⟶B′

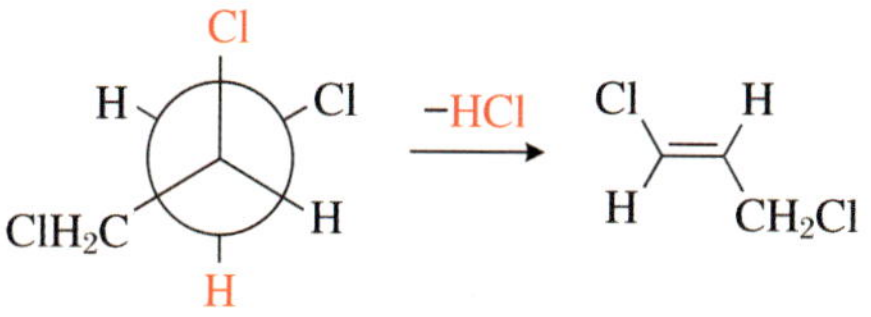

构象2　　　　B′

3. 知识点：共振式的书写。

通过观察化合物 C 的结构可知，在进攻化合物 B 的碳原子时，硫氰根离子必然采用带有负电荷的氮原子。然而在题目的示意图中，硫氰根离子的负电荷在硫原子

上,因此这两种结构均为硫氰根离子的共振式,见下图:

$$[\ddot{\underset{..}{S}}-C\equiv \ddot{N}\colon]^{-} \longleftrightarrow [\colon\ddot{\underset{..}{S}}=C=\ddot{\underset{..}{N}}\colon]^{-}$$

4. 知识点:硝基化反应;亲电试剂;VSEPR。

HNO_3/H_2SO_4 是常见的亲电加成/取代硝基化试剂。其原理为,HNO_3 作为布朗斯特碱接受作为布朗斯特酸的 H_2SO_4 的一个质子成为 $H_2NO_3^+$,然后脱去一分子水,形成硝酰基正离子 NO_2^+。具体反应过程和结构如下:

$$H_2SO_4 + NHO_3 \longrightarrow HSO_4^- + H_2NO_3^+$$

$$H_2NO_3^+ \longrightarrow NO_2^+ + H_2O$$

$$|O=N=O|^+$$

硝酰基正离子

5. 知识点:硝基化反应;亲电取代;醛的亲核加成;醇缩合成醚;卤代烃的亲核取代;

能力点:有机结构推断。

本题如果正推的话,对学生的有机反应机理知识要求极高,难度较大。但如果从最终产物逆推的话,难度会小很多。

① H ⟶ 噻虫嗪。

通过观察噻虫嗪与中间试剂 D 的结构,可知该反应为胺对卤代烃的亲核取代反应:

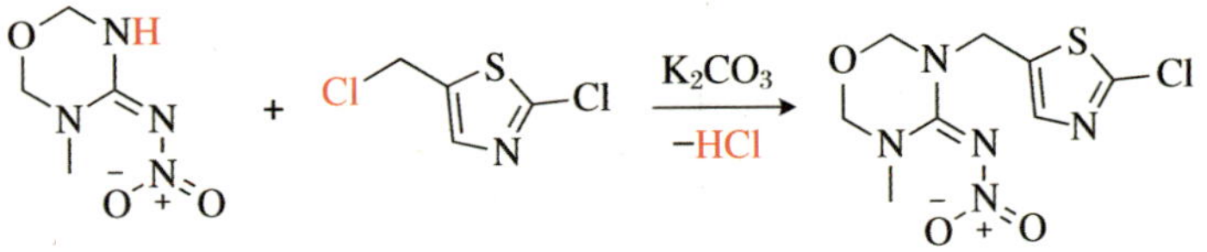

② [G] ⟶ H。

通过 G 和 H 分子式和反应条件,可知该反应为分子内脱水形成环醚:

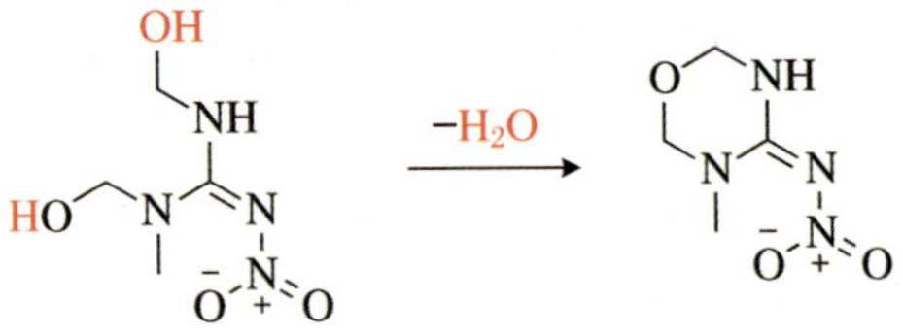

③ F ⟶ [G]。

通过观察[G]结构和中间试剂甲醛,可知该反应为胺对甲醛的亲核加成：

$$\text{F} + 2\,\text{HCHO} \longrightarrow [\text{G}]$$

④ 胍 ⟶ E ⟶ F。

胍 ⟶ E 为硝基化反应。通过观察 F 的结构可知，硝基化过程将胍的一个氢原子取代成了硝基：

$$\text{胍} \xrightarrow{\text{HNO}_3/\text{H}_2\text{SO}_4} \text{E}$$

6. 知识点：醛酮 α 氢卤代；卤代烃的亲核取代；能力点：有机结构推断。

① 丙醛 ⟶ I。

该反应为酸性条件下醛酮 α 氢的卤代：

$$\text{丙醛} \xrightarrow[\text{H}^+]{\text{Br}_2} \text{I}$$

② I ⟶ [J]。

比较化学式可知，该步骤为硫脲对 I 的亲核取代反应，脱去一分子 HBr。和酰胺类似，由于与碳硫双键共轭，硫脲中的氮原子亲核能力较差，碳硫双键作为亲核试剂进攻 I 上连有溴的碳原子：

$$\text{I} + \text{H}_2\text{N}-\text{C}(=\text{S})-\text{NH}_2 \xrightarrow{-\text{HBr}} \text{J}$$

7. 知识点：芳香性。

K 的能量最低的互变异构体具有芳香性，因此 K 的结构中必然有和最终产物 D 结构中一样的噻唑环。结合 K ⟶ L 的反应条件可知，K 中有氨基。最后根据 K 的分子式或者 J 的结构，易知另一个取代基为甲基。

$$\underset{J}{\text{[结构式: 含NH, NH}_2\text{, S, C-H, C=O, CH}_3\text{]}} \xrightarrow{-H_2O} \underset{K}{\text{[噻唑-2-胺结构]}}$$

虽然本题可以用此"捷径"求解,但其本意是希望考生通过分析讨论 J 分子脱水后形成的三种互变异构体,从而找出其中具有芳香性的 K。然而这种做法并不是很严谨,因为实际上三种同分异构体中有两种具有芳香性:

互变异构体 1   互变异构体 2   互变异构体 3

同分异构体 1,即 K,具有芳香性($2\times2+2=6$ 个 π 电子)。

同分异构体 2 的五元环上的 5 个原子并非共平面(其中一个碳原子为 sp^3 杂化),因此没有 6 个 π 电子,从而没有芳香性。

同分异构体 3 的五元环上的 5 个原子看似并非共平面(氮原子为 sp^3 杂化),因而没有芳香性,但事实上,由于其共振结构,所以存在芳香性:

$$K'' \leftrightarrow \text{[中间共振结构]} \leftrightarrow K'$$

尽管 K′ 和 K″ 的形式电荷不为零,但它们五元环的 5 个原子共平面,而且具有芳香性($2\times2+2=6$ 个 π 电子),因此是比较稳定的。

8. 知识点:苯胺形成重氮盐;重氮盐的亲核取代。

① K ⟶ L。

根据所有试剂可知,该步骤为一级胺(primary amine)与 HNO_2 反应生成重氮盐的经典反应。HCl 的作用是提供阴离子 Cl^- 与重氮正离子形成盐。

$$\underset{K}{\text{[噻唑-2-胺]}} \xrightarrow[\text{HCl}]{\text{NaNO}_2} \underset{L}{\text{[重氮盐]} N^+\equiv N \; Cl^-}$$

② L ⟶ M。

根据实验条件提示,该过程中 L 失去一分子 N_2 后形成 M。该反应为重氮盐在加热时的亲核取代反应,又称 Sandmeyer 反应。

9. 和 10. 知识点:自由基链式反应;自由基稳定性比较。

这两题难度较大,给的信息相当少,所以很多考生会无从下手。但如果注意到,在整个过程中,只有简单的自由基加成、成环和消除反应等,并没有太多影响整体的碳骨架。因此,解决这种问题的最有效的方法就是:将起始物与产物骨架的原子——对应,从而看出前后的变和不变之处。

① 将起始物 C 与最终产物 D 进行结构对比。

通过观察可知,相比于 C,D 的结构发生了以下的变化:

a. 骨架的 2 号和 6 号碳原子上分别多连了一个氯原子。

b. 4 号碳原子上少了一个氢原子。

c. 5 号碳原子上少了一个氯原子。

d. 1 号硫原子与 5 号碳原子相连。

② 首先可以看 Y ⟶ D 这一步。由于这一步为消除反应,结合上方的结构对比,易知消去的是 HCl 分子。

③ 比较 C(C_4H_4NSCl) 和 Y($C_4H_4NSCl_3$) 的化学式可知,Y 比 C 多了两个氯原子。结合反应过程和反应条

件，易知自由基 Z· 为氯自由基 Cl·，试剂 X 为氯分子 Cl_2。

④ 接下来研究如何成环。1号硫原子需要与5号碳原子相连，因此自由基中间体 V· 的单电子可能在1号硫原子或者5号碳原子上。在这里将这两种情况下从 C ⟶ Y 的反应历程均画出，然后比较其优劣。

历程 a：

历程 b：

历程 a 要优于历程 b，原因主要为历程 b 中的自由基中间体 W· 为烯基自由基，非常不稳定。

试题 5　本题涉及可生物降解的塑料

  试题与解答

最近终止使用塑料吸管的运动把人们的注意力转移到了可生物降解的塑料和纸等替代材料上。

最初研发的聚乳酸（PLA）是用作生物医学植入物。PLA 同样可以用于可生物降解的包装材料。PLA 的片段结构如下图所示：

注意：这道题的回答中不需要在有机骨架结构式中

标注立体化学。

1. 画出乳酸的结构(形成 PLA 的单体)。它的分子式为 $C_3H_6O_3$。用星号(*)标注出其手性中心。

2. 以下哪项正确地描述了单体形成 PLA 的聚合反应?

加聚反应　　缩聚反应　　中和反应　　氧化反应　　还原反应

PLA 同样可以由化合物 A 生成,它的分子式为 $C_6H_8O_4$。

3. 画出化合物 A 的结构。

可以使用端基分析法来确定 PLA 样品中每条聚合物链中平均包含乳酸单体的数量。端基分析法利用聚合物末端有反应活性的基团来确定聚合物的分子质量。

0.1619 g 的 PLA 溶解在了 25 cm^3 苄醇中。接着用 0.0400 $mol \cdot dm^{-3}$ NaOH 溶液滴定这个混合物,消耗了 6.81 cm^3。

4. 计算这个 PLA 样品中高分子链的平均摩尔质量。

5. 计算该样品中每条聚合物链上单体的平均数量。

每年 PLA 的产量约为 286000 t。

6. 计算将一年内生产的所有 PLA 分解成乳酸钠所需 NaOH 的质量(假设 PLA 纯净且忽略所有端基带来的影响)。

实际上,PLA 可以通过酶来降解。假设一种酶将 PLA 降解为乳酸单体和化合物 B(一种乳酸的双聚体)的混合物。商业塑料通常除了 PLA 以外还包含其他的化合物。假设塑料中这些其他的化合物没有化学活性。

一份塑料被降解,得到一份质量为 1.044 g 的样品,并用滴定法来确定其组成。该样品被溶解于 100 cm^3 的水中制成储备溶液。中和 20.00 cm^3 的储备溶液需要消耗 19.40 cm^3 的 0.100 $mol \cdot dm^{-3}$ NaOH 溶液。

7. 计算样品中酸的含量(以 mol 为单位)。

将化合物 B 置于沸腾的 NaOH 溶液中进行水解,从而可以分析确定乳酸和化合物 B 的质量。

具体过程如下:取出 20.00 cm^3 储备溶液并将其与

40.00 cm³ 的 0.100 mol·dm⁻³ NaOH 溶液混合,接着煮沸回流 1 h。剩余的 NaOH 用 0.100 mol·dm⁻³ 的 HCl 溶液滴定,消耗了 18.50 cm³。

8. 画出化合物 B 的结构。

9. 计算样品中乳酸和化合物 B 的质量。

解答 1. 知识点:聚合物与单体;缩聚聚合物。

通过观察 PLA 片段的结构,可以发现它是一个聚酯,它的最简重复单元如下:

由于 PLA 为聚酯,因此不难想到其单体为酯的水解产物乳酸:

2. 知识点:聚合反应类型。

PLA 单体聚合反应为酯化反应,会脱去小分子 H_2O,因此属于缩聚反应(condensation)。

3. 知识点:酯化反应;

能力点:有机结构推断。

由于化合物 A 同样也能聚合形成 PLA,而且化合物 A 的分子式有 6 个碳原子,易知 A 可以由 2 个乳酸分子双聚得到,并且根据化合物 A 的分子式可知在双聚过程中脱去了 2 分子 H_2O,因此 A 的结构式为

4. 知识点:酸碱中和滴定。

PLA 的单体为乳酸,因此 PLA 的完整结构式(包含端基)为

PLA 的末端有一羧基，具有一个酸性氢原子，因此 PLA 分子与 KOH 以 1∶1 的比例进行反应。由此进行以下计算：

$$n_{PLA} = n_{KOH} = 0.0400 \text{ mol} \cdot \text{dm}^{-3} \times 6.81 \times 10^{-3} \text{ dm}^3$$
$$= 2.72 \times 10^{-4} \text{ mol}$$

$$M_{PLA} = \frac{m_{PLA}}{n_{PLA}} = \frac{0.1619 \text{ g}}{2.72 \times 10^{-4} \text{ mol}} = 595 \text{ g} \cdot \text{mol}^{-1}$$

5. 知识点：摩尔质量计算。

根据第 4 题中 PLA 的完整结构式可知，n 即为单体数量，因此

$$n = \frac{M_{PLA} - M_{HOH}}{M_{C_3H_4O_2}}$$
$$= \frac{595 - (2 \times 1.008 + 16.00)}{3 \times 12.01 + 4 \times 1.008 + 2 \times 16.00}$$
$$= 8$$

6. 知识点：化学计量学。

根据题干要求，我们可以忽略端基的影响，因此可以认为整个 PLA 聚合物单纯由单体组成，并且单体之间以酯基相连。因此单体与 NaOH 以 1∶1（物质的量之比）进行水解反应，则有

$$m_{NaOH} = n_{NaOH} \times M_{NaOH} - n_{monomer} \times M_{NaOH}$$
$$= \frac{m_{PLA}}{M_{monomer}} \times M_{NaOH}$$
$$= \frac{286000 \text{ t}}{72.06 \text{ g} \cdot \text{mol}^{-1}} \times 40.00 \text{ g} \cdot \text{mol}^{-1}$$
$$= 1.588 \times 10^5 \text{ t}$$

7. 知识点：酸碱中和反应；化学计量学。

氢氧化钠为一元碱，因此与酸以 1∶1（物质的量之比）进行中和反应：

$$n_{acid} = n_{NaOH} = c_{NaOH} \cdot V_{NaOH}$$
$$= 0.100 \text{ mol} \cdot \text{dm}^{-3} \times 19.40 \times 10^{-3} \text{ dm}^3 \times \frac{100 \text{ cm}^3}{20 \text{ cm}^3}$$
$$= 9.70 \times 10^{-3} \text{ mol}$$

8. 知识点：酯化反应；羧酸水溶性。

B 为乳酸分子的双聚体，并且为可溶酸，因此 B 为两分子乳酸之间发生酯化反应的缩合产物：

9. 知识点：酸碱滴定；化学水溶性。

首先根据酸的总物质的量以及 B 为一元酸可得

$$n_{\text{lacticacid}} + n_B = 9.70 \times 10^{-3} \text{ mol}$$

接着对滴定数据进行分析：

40.00 cm³ 的 0.100 mol·dm⁻³ NaOH 溶液中的 19.40 cm³ 用来中和所有的酸，另外的 18.50 cm³ 过量，因此剩余的 2.10 cm³ 在水解 B 时被消耗。而 1 mol 的 B 水解需要 1 mol 的 NaOH，因此

B 的物质的量为

$$n_B = 2.10 \times 10^{-3} \text{ dm}^3 \times 0.100 \text{ mol}\cdot\text{dm}^{-3} \times \frac{100 \text{ cm}^3}{2 \text{ cm}^3}$$
$$= 1.05 \times 10^{-3} \text{ mol}$$

B 的质量为

$$m_B = n_B \cdot M_B = 1.05 \times 10^{-3} \text{ mol} \times 162.14 \text{ g}\cdot\text{mol}^{-1}$$
$$= 0.170 \text{ g}$$

乳酸的物质的量为

$$n_{\text{lacticacid}} = 9.70 \times 10^{-3} \text{ mol} - n_B = 8.65 \times 10^{-3} \text{ mol}$$

乳酸的质量为

$$m_B = n_{\text{lacticacid}} \cdot M_{\text{lacticacid}}$$
$$= 8.65 \times 10^{-3} \text{ mol} \times 90.08 \text{ g}\cdot\text{mol}^{-1}$$
$$= 0.779 \text{ g}$$

背景拓展阅读

可降解塑料

根据最新的《降解塑料的定义、分类、标志和降解性能要求》讨论稿，可降解塑料的定义如下：在自然界各种条件下，能最终降解为二氧化碳或/和甲烷、水及其所含元素的矿化无机盐以及新的生物质的一类塑料。从降解机理的角度来看，可降解塑料包括生物降解、光降解、氧化降解等。

生物降解塑料目前应用最为广泛。典型的生物降解塑料包括聚乳酸、聚羟基脂肪酸酯(PHA)等。

聚乳酸在自然界中的分解分为两个阶段：

（1）水解：主链上不稳定的酯键水解形成低聚物。

（2）微生物分解：在微生物（例如青霉菌、腐殖菌等）的作用下分解为二氧化碳和水。

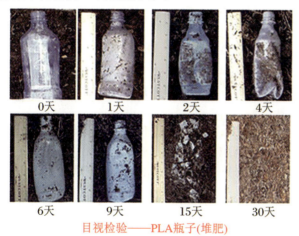

目视检验——PLA瓶子(堆肥)

2020 英国化学奥林匹克竞赛试题解析

试题 1　本题涉及碳化钙

试题与解答

碳化钙(CaC_2)是一种无色固体，被应用在乙炔的工业生产中。

碳化钙可以通过氧化钙与单质碳反应得到，生成碳化钙与一氧化碳。

左侧是英国 ICHO 国家队吉祥物提着碳化钙灯的照片。

1. （1）写出从氧化钙生成碳化钙的化学方程式。
（2）画出碳化物离子 C_2^{2-} 的点叉结构式。

德国化学家 Friedrich Wöhler 发现碳化钙与水反应会生成乙炔气体(C_2H_2)与氢氧化钙。乙炔被用作煤矿灯和早期机动车头灯的燃料，起到照明的作用。

2. 写出从碳化钙生成乙炔的化学反应方程式。

将一份质量为 0.752 g 的有杂质的碳化钙样品加入 50.0 mL 水中。

在碳化钙反应完全后，取出 20.00 mL 的混合溶液并用 0.250 mol·dm^{-3} 的盐酸溶液进行滴定。完全中和该溶液样品消耗了 34.60 mL 的盐酸溶液。我们假设杂质不参与反应。

3. 计算该碳化钙样品的纯度。

右图为碳化钙的晶胞结构。钙位于晶胞的顶点和体心的位置。

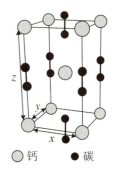

○ 钙　● 碳

有些原子完全囊括在晶胞中。而在顶点、棱边和面上的原子只有一部分囊括在晶胞中。

4. 仔细考虑每个原子属于一个晶胞的百分比,计算一个晶胞中的钙原子和碳原子的数量。

碳化钙的密度为 $2.20\ \mathrm{g\cdot cm^{-3}}$。晶胞中 x 和 y 的数值皆为 $3.88\ \mathrm{Å}$。

5. 计算 z 的数值,以 Å 为单位。

解答　1.（1）知识点:方程式的书写与配平。

根据题意,反应物为 CaO 与 C,产物为 CaC_2 与 CO,因此配平后的方程式为

$$CaO + 3C \longrightarrow CaC_2 + CO$$

（2）知识点:点叉结构式。

根据等电子体原理,C_2^{2-} 与 N_2 为等电子体,故最外层电子结构相同:

2. 知识点:方程式的书写与配平。

根据题意,反应物为 CaC_2 与 H_2O,产物为 C_2H_2 与 $Ca(OH)_2$,因此配平后的方程式为

$$CaC_2 + 2H_2O \longrightarrow Ca(OH)_2 + C_2H_2$$

3. 知识点:化学计量学;酸碱滴定计算。

首先根据 $Ca(OH)_2$ 与 HCl 的反应系数比计算出取出的 $20.00\ \mathrm{cm^3}$ 溶液中 $Ca(OH)_2$ 的物质的量:

$Ca(OH)_2 \sim 2HCl$

$$n_{Ca(OH)_2} = \frac{1}{2} n_{HCl}$$

$$= \frac{1}{2} \times 0.250\ \mathrm{mol\cdot dm^{-3}} \times 34.60 \times 10^{-3}\ \mathrm{dm^3}$$

$$= 4.33 \times 10^{-3}\ \mathrm{mol}$$

总共的 $50.00\ \mathrm{cm^3}$ 溶液中 $Ca(OH)_2$ 的物质的量:

$$n_{\mathrm{total}Ca(OH)_2} = \frac{50.0\ \mathrm{cm^3}}{20.0\ \mathrm{cm^3}} \times 4.33 \times 10^{-3}\ \mathrm{mol} = 0.0108\ \mathrm{mol}$$

接着根据 CaC_2 与 $Ca(OH)_2$ 物质的量相同得出样品中 CaC_2 的质量：

$$n_{CaC_2} = n_{totalCa(OH)_2} = 0.0108 \text{ mol}$$

$$m_{CaC_2} = 0.0108 \text{ mol} \times 64.10 \text{ g} \cdot \text{mol}^{-1} = 0.692 \text{ g}$$

最后计算纯度：

$$\text{纯度} = \frac{m_{CaC_2}}{m_{sample}} \times 100\% = \frac{0.692 \text{ g}}{0.752 \text{ g}} \times 100\% = 92.0\%$$

4. 知识点：晶胞中粒子数的计算。

位于晶胞顶点的 Ca^{2+} 为 8 个晶胞所共用，故乘以系数 $\frac{1}{8}$：$N_{Ca^{2+}} = 8 \times \frac{1}{8} = 1$。

位于晶胞棱心的 C_2^{2-} 为 4 个晶胞所共用，故乘以系数 $\frac{1}{4}$：$N_{C_2^{2-}} = 4 \times \frac{1}{4} = 1$。

位于晶胞上下面心的 C_2^{2-} 为 2 个晶胞所共用，故乘以系数 $\frac{1}{2}$：$N_{C_2^{2-}} = 2 \times \frac{1}{2} = 1$。

位于晶胞体心的 Ca^{2+} 为 1 个晶胞所共用，故乘以系数 1：$N_{Ca^{2+}} = 1 \times 1 = 1$。

因此，在 1 个 CaC_2 晶胞中，Ca^{2+} 与 C_2^{2-} 的数量分别为 2 个和 2 个，对应的原子数分别为 2 个和 4 个。

5. 知识点：晶胞密度的计算。

对于立方、四方与正交晶系（$\alpha = \beta = \gamma = 90°$），密度可用如下公式计算：

$$\rho = \frac{N \cdot M}{N_A \cdot a \cdot b \cdot c}$$

其中，N 为 1 个晶胞中包含基本化学式的个数；M 为化学式的摩尔质量；N_A 为阿伏伽德罗常数；a、b、c 为晶胞尺寸。

因此，对于本题中的 CaC_2 晶胞：

$$\rho = \frac{N_{CaC_2} \cdot M_{CaC_2}}{N_A \cdot x \cdot y \cdot z}$$

$$z = \frac{N_{CaC_2} \cdot M_{CaC_2}}{N_A \cdot x \cdot y \cdot \rho}$$

$$= \frac{2 \times 64.10 \text{ g} \cdot \text{mol}^{-1}}{6.02 \times 10^{23} \text{ mol}^{-1} \times (3.88 \times 10^{-8} \text{ cm})^2 \times 2.20 \text{ g} \cdot \text{cm}^{-3}}$$

$$= 6.43 \times 10^{-8} \text{ cm} = 6.43 \text{ Å}$$

试题 2 本题涉及燃料氢气

试题与解答

燃烧化石燃料时所释放的二氧化碳是气候变化的重要影响因素。氢气是一种化石燃料的潜在替代品,因为它燃烧的产物为水,所以是"清洁能源"。英国政府正在研究让天然气管道运输氢气。

本题中,假设所有的过程都在 298 K 下进行。

$CH_4(g)$ 的生成焓变,$\Delta H_f^\ominus = -74.8 \text{ kJ} \cdot \text{mol}^{-1}$;

$CO_2(g)$ 的生成焓变,$\Delta H_f^\ominus = -393.5 \text{ kJ} \cdot \text{mol}^{-1}$;

$H_2O(l)$ 的生成焓变,$\Delta H_f^\ominus = -285.8 \text{ kJ} \cdot \text{mol}^{-1}$;

$H_2O(l)$ 的生成熵变,$\Delta S_f^\ominus = -163.0 \text{ J} \cdot \text{K}^{-1} \cdot \text{mol}^{-1}$。

一种低成本的生产氢气的方法是甲烷重整。尽管这种方法会产生 CO_2,但是其可以很容易被捕获。重整的过程可以表示为以下总反应:

$$CH_4(g) + 2H_2O(l) \longrightarrow CO_2(g) + 4H_2(g)$$

1. 计算此反应的焓变。

电解水是另一种生产氢气的方法。目前在大规模生产中,该方法比甲烷重整法的成本更高。

在聚合物电解质膜电解时,质子通过一层膜在两个电极之间转移。两个半反应为

半反应 1 $2H_2O(l) \longrightarrow O_2(g) + 4H^+(aq) + 4e^-$

半反应 2 $2H^+(aq) + 2e^- \longrightarrow H_2(g)$

2. 其中哪个半反应发生在阴极?

以下是总电池反应:

$$2H_2O(l) \longrightarrow 2H_2(g) + O_2(g)$$

3. 计算总电池反应的焓变。

已知 $\Delta G^\ominus = -nFE^\ominus$ 以及 $\Delta G^\ominus = \Delta H^\ominus - T\Delta S^\ominus$。其中 n 为总反应中所转移电子的物质的量,F 为法拉第常数。

4. 计算总电池反应的电势 $E^\ominus$，以 V 为单位。

5. 半反应 1 的标准电极电势是多少？

6. CH_4 的标准燃烧焓变是多少？

7. H_2 的标准燃烧焓变是多少？

当燃料气体在相同压强下输送的时候，燃烧炉内每秒释放的热量可以表示为

$$每秒释放的热量 \propto \frac{标准燃烧焓变}{\sqrt{相对分子质量}}$$

8. 在相同燃烧炉中，使用氢气与使用甲烷时每秒释放热量的比例是多少？

解答 1. 知识点：用生成焓计算反应焓变。

$$\begin{aligned}\Delta H^\ominus &= \Delta H^\ominus_f(CO_2(g)) - (\Delta H^\ominus_f(CH_4(g)) \\ &\quad + 2 \times \Delta H^\ominus_f(H_2O(l))) \\ &= \{-393.5 - [-74.8 + 2 \times (-285.8)]\} \text{ kJ} \cdot \text{mol}^{-1} \\ &= 252.9 \text{ kJ} \cdot \text{mol}^{-1}\end{aligned}$$

2. 知识点：电解池的阴阳极判断。

在原电池(galvanic/voltaic cell)和电解池(electrolytic cell)中，阳极上发生氧化反应，阴极上发生还原反应。因此在此题中，半反应 2 为还原反应，发生在阴极上。

3. 知识点：用生成焓计算反应焓变。

$$\begin{aligned}\Delta H^\ominus &= -2 \times \Delta H^\ominus_f(H_2O(l)) \\ &= -2 \times (-285.8) \text{ kJ} \cdot \text{mol}^{-1} \\ &= 571.6 \text{ kJ} \cdot \text{mol}^{-1}\end{aligned}$$

4. 知识点：用热力学计算电极电势；

易错点：单位的转换；能量的 SI 单位是 J（焦耳），而 ΔH 与 ΔG 更为常见的单位是 $kJ \cdot mol^{-1}$，但 ΔS 又常用 $J \cdot K^{-1} \cdot mol^{-1}$，所以推荐在计算过程中先统一将能量单位转换为 J。

首先计算反应熵变：

$$\begin{aligned}\Delta S^\ominus &= -2 \times \Delta S^\ominus_f(H_2O(l)) \\ &= -2 \times (-163.0 \text{ J} \cdot \text{mol}^{-1} \cdot \text{K}^{-1}) \\ &= 326.0 \text{ J} \cdot \text{mol}^{-1} \cdot \text{K}^{-1}\end{aligned}$$

接着计算反应的吉布斯自由能变：

$$\Delta G^\ominus = \Delta H^\ominus - T \cdot \Delta S^\ominus$$
$$= 571.6 \times 10^3 \text{ J} \cdot \text{mol}^{-1}$$
$$- 298 \text{ K} \times 326.0 \text{ J} \cdot \text{mol}^{-1} \cdot \text{K}^{-1}$$
$$= 4.74 \times 10^5 \text{ J} \cdot \text{mol}^{-1}$$

最后计算总电池反应的电极电势:

$$E^\ominus = \frac{\Delta G^\ominus}{-nF} = \frac{4.74 \times 10^5 \text{ J} \cdot \text{mol}^{-1}}{-4 \times 96485 \text{ C} \cdot \text{mol}^{-1}} = -1.23 \text{ V}$$

5. 知识点:电池电势与电极电势的关系。

一般来说,我们默认使用电极的还原电势,并用下式计算电池电势:

$$E^\ominus = E^\ominus_{\text{cathode}} - E^\ominus_{\text{anode}}$$

本题中,半反应1对应阳极,因此

$$E^\ominus_{\text{anode}} = E^\ominus_{\text{cathode}} - E^\ominus = 0 - (-1.23 \text{ V}) = 1.23 \text{ V}$$

然后半反应1为氧化反应,与常用的还原电势对应的还原反应相反,因此我们取其相反数,即 -1.23 V。

6. 知识点:燃烧反应方程式的书写与配平;用生成焓计算反应焓变。

配平后的 CH_4 完全燃烧反应式为
$$CH_4(g) + 2O_2(g) \longrightarrow CO_2(g) + 2H_2O(l)$$

反应焓变的计算:
$$\Delta H^\ominus = (\Delta H^\ominus_f(CO_2(g)) + 2 \times \Delta H^\ominus_f(H_2O(l)))$$
$$- \Delta H^\ominus_f(CH_4(g))$$
$$= \{[-393.5 + 2 \times (-285.8)]$$
$$- (-74.8)\} \text{ kJ} \cdot \text{mol}^{-1}$$
$$= -889.7 \text{ kJ} \cdot \text{mol}^{-1}$$

7. 知识点:燃烧反应方程式的书写与配平;用生成焓计算反应焓变。

配平后的 H_2 完全燃烧反应式为
$$H_2(g) + \frac{1}{2}O_2(g) \longrightarrow H_2O(l)$$

反应焓变的计算:
$$\Delta H^\ominus = \Delta H^\ominus_f(H_2O(l)) = -285.8 \text{ kJ} \cdot \text{mol}^{-1}$$

8. 能力点:新信息的理解与运用。

$$\text{每秒释放的热量}(H_2) \propto \frac{\Delta H^\ominus_c(H_2(g))}{\sqrt{M_{H_2}}}$$
$$= \frac{-285.8}{1.420} = -201.3$$

$$每秒释放的热量(CH_4) \propto \frac{\Delta H_c^{\ominus}(CH_4(g))}{\sqrt{M_{CH_4}}}$$

$$= \frac{-889.7}{4.005} = -222.1$$

$$\frac{每秒释放的热量(H_2)}{每秒释放的热量(CH_4)} = \frac{-201.3}{-222.1} = 0.9063 : 1$$

背景拓展阅读

氢能源与"水氢汽车"

由于氢的反应产物(一般为 H_2O)比较环保,且单位质量的氢的燃烧焓变较高,氢被认为是未来有潜力的清洁能源之一。科学家目前主要的研究领域有氢燃料电池、光催化分解水等。

然而氢能源也有缺陷,如安全性低(极易燃、易爆)、运输难(密度极低)等。在实际应用时其也有目前难以走出的困境,如制取氢气时所用催化剂昂贵稀缺、产率较低等,并且人们对其是否真的环保也提出了质疑。

2019 年,中国青年汽车的"水氢汽车"闹得沸沸扬扬。该企业声称,"水氢汽车"仅需要加 100 kg 水即可驱动行驶 100 km[1]。尽管该企业已在 2020 年破产,然而其提出的"水氢汽车"原理依然引发了争议。根据该企业负责人庞青年的描述,"水氢汽车"的运作原理是通过催化剂将水分解为氢气,接着燃烧氢气产生大量动力驱动汽车前进。

思考题 如何运用热力学第一定律评价该"水氢汽车"原理的可行性?

参考文献

[1] 曾珂."青年水氢燃料车"引质疑:汽车喝水能跑上千公里?[EB/OL].(2019-05-24)[2022-12-30]. http://www.rmzxb.com.cn/c/2019-05-24/2351303.shtml.

试题3 本题涉及防晒霜

 试题与解答

在1月1日,位于太平洋的帕劳共和国为了保护珊瑚礁对一些防晒霜发布了禁令。这则禁令限制使用十款对海洋生物有害以及与珊瑚白化有关的产品。两种吸收紫外线的化合物——羟苯甲酮和甲氧基肉桂酸辛酯引起了科学家们的特别关注。

羟苯甲酮

1. 以下哪些官能团出现在羟苯甲酮分子中?
   酯　醛　酮　羧酸　醚　苯酚

由于离域电子的存在,羟苯甲酮分子吸收紫外线的能力很强。这种电子的离域效应也得益于羟苯甲酮分子中的分子内氢键。

2. 在羟苯甲酮结构中,圈出两个涉及分子内氢键的原子。

羟苯甲酮的合成路线如下所示:

193

3. 画出化合物 A、B、C 和 D 的结构。

甲氧基肉桂酸辛酯拥有多种立体异构体，这里仅展示其中一种。对映异构体是一对互相之间无法重叠的，但互为镜像的立体异构体。

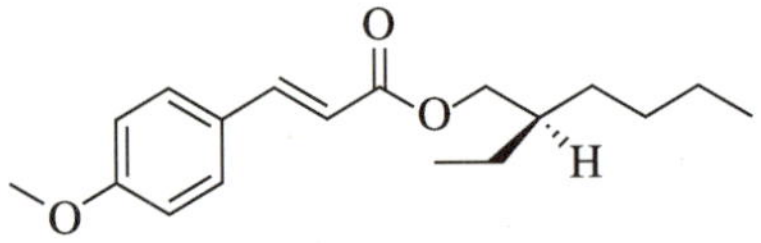

甲氧基肉桂酸辛酯

4.（1）画出甲氧基肉桂酸辛酯的第二种立体异构体，要求其为上图所示结构的对映异构体。

（2）画出甲氧基肉桂酸辛酯的第三种立体异构体，要求其不是上图所示结构的对映异构体。

在合成甲氧基肉桂酸辛酯的过程中运用到了一个由碱催化的两个含有 C=O 基团的分子之间的缩合反应。该反应的产物是一个包含了共轭的 C=C 和 C=O 的分子。这种共轭效应使甲氧基肉桂酸辛酯分子有效吸收紫外线。

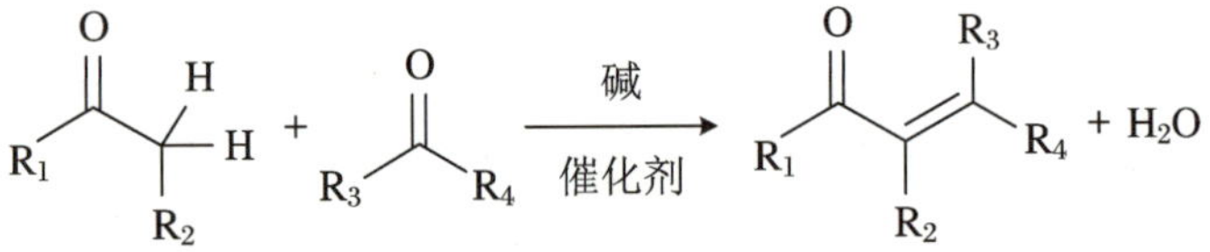

甲氧基肉桂酸辛酯的合成由两分子的 E 转化成 F 开始：

$$E + E \xrightarrow{NaOH} F + H_2O$$
$$C_4H_8O \quad C_4H_8O \quad\quad C_8H_{14}O$$

E: IR: 1730 cm^{-1}
^{1}H NMR: 0.9 ppm, 3H, 三重峰
1.6 ppm, 2H, 双重峰
2.5 ppm, 2H, 双重峰
9.7 ppm, 1H, 三重峰

F: IR: 1628 cm^{-1}
1687 cm^{-1}

5. 画出化合物 E 和 F 的结构。不要求立体化学。

接着化合物 F 通过三步转化为甲氧基肉桂酸辛酯。图中未展示出副产物。

[反应式: F —H₂/Pd→ G —CH₃C(O)OCH₃ / NaOCH₃→ H, 然后与对甲氧基苯甲醛在 NaOCH₃ 条件下反应生成 (E)-2-乙基己基 4-甲氧基肉桂酸酯]

6. 画出化合物 G 和 H 的结构。不要求立体化学。

当暴露于紫外线中时,甲氧基肉桂酸辛酯形成两种对海洋生物有毒的双聚体:吐星酸酯(truxinate)与吐昔酸酯(truxillate)。当紫外线照射一个单一立体异构体时,由于在新生成的环丁烷上取代基(缩写为 R 或者 Ar)的位置不同,会生成许多不同的吐星酸酯与吐昔酸酯的立体异构体。

[反应示意图: 甲氧基肉桂酸 2-乙基己酯在 UV 照射下生成两种双聚体 —— 酸酯头对头双聚体和酸酯头对尾双聚体;图右侧注释"⁓⁓⁓ = 此处结构未知"]

7. 这个反应中产生的所有的吐星酸酯与吐昔酸酯有什么共同点?

相同的分子式　　相同的熔点
将平面偏振光往相同的方向旋转

一个研究小组将生成的产物进行分离来进一步研究其毒理学特性。吐星酸酯双聚体可以通过其在环丁烷上相同面的取代基的个数(2个、3个或者4个)进行分类。下表中已用楔形(wedged)和虚线形(hashed)键进行展示。

相同面上的取代基数量	吐星酸酯
4	Ar, R / Ar, R (cis-cis)
3	Ar, R / Ar, R 两种结构

8.(1) 圈出每个结构是否具有对映异构体。

相同面上的取代基数量	吐星酸酯	
4	Ar, R / Ar, R	
是否有对映异构体?	是 否	
3	Ar, R / Ar, R	Ar, R / Ar, R
是否有对映异构体?	是 否	是 否

(2) 完成具有2个相同面取代基的结构。判断每个结构是否有对映异构体。对于一对对映异构体，只需画出其中之一。不需要用完所有的空格。

相同面上的取代基数量	吐星酸酯	
2		
是否有对映异构体?	是 否	是 否
2(继续)		
是否有对映异构体?	是 否	是 否

解答 1. 知识点：有机物官能团。

（苯酚、酮、醚）

2. 知识点：分子内氢键(hydrogen bond)。

首先，应找到活泼氢，即酚羟基中的氢原子，其次，找到可以和这个氢原子形成稳定几何结构（往往为五元或者和六元环）的带孤对电子(lone pair)的 O、N 或者 F 原子，即酮基的 O 原子，示意图如下：

需要指出的是，分子左侧醚氧原子尽管也有孤对电子，但无法形成结构稳定的氢键：

3. 知识点：傅克酰基化反应(Friedel-Crafts acylation)；酰氯的合成；羟基的甲基化。

① 首先通过 B + D ⟶ 产物这一步的催化剂 $AlCl_3$，得知该步骤为傅克酰基化反应，并且通过 A 与 B 的分子式，将产物进行如下切断：

② 通过 A 的分子式和不饱和度($\Omega = 5$)，得知 A 为苯甲酸(benzoic acid)。

③ A ⟶ B 过程中使用的氯化亚砜($SOCl_2$)将苯甲酸羧基中的 —OH 转化为 —Cl。因此 B 为苯甲酰氯(benzoyl chloride)。

$$\underset{A}{\text{PhCOOH}} \xrightarrow{\text{SOCl}_2} \underset{B}{\text{PhCOCl}}$$

④ 通过 C 的分子式和不饱和度（$\Omega=4$）以及产物的结构，得知 C 为间苯二酚（m-dihydroxybenzene）。

⑤ C⟶D 过程中使用的硫酸二甲酯（DMS）为甲基化试剂（methylating agent），并根据 C 与 D 的分子式差异（CH_2）可知仅一个酚羟基被甲基化。因此 D 为间甲氧基苯酚（m-methoxyphenol）。

$$\underset{C}{\text{间苯二酚}} \xrightarrow{\text{DMS}} \underset{D}{\text{间甲氧基苯酚}}$$

4.（1）知识点：有机立体异构体。

需要注意的是，立体异构体既包括涉及手性碳原子（chiral carbon atom）的光学异构体（optical isomer），也包括涉及碳碳双键的顺反异构体（cis-trans isomer）。

该结构为题中结构的对映异构体，因此双键构型应保持一致，但手性碳原子的构型应不同：

（小技巧：将手性中心所连的任意两根键变换一下位置，即可得到其光学异构体。）

（2）知识点：有机立体异构体。

该结构为题中结构的非对映异构体，因此双键的构型应不同，手性碳原子的构型可相同可不同。

答案1（双键不同，手性碳相同）：

答案2（双键不同，手性碳不同）：

5. 知识点：红外光谱（IR）解析；^{1}H 核磁共振谱数据

(^{1}H NMR)的解析。

首先判断 E 的结构。

① 红外光谱 1730 cm^{-1} 有吸收,结合题中信息,得知有羰基(carbonyl group)存在。

② 不饱和度(Ω)为 1,因此除了羰基以外,无其他不饱和键。

③ ^{1}H NMR 在化学位移(chemical shift)为 9.7 ppm 处有吸收,且只有 1 个氢原子,因此判断 E 有 1 个醛基(aldehyde group)。

④ 根据^{1}H NMR 剩余信息可知,剩下的 3 个碳原子上分别有 2、2、3 个氢原子,因此 E 只可能为正丁醛(n-butanal)。

⑤ ^{1}H NMR 的峰裂分信息亦可验证此结果。E 的结构式以及光谱对应如下:

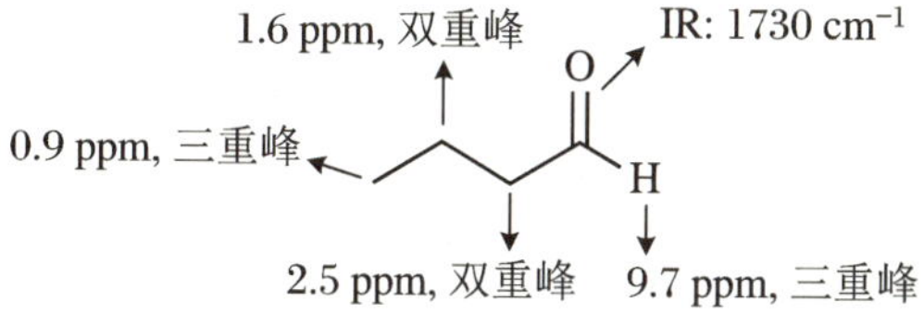

易得 F 的结构示意图如下:

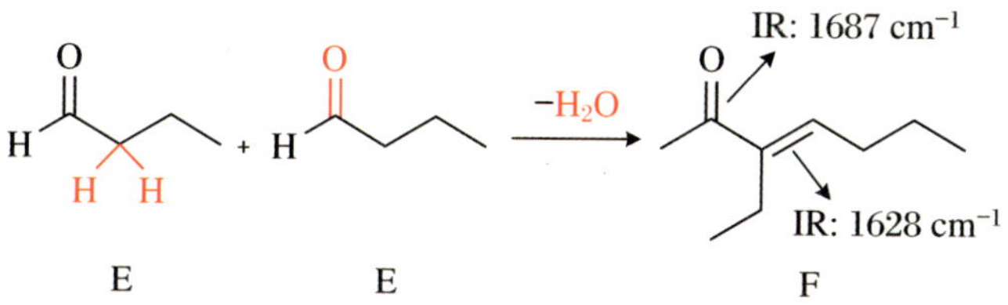

IR 数据亦可验证此结构。1687 cm^{-1} 对应有共轭的羰基,1628 cm^{-1} 对应于与羰基共轭的碳碳双键。另外,此题无需考虑立体化学,因此 F 中双键无论画成顺式还是反式都是正确的。

6. 知识点:醛酮的还原反应;酯交换反应。

① 首先,判断 G 的结构。

a. G 由 F 催化加氢得到,因此碳骨架与 F 相同,但可能有两种结果:只有羰基被还原或者羰基和碳碳双键同时被还原。

b. 由最终产物结果倒推可知,G 在最终产物的骨架中的位置如下(红色部分):

c. 注意到该部分无任何双键，且在 F ⟶ G 之后再无还原剂加入，因此在 F ⟶ G 这步中，碳碳双键也同时被还原了。所以 G 的结构如下：

② H 的结构可由 G 正推，亦可由最终产物倒推得到。

a. G ⟶ H 为碱性条件下（甲醇钠 $NaOCH_3$ 是非常强的碱，甚至强于 OH^-）醇与酯之间的酯交换反应，反应示意图如下：

b. H ⟶ 最终产物为碱性条件下的羟醛（aldol）缩合，信息已在题目中给出，反应示意图如下：

7. 知识点：有机光学异构体的性质。

光学异构体（optical isomer）是异构体（isomer）的一种，因此两种互为光学异构体的化合物：

① 分子式相同。

② 熔点不同（由于分子结构的差异，分子间作用力有微弱的区别）。

③ 比旋光度不同（对偏振光的旋转角度不同）。

8. 知识点：有机化合物手性的判断。

判断一个有机化合物是否有手性，最终判据是看分子是否与其镜像重合。然而这个方法大多数时候过于麻烦，并不常用。对于相对简单的有机化合物来说，有更加简便的方法,即判断分子是否存在对称面或者对称中心,如果至少有其中一个,那就没有手性,如果都没有,那就有手性。

(1) 三个化合物均有手性,因此都有对映异构体。第一个化合物看似有对称面,但实际上因为基团 R 本身带有一个手性中心,因此基团 R 无法在镜面反映操作后保持相同构型[①]。

(2) 首先画出所有有两个基团指向纸面上面,两个基团指向纸面下方的化合物。画完以后注意检查这些化合物是否互为对映异构体(试着在中间放一面镜子)或者是否是同一物质(试着旋转它们),有的话划去其中一个,最后应只留下三个:

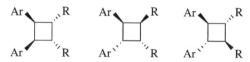

 背景拓展阅读

羟醛缩合

羟醛缩合是烯醇(酸性条件下)或者烯醇负离子(碱性条件下)与羰基化合物反应形成 β-羟基醛或者 β-羟基酮,然后发生脱水得到共轭烯酮。在这里,我们只讨论更为常见的碱性条件。

$$\underset{R_2}{\underset{|}{R_1-\overset{O}{\overset{||}{C}}-\overset{H}{\underset{|}{C}}-H}} + \underset{R_4}{\overset{O}{\overset{||}{R_3-C}}} \xrightarrow[-H_2O]{\text{碱}} \underset{R_2}{\underset{|}{R_1-\overset{O}{\overset{||}{C}}-C}}=\underset{R_4}{\overset{R_3}{C}}$$

第一步:在碱的作用下,失去 α 活泼氢形成烯醇负离子。这里注意尽量不要写成碳负离子形式,尽管碳负离子是一个重要的共振式,然而其稳定性不如烯醇负离子(O 电负性高于 C),因此如果在 UKChO 中写碳负离子,一般会扣去一分。

---

① 此小题官方标准答案有误。标准答案误以为第一个化合物具有对称面,因此没有对映异构体。

第二步：烯醇负离子对羰基化合物进行亲核加成，然后质子化形成醇。

第三步：通过 E1cB 机理消除一分子 H_2O。

应用实例

J. D. White 合成根瘤菌素（rhizoxin）D 的过程中，羟醛缩合被用于整合两个分子片段[1]。

参考文献

[1] White J D, Blakemore P R, Green N J, et al. Total Synthesis of Rhizoxin D, a Potent Antimitotic Agent from the Fungus Rhizopus chinensis[J]. The Journal of Organic Chemistry, 2002, 67(22): 7750-7760.

试题 4 本题涉及硅的氧化物

  试题与解答

地壳的 90% 由硅氧化物形成的矿物组成。最常见的纯硅氧化物为二氧化硅。它可以被用来制造防潮的硅胶产品。

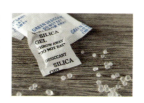

为了制造硅胶,固态二氧化硅和碳酸钠必须在 1500 ℃ 时以 1∶2 的比例反应。这个反应会生成盐 X 和无色气体 Y。盐 X 的阴离子为四面体结构,且仅含硅和氧。

1. (1) 气体 Y 的分子式是什么?
(2) 画出 X 的阴离子的结构,并清晰地标出其总电荷。
(3) 写出生成 X 的反应方程式。

X 或 $CaSiO_3$ 与稀酸反应生成胶状沉淀物 $SiO_2 \cdot xH_2O$。接着洗净沉淀,烘干,制成颗粒后置于小袋中。

2. 写出 $CaSiO_3$ 与稀盐酸反应生成 $SiO_2 \cdot 11H_2O$ 的化学反应方程式。

硅酸盐为仅含有硅和氧元素的阴离子,且仅有 Si—O 单键。硅氧四面体相连形成了硅酸盐的结构。镁黄长石中所发现的 $[Si_2O_7]^{6-}$ 具有以下结构:

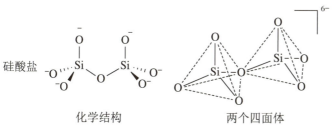

右图为石英的部分结构。注意图中并没有展示出所有的化学键。

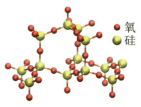

3. 在石英中,每个硅氧四面体与多少其他的四面体相连?

203

4. 画出以下化合物中硅酸盐阴离子的结构,不要求画三维结构:

(1) 一种极其罕见的蓝色矿物,蓝锥矿($BaTi[Si_3O_9]$)中发现的$[Si_3O_9]^{6-}$。

(2) 绿柱石($Be_3Al_2[Si_6O_{18}]$)(清晰地表示出其总电荷)。

滑石($Mg_3Si_4H_2O_{12}$)是一种除了硅酸盐以外还含有氢氧根离子的矿物。氢氧根离子并不与硅酸盐离子作用,而是与镁离子形成配位键。滑石中的硅酸盐晶格实质上是一种二维层状结构,因此可以用作固体润滑剂。

5. 滑石中硅酸盐阴离子的化学式和电荷是什么?

另一种水合硅酸盐矿物为温石棉(chrysotile,$Mg_3Si_2H_4O_9$)。它可以形成一种针状的纤维,也就是石棉的一种形式。滑石(talc)中经常存在温石棉杂质。通过分析,一个矿物的样本含有 20.32%[①] 的镁和 28.18% 的硅(质量分数)。

6. 假设样品中只含有滑石和温石棉,分别计算它们的物质的量分数。

解答 1. (1) 知识点:无机物推断。

反应物为 SiO_2 与 Na_2CO_3,总共有 Na、Si、C、O 4 种元素。产物中 Y 为无色气体,因此 Y 只有 CO 和 CO_2 2 种可能。由于 SiO_2 与 Na_2CO_3 皆没有氧化性和还原性,因此 Y 为 CO_2。

(2) 知识点:无机物推断。

盐 X 的阴离子为硅氧四面体,因此 Si 原子在四面体的中心,四面体的 4 个顶点为 O 原子。由于 Si 的氧化态为 +4,O 的氧化态为 -2,因此 SiO_4 带有电荷 -4,完整化学式为 $[SiO_4]^{4-}$。结构式为

$$\left[\begin{array}{c} O \\ | \\ O-Si-O \\ | \\ O \end{array}\right]^{4-}$$

(3) 知识点:反应方程式的书写与配平。

盐 X 的阴离子为 $[SiO_4]^{4-}$,则阳离子为 4 个 Na^+,因

[①] 原题中为 26.32%,有误。

此 X 的化学式为 Na_4SiO_4。配平后的方程式为

$$SiO_2 + 2Na_2CO_3 \longrightarrow Na_4SiO_4 + 2CO_2$$

2. 知识点：反应方程式的书写与配平。

根据题意，反应物中有 $CaSiO_3$ 与 HCl，产物中有 $SiO_2 \cdot 11H_2O$，易知产物中还有 $CaCl_2$，反应物中还有 H_2O。配平后的方程式为

$$CaSiO_3 + 2HCl + 10H_2O \longrightarrow SiO_2 \cdot 11H_2O + CaCl_2$$

3. 能力点：立体结构的观察。

每 2 个相邻硅氧四面体之间仅共享 1 个顶点 O 原子，且每个硅氧四面体与 4 个硅氧四面体相邻，因此每个硅氧四面体与 4 个硅氧四面体相连接。示意图如下：

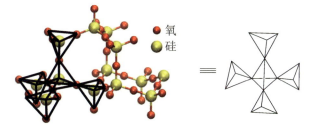

4. 知识点：化学通式与结构之间的关系。

硅酸盐阴离子的最小组成单位都是硅氧四面体。接着硅氧四面体通过共享顶点连接成更复杂庞大的结构。在这些结构中，最常见的是短链状与环状。在这里我们先讨论这两种情况的化学通式。

短链状：假设有 n 个硅氧四面体，则有 $n-1$ 个 O 原子被共用，所以总的氧原子数为 $4n-(n-1)=3n+1$。短链状硅酸盐阴离子的通式为 $[Si_nO_{3n+1}]^{(2n+2)-}$。

环状：假设有 n 个硅氧四面体，则有 n 个 O 原子被共用，所以总的氧原子数为 $4n-n=3n$。环状硅酸盐阴离子的通式为 $[Si_nO_{3n}]^{2n-}$。

(1) $[Si_3O_9]^{6-}$ 符合 $[Si_nO_{3n}]^{2n-}$ 的通式，其结构为 3 个硅氧四面体连接成环状：

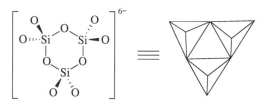

(2) $Be_3Al_2[Si_6O_{18}]$ 中的硅酸盐阴离子为

$[Si_6O_{18}]^{12-}$，同样符合$[Si_nO_{3n}]^{2n-}$的通式，因此为6个硅氧四面体连接成环状：

5. 知识点：常见离子的电荷。

$Mg_3Si_4H_2O_{12}$中有2个氢氧根离子(OH^-)，因此除去这2个OH^-以及3个Mg^{2+}，剩下的就是我们需要的硅酸根离子$[Si_4O_{10}]^{4-}$。

6. 知识点：元素质量分数的计算。

我们假设滑石的物质的量为x，温石棉的物质的量为y。因此得到以下两个方程：

$$w_{Mg} = \frac{M_{Mg} \cdot 3 \cdot (x+y)}{M_{talc} \cdot x + M_{chrysotile} \cdot y} = 20.32\%$$

$$w_{Si} = \frac{M_{Si} \cdot (4x+2y)}{M_{talc} \cdot x + M_{chrysotile} \cdot y} = 28.18\%$$

将$M_{Mg} = 24.31$，$M_{Si} = 28.09$，$M_{talc} = 379.31$，$M_{chrysotile} = 277.14$代入以上两个方程。可解得

$$x = 4y$$

因此滑石的物质的量分数为0.80，温石棉的物质的量分数为0.20。

背景拓展阅读

硅酸盐

硅酸盐是地壳组成中最重要的化合物，同时也是重要的建筑材料、分子筛等工业产品的主要成分。因此我们有必要了解其内部结构。

基本结构规则

硅酸盐的最基本组成单位为1个Si原子与4个O原子组成的四面体$[SiO_4]$。这些四面体单位可以单独以$[SiO_4]^{4-}$离子存在，例如锆英石(zircon, $Zr[SiO_4]$)等。

但绝大多数则是和其他[SiO₄]单元共用顶点上的 O 原子连接成更复杂的结构。值得一提的是，[SiO₄]单元总是共用顶点，而不会共棱或者共面。

思考题 为什么[SiO₄]单元不会共棱或者共面？

硅酸盐结构的多样性

硅氧四面体通过各种形式相连接可以形成成百上千种结构。在这里仅介绍简单的链形、环形和层形硅酸盐。

(1) 链形硅酸盐。

链形硅酸盐包括寡聚短链形和多聚长链形硅酸盐。

寡聚短链形硅酸盐较少，例如含[Si$_2$O$_7$]$^{6-}$的钪钇石 Sc$_2$[Si$_2$O$_7$]、含[Si$_5$O$_{16}$]$^{12-}$的硅钒锰石（mediate）HMn$_6$V[Si$_5$O$_{16}$]O$_3$等。

思考题 寡聚短链形硅酸盐的通式是什么？如何推导？

多聚长链形硅酸盐是指[SiO$_4$]单元共顶点连接成无限长链。许多重要矿物的硅氧骨架为长链形硅酸盐，其通式为[SiO$_3^{2-}$]$_\infty$，例如硬玉 NaAl[Si$_2$O$_6$]与硅灰石 Ca$_3$[Si$_3$O$_9$]。

(2) 寡聚环形硅酸盐。

寡聚环形硅酸盐一般分为单环和双环。

在单环硅酸盐([Si$_n$O$_{3n}$]$^{2n-}$，下图(a)、(b))中，三元环($n = 3$)和六元环($n = 6$)较为常见，例如蓝锥矿 BaTi[Si$_3$O$_9$]和绿柱石 Be$_3$Al$_2$[Si$_6$O$_{18}$]。

双环硅酸盐(下图(c))为两个单环硅酸盐骨架通过共用四面体顶点所形成。这类结构主要存在于人工合成的硅酸盐中。

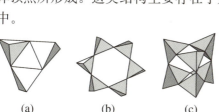

(a)   (b)   (c)

思考题 双环硅酸盐的通式是什么？如何推导？

(3) 层形硅酸盐(骨架结构与 T 层)。

层形硅酸盐由层形的硅氧骨架组成，在这种骨架中，每个[SiO₄]四面体和相邻的 3 个四面体共顶点连接成层。这些共顶点的 O 原子处在同一平面上,形成具有六元环的层。

这种全由四面体组成的层,我们简单标记为 T 层。然而 T 层无法互相堆叠成硅酸盐[1]。

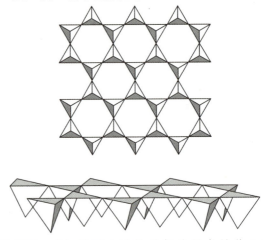

思考题 (1) 层形硅酸盐骨架的通式是什么？如何推导？

(2) 为什么 T 层之间无法互相堆叠？

参考文献

[1] 周公度. 化学中的多面体[M]. 北京:北京大学出版社, 2009:5-61.

试题 5　本题涉及有色化合物

 试题与解答

有色化合物经常在叶子(β 胡萝卜素和叶绿素)、血液(血红蛋白)、皮肤(黑色素)和复合维生素补剂中被发现。它们都是具有交替单双键结构的有机化合物。现在我们就来探索这种结构是怎么产生颜色的。

1. buta-1,3-diene 是一个具有交替单键双键结构的简单分子。画出它的骨架式。

buta-1,3-diene 是无色的,因为它不能吸收可见光。但它吸收波长 λ 为 210 nm 的紫外线。这种吸收是由双键中电子在不同能级中跃迁导致的。能级之间的差值如下:

$$\Delta E = \frac{hc}{\lambda}$$

其中,h 是普朗克常数;c 是真空中的光速。ΔE 和分子长度 L 也相关,公式如下:

$$\Delta E = \frac{(2n+1)\,h^2}{8m_e L^2}$$

其中,m_e 是电子的质量;n 是双键的数量。

2.(1)计算 buta-1,3-diene 中紫外线吸收的能量差 ΔE,以 J 为单位。

(2)用能量差来计算分子长度 L,以 Å 为单位。

卟啉(1)吸收可见光,形成明亮的红色晶体。它和金属的配合物(2)也有颜色,并存在于叶绿素和血红蛋白中。经确认,镁络合物(M = Mg)在 571.4 nm 有吸收,而锌络合物(M = Zn)在 568.7 nm 有吸收。

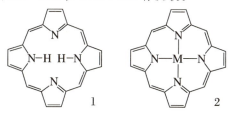

与 buta-1,3-diene 相同,波长与分子尺寸有关:

$$\lambda = \varepsilon d^2$$

其中,d 是环相对两侧的氮原子之间的距离;ε 是假定对化合物 1 和化合物 2 相等的比例常数。N—Mg 的键长为 2.052 Å。

3.(1)计算比例常数 ε,以 Å^{-1} 为单位,保留四位有效数字。

(2)计算 N—Zn 的键长,以 Å 为单位,保留四位有效数字。

(3)计算卟啉(1)(d = 4.112 Å)的吸收波长,以 nm 为单位,保留四位有效数字。

卟啉烯是卟啉的同分异构体，由于可以作为一种分子开关而引起人们的注意。卟啉烯中的氢原子可以在整个环中跳跃，在两个稳定的反式状态（T 和 T*）之间转换。这两个状态可以看作开关的开/关。另外还有一个不稳定的顺式状态 C。两个反式状态之间可以以速率常数 k_1 通过顺式状态进行转换，或者以速率常数 k_2 直接进行转换。

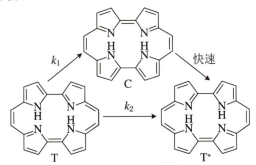

在高温下 $k_1 \gg k_2$，因此 T⟶T* 的直接转换可以被忽略。针对异构化反应，我们得出以下的速率方程和动力学数据：

$$k_1 = A\exp\left(-\frac{E_a}{RT}\right)$$

T/K	k_1/s^{-1}
493	3.31×10^{12}
393	1.32×10^{12}

4. 在这些条件下，使用阿伦尼乌斯方程和上面的数据来计算 T⟶T* 的活化能 E_a。

这种转换在 100 K 时会比根据阿伦尼乌斯定律的预期速度快得多，因为 T⟶T* 的直接转换主导了整个反应。这是由量子隧穿效应导致的。速率常数 k_2 现在与温度有一个非阿伦尼乌斯式的关系：

$$k_2 = \left(\frac{2E_a}{\mu}\right)^{\frac{1}{2}} \frac{\alpha RT}{E_a} \exp\left[-\alpha\left(2 - \frac{\alpha RT}{E_a}\right)\right]$$

其中，μ 是折合摩尔质量，单位为 m$^2 \cdot$ kg $\cdot$ mol^{-1}。α 是无量纲常数。通过组合一些项形成新的项 β 和 γ，上述表达式可以简化为以下表达式：

$$k_2 = T\left(\frac{\beta}{\gamma}\right)^{\frac{1}{2}} \exp(-2\alpha + \beta T)$$

5. 用 α、μ、E_a 和 R 来表示 β 和 γ。

这个等式可以进一步重新排列为

$$\ln\left(\frac{k_2}{T}\right) = \beta T + i$$

6. 使用提供的数据来计算 β，以 K^{-1} 为单位。

T/K	k_2/s^{-1}
83	8.74×10^{10}
61	6.32×10^{10}

常数 α 的值为 2.235。

7. 计算活化能 E_a。

解答 1. 知识点：有机化合物的命名。

通过 but- 得知主链有 4 个碳原子，di-ene 表明有 2 个碳碳双键，最后通过标号 1,3 得知 2 个碳碳双键分别位于 1 位和 3 位。因此该分子为丁-1,3-二烯：

2. 能力点：新信息的理解与运用。

(1) $\Delta E = \dfrac{hc}{\lambda}$

$$= \frac{6.626 \times 10^{-34} \text{ J} \cdot \text{s} \times 2.998 \times 10^{8} \text{ m} \cdot \text{s}^{-1}}{210 \times 10^{-9} \text{ m}}$$

$$= 9.46 \times 10^{-19} \text{ J}$$

(2) $L = \sqrt{\dfrac{(2n+1) \cdot h^2}{8m_e \cdot \Delta E}}$

$$= \sqrt{\frac{(2 \times 2 + 1) \times (6.626 \times 10^{-34} \text{ m}^2 \cdot \text{kg} \cdot \text{s}^{-1})^2}{8 \times 9.109 \times 10^{-31} \text{ kg} \times 9.46 \times 10^{-19} \text{ J}}}$$

$$= 5.64 \times 10^{-10} \text{ m} = 5.64 \text{ Å}$$

3. 能力点：新信息的理解与运用。

注意 N 原子与中心金属离子 M 的距离为处于相对位置的两个 N 原子之间距离 d 的一半。

(1) $d = 2 \times 2.052 \text{ Å} = 4.104 \text{ Å}$

$$\varepsilon = \frac{\lambda}{d^2} = \frac{5714 \text{ Å}}{(4.104 \text{ Å})^2} = 339.3 \text{ Å}^{-1}$$

(2) $d = \sqrt{\dfrac{\lambda}{\varepsilon}} = \sqrt{\dfrac{5687 \text{ Å}}{339.3 \text{ Å}^{-1}}} = 4.094 \text{ Å}$

$\quad$ N—Zn 的键长 $= \dfrac{d}{2} = 2.047 \text{ Å}$

(3) $\lambda = \varepsilon d^2 = 339.3 \text{ Å}^{-1} \times (4.112 \text{ Å})^2$
$\quad\quad = 5747 \text{ Å} = 574.7 \text{ nm}$

4. 知识点：阿伦尼乌斯方程（Arrhenius equation）。

题中已提供阿伦尼乌斯的原型公式，对其进行简单的代数变换后可得

$$\ln\dfrac{k_1}{k_2} = -\dfrac{E_a}{R}\left(\dfrac{1}{T_1} - \dfrac{1}{T_2}\right)$$

将两个温度及其对应的速率常数 k 代入该式后得

$$\ln\dfrac{3.31 \times 10^{12}}{1.32 \times 10^{12}} = -\dfrac{E_a}{8.314 \text{ J} \cdot \text{K}^{-1} \cdot \text{mol}^{-1}}\left(\dfrac{1}{493 \text{ K}} - \dfrac{1}{393 \text{ K}}\right)$$

$E_a = 1.48 \times 10^4 \text{ J} \cdot \text{mol}^{-1} = 14.8 \text{ kJ} \cdot \text{mol}^{-1}$

5. 知识点：数学基础代数。

比较题中的两个式子，将指前因子（pre-exponential factor）和指数部分分开，可得

$$\left(\dfrac{2E_a}{\mu}\right)^{\frac{1}{2}}\dfrac{\alpha RT}{E_a} = T\left(\dfrac{\beta}{\gamma}\right)^{\frac{1}{2}}$$

$$\Rightarrow \dfrac{2E_a}{\mu}\dfrac{\alpha^2 R^2}{E_a^2} = \dfrac{\beta}{\gamma}$$

$$\Rightarrow \dfrac{2\alpha^2 R^2}{\mu E_a} = \dfrac{\beta}{\gamma} \quad\quad (1)$$

$$\alpha\left(2 - \dfrac{\alpha RT}{E_a}\right) = -2\alpha + \beta T$$

$$\Rightarrow \dfrac{\alpha^2 RT}{E_a} = \beta T$$

$$\Rightarrow \dfrac{\alpha^2 R}{E_a} = \beta \quad\quad (2)$$

将(2)式结果代入(1)式中得

$$\dfrac{2\alpha^2 R^2}{\mu E_a} = \dfrac{\alpha^2 R}{E_a \gamma} \Rightarrow \gamma = \dfrac{\mu}{2R}$$

6. 知识点：数学基础代数。

将表格中两组数据代入原式中，可得

$$\begin{cases} \ln\left(\dfrac{8.74\times 10^{10}}{83}\right) = 83\beta + i \\ \ln\left(\dfrac{6.23\times 10^{10}}{61}\right) = 61\beta + i \end{cases}$$

解得 $\beta = 1.39\times 10^{-3}\ \text{K}^{-1}$。

7. 知识点：数学基础代数。

$$E_a = \dfrac{\alpha^2 R}{\beta} = \dfrac{2.235^2\times 8.314\ \text{J}\cdot\text{K}^{-1}\cdot\text{mol}^{-1}}{1.39\times 10^{-3}\ \text{K}^{-1}}$$

$$= 2.99\times 10^4\ \text{J}\cdot\text{mol}^{-1} = 29.9\ \text{kJ}\cdot\text{mol}^{-1}$$

试题6　本题涉及厌氧氨氧化和梯烷

试题与解答

厌氧氨氧化 Anammox 的全称是 anaerobic ammonium oxidation。虽然引起厌氧氨氧化的细菌是氮循环中十分重要的一部分，但它直到 1999 年才被发现。在这些细菌的细胞膜中人们发现了一类不寻常的脂质。这些脂质中包含了一些连续的环丁烷环。由于这些分子的形状很像梯子的阶梯，我们把它们称作梯烷。

人们相信厌氧氨氧化的反应机理涉及了以下几种不同的含氮物质：氮气、铵根离子、亚硝酸根离子（NO_2^-）、联胺（N_2H_4）、羟胺（NH_2OH）。

1. （1）给出氮气和铵根离子中氮原子的氧化态。

（2）给出亚硝酸根离子（NO_2^-）、联胺（N_2H_4）、羟胺（NH_2OH）中氮原子的氧化态。

厌氧氨氧化反应总共有三个步骤。假设这些步骤都在酸性条件下进行。

2. 运用第 1 题中的氧化态，写出以下循环中各个步骤的反应方程式：

（1）步骤 1：由亚硝酸根离子生成羟胺的半反应。

（2）步骤 2：铵根离子与羟胺反应生成联胺。

（3）步骤 3：由联胺生成氮气的半反应。

3. 写出厌氧氨氧化过程的总反应方程式。

为了进一步研究这些细菌中发现的脂质,一个研究小组合成了[5]-梯烷酸——这些脂质中的重要成分。以下为合成步骤,并没有展示出所有的副产物。

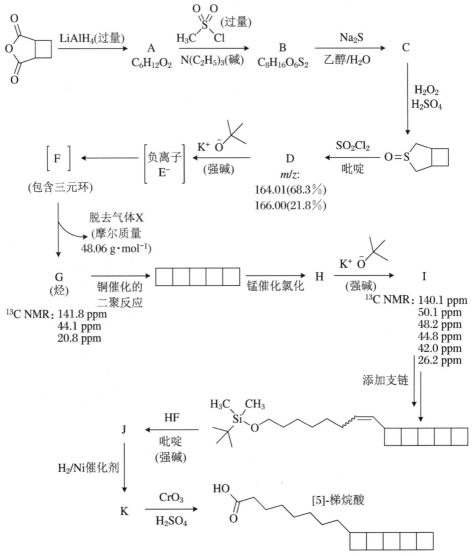

4. 画出化合物 A~K 以及副产物 X 的结构。所有结构中都不要求写出立体结构。

解答 1. 知识点:氧化态的计算。

(1) N_2 为单质,因此 N 的氧化态为 0。NH_4^+ 中 H 的氧化态为 +1,N 的氧化态为 −3。

(2) 亚硝酸根离子 NO_2^- 中 O 的氧化态为 -2，N 的氧化态为 $+3$。联氨，又称肼，N_2H_4 中 H 的氧化态为 $+1$，N 的氧化态为 -2。羟胺，又称胲，NH_2OH 中 H 的氧化态为 $+1$，O 的氧化态为 -2，因此 N 的氧化态为 -1。

2. 知识点：氧化还原半反应的书写。

基本的书写思路和步骤如下：

① 根据氧化态差，补充电子。

② 根据电荷差，补充离子（H^+ 或者 OH^-）。

③ 根据物料差，补充水分子。

(1) $NO_2^- + 5H^+ + 4e^- \longrightarrow NH_2OH + H_2O$。

(2) $NH_4^+ + NH_2OH \longrightarrow N_2H_4 + H^+ + H_2O$。

(3) $N_2H_4 \longrightarrow N_2 + 4H^+ + 4e^-$。

3. 知识点：总反应方程式的书写。

总反应即各个步骤的总和，但在加和时，注意有时需要调整系数将电子消去。在本题中，第 2 题步骤 1 和步骤 3 的电子数相同，因此无需调整系数。加和后得到总反应：

$$NO_2^- + NH_4^+ \longrightarrow N_2 + 2H_2O$$

4. 知识点：羧酸衍生物的还原；醇的酯化；亲核取代；质荷比；碳负离子；$^{13}C\ NMR$；烯烃还原。

① 起始物 $\longrightarrow$ A 为羧酸衍生物的还原反应。$LiAlH_4$ 为有机合成中常用的强还原剂，可将羧酸衍生物直接还原至醇类化合物。注意到起始物是一个酸酐，因此上下两个羧基均被还原为羟甲基：

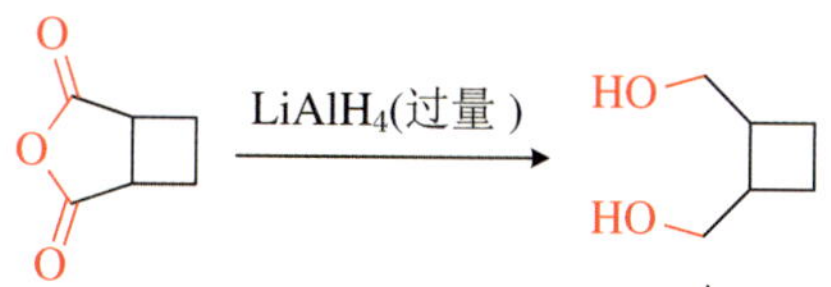

② A $\longrightarrow$ B 为醇类化合物与甲基磺酰氯 CH_3SO_2Cl（类似于酰氯）的酯化反应。注意到甲基磺酰氯过量，因此 A 中的两个羟基均发生酯化反应（也可以通过 B 的分子式得到相同结论）：

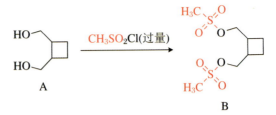

③ B⟶C 为亲核试剂(nucleophile) S^{2-} 对 B 的亲核取代反应。该反应中甲基磺酸根 $CH_3SO_3^-$ 是一个很好的离去基团(leaving group)，非常容易在亲核试剂的进攻下脱落：

④ 通过 D 的质荷比 m/z 可知，D 中有且只有一个 Cl 原子(Cl 具有两种同位素 ^{35}Cl 与 ^{37}Cl，两者质量数相差 2，丰度比大约为 3∶1)。

计算 D 与 O=S⬚ 的摩尔质量之差，可知 D 的结构为 O=S⬚ 中的一个 H 原子被 Cl 原子取代。

最容易被取代的一般是反应活性最强的 H 原子。因此与 S=O 相邻 C 原子上的 H 原子被取代：

⑤ D⟶E 为强碱条件下生成碳负离子的反应。D 中的 S=O 与羰基类似，都可以使得与其相连 C 原子上的 H 原子带有一定的酸性。因此 D 有可能生成两种碳负离子：

碳负离子 1

碳负离子 2

$$\underset{}{\text{O=S}}\underset{}{\overset{Cl}{\diagup}}\longleftrightarrow \underset{}{\text{-O-S}}\overset{Cl}{\diagup}$$

然而碳负离子 1 无法进一步反应生成 F，因此 E 为碳负离子 2。

⑥ E⟶F 为分子内亲核取代反应。Cl^- 是一个非常好的离去基团，因此碳负离子进攻连有 Cl 的 C 原子，脱去 Cl^-：

$$\underset{E}{\text{-O-S}}\overset{Cl}{\diagup}\xrightarrow{-Cl^-}\underset{F}{\text{O=S}}$$

⑦ F⟶G 的过程中脱去一个气体小分子 X。由摩尔质量可知，X 为 SO。

$$\underset{F}{\text{O=S}\square\square\square}\xrightarrow{-SO}\underset{G}{\square\square\square}$$

根据 G 的 ^{13}C NMR 数据可知 G 有三种不同化学环境的 C 原子，与此结构相符。

⑧ 生成 H 的过程为氯化反应（chlorination）。比较最终产物的结构可知，顶点上的 H 原子被 Cl 原子所取代：

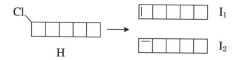

⑨ H⟶I 为强碱作用下的消除反应，得到环烯烃。根据消除方向不同，可以得到以下两种环烯烃：

$$\underset{H}{\overset{Cl}{\square\square\square\square}}\longrightarrow \begin{matrix}\square\square\square\square & I_1 \\ \square\square\square\square & I_2\end{matrix}$$

根据 I 的 ^{13}C NMR 数据可知 I 有六种不同化学环境的 C 原子，与 I_1 相符。

⑩ J 和 K 可由最终产物结构逆推。通过比较 J 的前驱物和最终产物结构以及 J⟶K 的反应条件为加氢还

原,不难想到 J ⟶ K 这一步是碳碳双键还原。而 K ⟶ 最终产物的反应条件为琼斯(Jones)试剂,因此其为醇到羧酸的氧化反应:

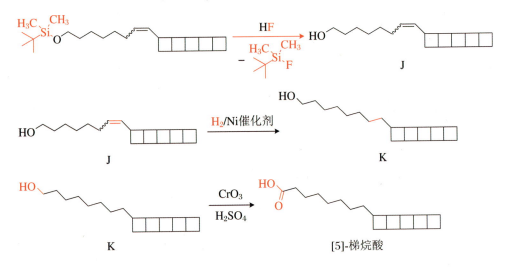

背景拓展阅读

有机化学中的氧化和还原反应(redox reaction)

和无机化学相比,有机化学中的氧化剂和还原剂以及反应条件更加丰富多样,而且在不同类型有机物的相互转换中扮演着重要的角色。因此,记忆一些常见的氧化剂和还原剂及其对应的反应是非常有必要的。这里整理了与 UKChO 相似难度的有机教材和考试中常见的氧化还原反应。

氧化反应(不包括燃烧反应)

	一、烷烃类
	基本不发生氧化反应
	二、环烷烃类
	基本不发生氧化反应
	三、烯烃类
酸性、$KMnO_4$、加热	$R_1R_2C=CR_3R_4 \xrightarrow{KMnO_4, H^+, \Delta} R_1R_2C=O + O=CR_3R_4$
	$R_1R_2C=CHR_3 \xrightarrow{KMnO_4, H^+, \Delta} R_1R_2C=O + O=C(R_3)OH$
	$R_1R_2C=CH_2 \xrightarrow{KMnO_4, H^+, \Delta} R_1R_2C=O + CO_2 + H_2O$
与 O_3 反应后,还原水解	$R_1R_2C=CR_3R_4 \xrightarrow{① O_3, ② Zn/H_2O} R_1R_2C=O + O=CR_3R_4$
	$R_1R_2C=CHR_3 \xrightarrow{① O_3, ② Zn/H_2O} R_1R_2C=O + O=C(R_3)H$
	$R_1R_2C=CH_2 \xrightarrow{① O_3, ② Zn/H_2O} R_1R_2C=O + O=CH_2$
过酸(RCOOOH)	$R_1R_2C=CR_3R_4 \xrightarrow{RCOOOH}$ 环氧化物 $R_1(R_2)C\text{—}O\text{—}C(R_3)R_4$
	四、炔烃类
酸性、$KMnO_4$、加热	$R_1C≡CR_2 \xrightarrow{KMnO_4, H^+, \Delta} R_1COOH + R_2COOH$
与 O_3 反应,还原水解	

	五、醇类
酸性、$KMnO_4$ 或者 $K_2Cr_2O_7$、加热	$RCH_2OH \xrightarrow[H^+、\Delta]{KMnO_4/K_2Cr_2O_7} RCOOH$
	$\underset{R_1CHR_2}{OH} \xrightarrow[H^+、\Delta]{KMnO_4/K_2Cr_2O_7} R_1-\underset{\underset{O}{\|}}{C}-R_2$
$CrO_3/$稀 H_2SO_4（Jones 试剂）或者 $CrO_3/$吡啶（Sarrett 试剂）	$RCH_2OH \xrightarrow[稀H_2SO_4/\text{吡啶}]{CrO_3} RCHO$
	$\underset{R_1CHR_2}{OH} \xrightarrow[稀H_2SO_4/\text{吡啶}]{CrO_3} R_1-\underset{\underset{O}{\|}}{C}-R_2$

	六、芳香烃类
含 α 氢侧链	$Ph-CH_3,\ Ph-CH_2R,\ Ph-CHR_2 \xrightarrow[H^+、\Delta]{KMnO_4} PhCOOH$

	七、醛酮类
$[Ag(NH_3)_2]^+$（Tollens 试剂）	
$CuSO_4$、NaOH 酒石酸钾钠（Fehling 试剂）	$R-CHO \longrightarrow R-COOH$
$CuSO_4$、NaOH 柠檬酸钠（Benedit 试剂）	
过酸 RCOOOH（Baeyer-Villeger 氧化）	$R-CHO \longrightarrow R-COOH$ $R_1-\underset{\underset{O}{\|}}{C}-R_2 \longrightarrow R_1-\underset{\underset{O}{\|}}{C}-OR_2$

还原反应

	一、烷烃类
	基本不发生还原反应
	二、环烷烃类
催化氢化	□ $\xrightarrow{\text{H}_2/\text{Pd}}{80\ ℃}$ ∧
	三、烯烃类
催化氢化	$\underset{R_2\quad R_4}{\overset{R_1\quad R_3}{\text{C=C}}} \xrightarrow{\text{H}_2/\text{Pd}} \underset{R_2\quad R_4}{\overset{R_1\quad R_3}{\text{H-C-C-H}}}$
	四、炔烃类
催化氢化 Lindlar 催化剂 （Pd/BaSO$_4$）	$R_1C≡CR_2 \xrightarrow{\text{H}_2}{\text{Pd/BaSO}_4} \underset{H\quad H}{\overset{R_1\quad R_2}{\text{C=C}}}$ (顺式)
化学还原 （Na/NH$_3$）	$R_1C≡CR_2 \xrightarrow{\text{Na}}{\text{NH}_{3(l)}} \underset{H\quad R_2}{\overset{R_1\quad H}{\text{C=C}}}$ (反式)
	五、卤代烃类
催化氢化	$RX \xrightarrow{\text{H}_2}{\text{Pt}} RH$ 同时还原双键、三键和环
化学还原 （Na/ROH；NaBH$_4$； LiAlH$_4$；Na/NH$_3$）	$RX \longrightarrow RH$ 不影响双键、三键和环
	六、芳香烃类
催化氢化	⬡ $\xrightarrow{\text{H}_2}{\text{Pt}}$ ⬡
化学还原 （Na/NH$_3$）	⬡ $\xrightarrow{\text{Na}}{\text{NH}_{3(l)}}$ ⬡
	七、醛酮类
催化氢化	$R_1-\overset{O}{\underset{\|}{C}}-R_2(H) \xrightarrow{\text{H}_2}{\text{Ni}} R_1-\overset{OH}{\underset{H}{C}}-R_2(H)$ 选择性差，影响其他敏感基团

LiAlH$_4$/NaBH$_4$	$R_1-\overset{O}{\underset{\|}{C}}-R_2(H) \xrightarrow{\text{LiAlH}_4/\text{NaBH}_4} R_1-\overset{OH}{\underset{H}{\underset{\|}{C}}}-R_2(H)$ 选择性较强	
锌汞齐 Zn(Hg)(Clemmensen 还原)	$R_1-\overset{O}{\underset{\|}{C}}-R_2(H) \xrightarrow[\text{HCl}]{\text{Zn(Hg)}} R_1-\overset{H}{\underset{H}{\underset{\|}{C}}}-R_2(H)$	
Wolff-Kishner-黄鸣龙还原	$R_1-\overset{O}{\underset{\|}{C}}-R_2(H) \xrightarrow[\text{(HOCH}_2\text{CH}_2)_2\text{O}, \Delta]{\text{N}_2\text{H}_4, \text{NaOH}} R_1-\overset{H}{\underset{H}{\underset{\|}{C}}}-R_2(H)$	

八、羧酸

LiAlH$_4$	$R-\overset{O}{\underset{\|}{C}}-OH \xrightarrow{\text{LiAlH}_4} R-\overset{H}{\underset{H}{\underset{\|}{C}}}-OH$

九、羧酸衍生物

催化氢化	RCOCl → RCH$_2$OH (RCO)$_2$O → RCH$_2$OH RCOOR′ $\xrightarrow{\text{H}_2/\text{Pt}}$ RCH$_2$OH RCONH$_2$ → RCH$_2$NH$_2$ RCN → RCH$_2$NH$_2$ 选择性较差，影响其他敏感基团
LiAlH$_4$	RCOCl → RCH$_2$OH (RCO)$_2$O → RCH$_2$OH RCOOR′ $\xrightarrow{\text{LiAlH}_4}$ RCH$_2$OH RCONH$_2$ → RCH$_2$NH$_2$ RCN → RCH$_2$NH$_2$ 选择性较好
NaBH$_4$	RCOCl, (RCO)$_2$O $\xrightarrow{\text{NaBH}_4}$ RCH$_2$OH 活性较低，仅还原酰卤与酸酐

2021 英国化学奥林匹克竞赛试题解析

试题 1 本题涉及金星上的生命

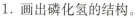

试题与解答

2020 年，一篇颇受争议的研究论文报道在金星的大气层中检测到了磷化氢（PH_3）的存在。在地球上，磷化氢是从生物或者工业过程中产生，除此以外无"天然"产生的途径。因此它在金星上可能存在暗示了一种潜在的生物起源，尽管金星上的环境与地球相差甚远：其温度高达 698 K，大气压高达 95 atm，并且有硫酸云。

1. 画出磷化氢的结构。

磷化氢无法在地球的大气层中累积，这是因为它会和氧气反应产生磷酸（H_3PO_4）。而金星的大气层中不含氧气。

2. (1) 指出磷化氢和磷酸中磷的氧化态。
   (2) 写出磷化氢与氧气反应产生磷酸的化学方程式。

一些产生磷化氢的方法并不需要生物体的参与。这些过程无法在地球表面发生，原因是某些反应原料不存在或者反应条件不适合。

3. 写出以下产生磷化氢的反应方程式：
   (1) 用氢化锂还原三氯化磷。

223

(2) 磷化钙的水解。

(3) 高温下亚磷酸(H_3PO_3)的歧化反应。

另一种经常在宇宙中探测到的简单分子是甲醛。甲醛很活泼,因此在金星上一旦产生甲醛,其就会被快速消耗。在酸性条件下,磷化氢会与甲醛反应。

有硫酸存在时,磷化氢与甲醛反应产生一种摩尔质量为 406.272 g·mol^{-1} 的盐。这种盐的阳离子的总电荷为 +1。该盐的 ^{13}C NMR 中只有一个信号。它的 ^{1}H NMR中有两个信号,其中之一可与 D_2O 交换。

4. (1) 写出阴离子的化学式。

(2) 画出阳离子的结构。

解答 1. 知识点:路易斯结构式;等电子体原理。

由等电子体原理(isoelectronic species)可知,PH_3 结构与 NH_3 类似:

其形状为三角锥(trigonal pyramidal)。

2. 知识点:氧化态的计算;反应方程式的书写和配平。

(1) PH_3:P 电负性高于 H,因此 H 的氧化态为 +1,P 的氧化态为 -3。

H_3PO_4:O 的电负性最高,因此 O 的氧化态为 -2,H 的氧化态为 +1,P 的氧化态为 +5。

(2) 反应物为 PH_3 与 O_2,产物为 H_3PO_4,因此配平后的方程式为

$$PH_3 + 2O_2 \longrightarrow H_3PO_4$$

3. 知识点:反应方程式的书写和配平。

(1) 反应物为 PCl_3 与 LiH,产物之一为 PH_3,根据元素守恒易知另一产物为 LiCl,配平后的方程式为

$$PCl_3 + 3LiH \longrightarrow PH_3 + 3LiCl$$

(2) 反应物为 Ca_3P_2 与 H_2O,产物之一为 PH_3,根据元素守恒易知另一产物为 $Ca(OH)_2$。不建议写 CaO,因为 CaO 会继续与 H_2O 反应生成 $Ca(OH)_2$。配平后的方程式为

$$Ca_3P_2 + 6H_2O \longrightarrow 2PH_3 + 3Ca(OH)_2$$

（3）反应物为 H_3PO_3，根据题意为歧化反应（disproportionation），因此除了 PH_3 这一还原产物以外，必有一氧化产物。H_3PO_3 中 P 的氧化态为 +3，因此在氧化产物中 P 只可能呈现 +5 的氧化态，因此为 H_3PO_4。配平后的方程式为

$$4H_3PO_3 \longrightarrow PH_3 + 3H_3PO_4$$

4. 知识点：^{13}C NMR；^1H NMR；

能力点：无机化合物推断；枚举法。

（1）反应物为 H_2SO_4、PH_3 与甲醛（CH_2O），因此唯一可能稳定存在的阴离子为硫酸根离子 SO_4^{2-}。

（2）阳离子带电荷数为 +1。因此该化合物通式可写为 A_2SO_4，A^+ 为该阳离子。因此 A 的摩尔质量为 $\frac{1}{2} \times (406.272 - 96.06)$ g·mol^{-1} = 155.106 g·mol^{-1}。不妨假设 A 由另外两个反应物"组合"而成，因此有

$$x \cdot M_{PH_3} + y \cdot M_{CH_2O} = 155.106$$
$$33.99x + 30.03y = 155.106$$

式中 x 和 y 分别为 PH_3 和 CH_2O 的个数，必为正整数，因此可用枚举法进行求解：

$x = 1$，$y = 4.03 \approx 4$（合理）
$x = 2$，$y = 2.90 \approx 3$（合理）
$x = 3$，$y = 1.76$（不合理）
$x = 4$，$y = 0.638$（不合理）
$x \geqslant 5$ 时 y 为负值，不予考虑

接着对两种相对较合理的情况进行分类讨论：

① $x=1$，$y=4$ 时，

$$33.99 \times 1 + 30.03 \times 4 = 154.11$$

比 155.106 差 1，结合阳离子 A 的电荷，容易想到阳离子 A 的"组成单位"除了 1 个 PH_3、4 个 CH_2O 以外，还有 1 个氢离子 H^+。

与有机化学中 NH_3 对醛酮类化合物的亲核加成反应进行类比，在酸性条件下，PH_3 对 4 个 CH_2O 进行亲核加成可以得到

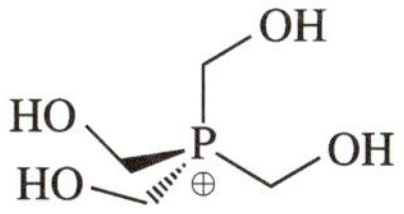

该结构中所有碳原子的化学环境相同，符合 ^{13}C NMR信息。而且有两种不同的氢原子，在羟基上的氢原子可与 D_2O 交换。

② $x=2$，$y=3$ 时，

$$33.99 \times 2 + 30.03 \times 3 = 158.07$$

比 155.106 大 3，只可能是 3 个氢离子 H^+，但不符合阳离子 A 的电荷。因为没有还原剂存在，亦不可能为 2 个氢原子和 1 个氢离子。因此可以排除这种可能。

背景拓展阅读

金星上真的有生命吗？

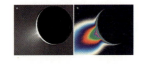

2020 年，英国卡迪夫大学的 Greaves 等在《自然-天文学》(*Nature Astronomy*)上发表文章称在金星的云台中发现了磷化氢气体，并因此推测金星可能有生命的痕迹[1]。

然而美国华盛顿大学西雅图校区的 Lincowski 等提出了不同的意见。他们于 2021 年发表在《天文物理期刊通讯》(*Astrophysical Journal Letter*)上的论文中提出，所谓的 PH_3 的信号其实是来自于二氧化硫(SO_2)[2]。

每种化合物都会吸收特定波长的电磁光谱，例如无线电波、X 射线和可见光等。天文学家们就是利用行星发射出的光谱来研究其化学组成的。

最大的争议点为金星无线发射光谱上 266.94 GHz 的特征谱线。PH_3 和 SO_2 均能吸收该频率的无线电波。Greaves 等认为金星的 SO_2 浓度较低，因此该信号来自于 PH_3。

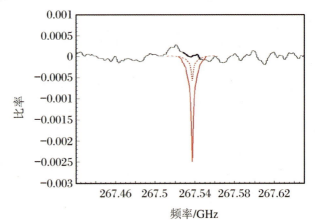

然而 Lincowski 等认为 Greaves 等观测到的 SO_2 浓度数据偏低,并且他们的研究显示该无线电波吸收来自比金星地表高出至少 50 mi(1 mi = 1609.34 m)的中间层。在该海拔高度,紫外线和各类化学物质会瞬间分解 PH_3。因此该信号依然来自于 SO_2,而非 PH_3。

参考文献

[1] Greaves J S, Richards A, Bains W, et al. Phosphine gas in the cloud decks of Venus[J]. Nature Astronomy,2021,5(7): 655-664.

[2] Lincowski A P, Meadows V S, Crisp D, et al. Claimed detection of PH_3 in the clouds of Venus is consistent with mesospheric SO_2[J]. The Astrophysical Journal Letters,2021,908(2): L44.

试题 2　本题涉及二氧化碳捕获

 试题与解答

碳捕获是降低温室气体排放的一种关键技术。

较有前景的碳捕获技术之一——钙循环,运用了碳酸钙与氧化钙之间的循环来捕获二氧化碳。该过程中所用的碳酸钙主要来自于石灰石。

被捕获的二氧化碳可以被储存在地下或者被进一步使用,例如合成汽油。

在钙循环中,二氧化碳从废气中被捕获。以下是该循环的示意图。

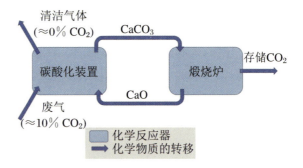

1. 写出碳酸化装置（carbonator）中主要反应的化学方程式。

2. 写出煅烧炉（calciner）中主要反应的化学方程式。

废气中的杂质之一为燃烧含硫的燃料时产生的二氧化硫。它会在碳酸化装置中反应生成一种惰性的杂质，而这种杂质在循环中不断积累从而降低循环过程的效率。

3. 写出燃烧硫化氢（H_2S）产生二氧化硫的反应方程式。

4. 写出二氧化硫与碳酸钙和氧气反应生成两个产物的反应方程式。

在直接空气捕获法中，二氧化碳从空气中被直接捕获，因此避免了二氧化硫的污染。然而，这种方法需要大量能量来克服热力学壁垒，所以成本非常高昂。

下图为基于钙循环的直接空气捕获过程的示意图。

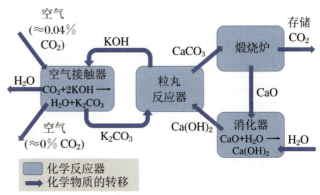

5. 写出粒丸反应器(pellet reactor)中的化学反应方程式。

6. 计算在空气接触器中发生反应的标准焓变。

298 K 时,标准反应焓变 $\Delta_f H^{\ominus}$,以 kJ·mol^{-1} 为单位:

CaO	−635.1
CaCO$_3$	−1206.9
Ca(OH)$_2$	−986.1
KOH	−424.8
K$_2$CO$_3$	−1151.2
CO$_2$	−393.5
H$_2$O	−285.8

7. 勾选出正确描述在 298 K 时四个反应器中反应总标准焓变的选项。

标准焓变为正数(　　)

标准焓变为零(　　)

标准焓变为负数(　　)

需要更多的信息来计算标准焓变(　　)

8. 勾选出两项正确描述该过程中熵变的选项。

宇宙的熵变为正值(　　)

宇宙的熵变为负值(　　)

宇宙的熵变为零(　　)

需要更多的信息来计算宇宙的熵变(　　)

直接空气捕获过程的熵变为正值(　　)

直接空气捕获过程的熵变为负值(　　)

直接空气捕获过程的熵变为零(　　)

需要更多的信息来计算直接空气捕获过程的熵变(　　)

解答 1. 知识点:反应方程式的书写与配平。

观察示意图可知,反应物为 CaO 与 CO$_2$,产物为 CaCO$_3$,配平后的方程式为

$$CaO + CO_2 \longrightarrow CaCO_3$$

2. 知识点:反应方程式的书写与配平。

反应物为 CaCO$_3$,产物为 CaO 与 CO$_2$,配平后的方

程式为
$$CaCO_3 \longrightarrow CaO + CO_2$$

3. 知识点：反应方程式的书写与配平。

反应物之一为 H_2S，产物之一为 SO_2。因为为燃烧反应，所以另一反应物为 O_2，另一产物为 H_2O，配平后的方程式为
$$2H_2S + 3O_2 \longrightarrow 2SO_2 + 2H_2O$$

4. 知识点：反应方程式的书写与配平。

反应物为 SO_2、$CaCO_3$ 与 O_2。反应会产生一种非常稳定的杂质，因此该物质为 $CaSO_4$，根据元素守恒可知另一产物为 CO_2，配平后的方程式为
$$2SO_2 + 2CaCO_3 + O_2 \longrightarrow 2CaSO_4 + 2CO_2$$

5. 知识点：反应方程式的书写与配平。

观察示意图可知，反应物为 K_2CO_3 与 $Ca(OH)_2$，产物为 $CaCO_3$ 与 KOH，配平后的方程式为
$$K_2CO_3 + Ca(OH)_2 \longrightarrow CaCO_3 + 2KOH$$

6. 知识点：通过生成焓计算反应焓变。

$$\Delta H^\ominus = (\Delta_f H^\ominus(H_2O) + \Delta_f H^\ominus(K_2CO_3))$$
$$\quad - (\Delta_f H^\ominus(CO_2) + 2 \cdot \Delta_f H^\ominus(KOH))$$
$$= (-285.8 - 1151.2 + 393.5$$
$$\quad + 2 \times 424.8) \text{ kJ} \cdot \text{mol}^{-1}$$
$$= -193.9 \text{ kJ} \cdot \text{mol}^{-1}$$

7. 知识点：热力学状态函数的性质。

观察直接空气捕获法的示意图可知，尽管在四个装置内部都有化学反应发生，但我们将四个装置看成一个整体的话，会发现这是一个循环系统，即所有反应物都会重新产生，同样，所有产物也会被消耗。因此这个循环系统并没有改变任何物质的状态。焓(enthalpy)是一个状态函数(state function)，如果始态和终态相同的话，焓的数值不变，因此焓变为 0。

8. 知识点：熵变的判断。

① 宇宙熵变。

根据熵的热力学定义，$\Delta S \geqslant \dfrac{Q}{T}$ 且仅当该过程为一可逆(reversible)循环时，等号成立。整个宇宙是一个孤立

系统(isolated system),因此 $Q=0$,而且题中的二氧化碳捕获过程不可逆,因此 $\Delta S > 0$,即宇宙的熵变必然为正值。

② 直接空气捕获过程熵变。

该过程本质上是一个将二氧化碳从空气中收集并富集的分离过程。该过程中气体的混乱度降低,因此熵变为负值。

本小题可能有的考生会因为循环过后所有反应物和产物的化学状态恢复到初始态,而判断熵变为零。但这样就忽略了物理状态的变化。

 背景拓展阅读

什么是 CCUS 技术?

CCUS 的全称为 carbon capture, utilization and storage(碳捕获、利用与封存)。该技术旨在通过捕捉、转化和储存二氧化碳来减缓气候变化和降低全球污染。

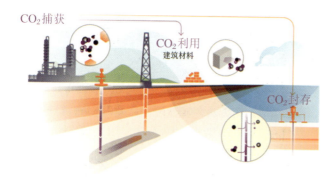

碳捕获主要可分为燃烧前、燃烧中和燃烧后三种类型,目前普遍存在的问题是捕获过程耗能大且成本高。

燃烧后捕获技术相对成熟,其中化学法运用最为广泛,例如,使用碱性胺溶剂吸收二氧化碳。

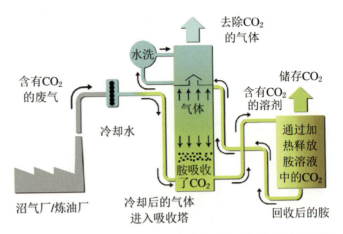

将所捕获的二氧化碳转化成高附加值的产品给予了CCUS技术更高的经济价值和可操作性。

2021年9月中国科学院天津工业生物技术研究所在《科学》(Science)上发表文章,报道了国际上首次实现由二氧化碳合成淀粉[1]。按照目前技术参数推算,如果该系统在未来得到大规模利用,将可能节约90%以上的耕地和淡水资源,促进碳中和生物经济发展。

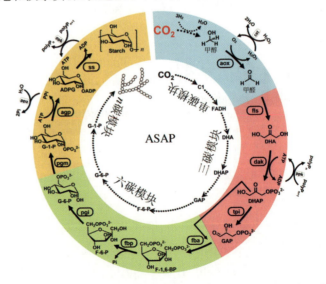

碳封存是模仿大自然储存化石燃料的机制,将二氧化碳封存在地层中,例如废弃的石油田、煤田和高盐含水层等,达到安全有效埋藏。

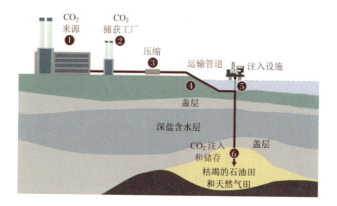

参考文献

[1] Cai T, Sun H, Qiao J, et al. Cell-free chemoenzymatic starch synthesis from carbon dioxide[J]. Science, 2021, 373(6562): 1523-1527.

试题 3　本题涉及乙酰丙酸

试题与解答

2008年阿森纳足球队的中场球员 Mathieu Flamini 成立了 GF Biochemicals。它是首家实现乙酰丙酸量产的公司。乙酰丙酸是一种多功能的化学品，它可以被用来生产药、塑料和燃料。乙酰丙酸可以由可再生的物质合成得到，例如果糖。

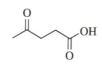

乙酰丙酸

1. 在下表勾选出乙酰丙酸中存在的官能团的名称。

酯	醛	酮	缩醛
羧酸	烯烃	醇	半缩醛

2. 给出乙酰丙酸的分子式。

果糖(fructose)的链状结构与环状结构形成一个化学平衡。平衡混合物可以通过以下步骤转化成乙酰丙酸。

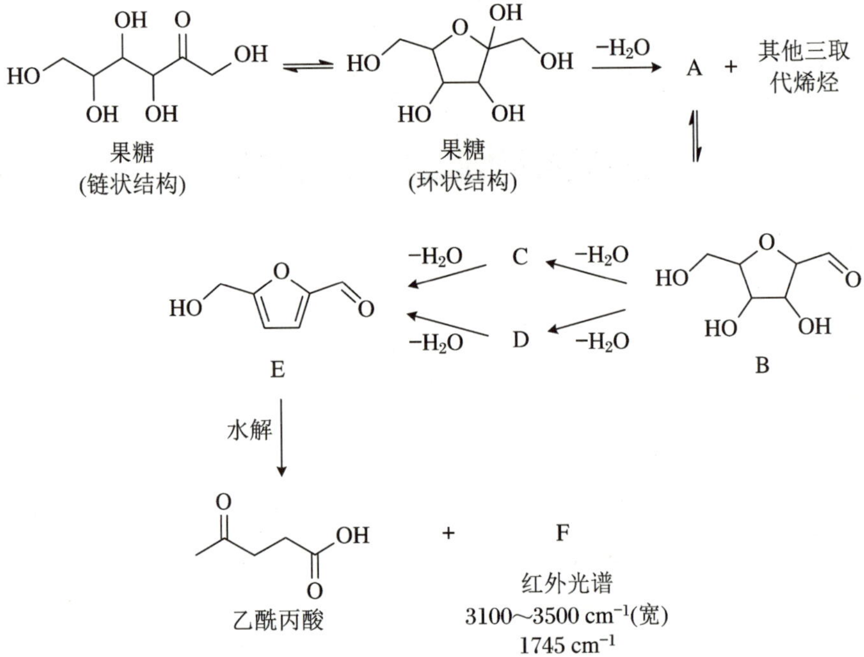

3. 在下图中圈出链状结构中的两个在环状结构中得以相连的原子。

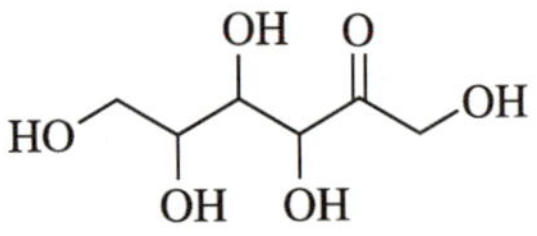

环状结构果糖消除一分子水后形成分子 A 以及一些其他三取代烯烃。如下图所示，这种烯烃的形成是由于相邻的两个碳原子上分别失去一个氢原子和一个羟基(OH 基团)。

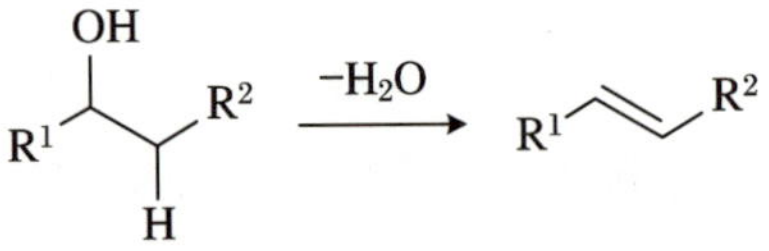

如果所形成的烯烃上有一个羟基取代基，那么它会异构化。如下图所示：

$$\underset{R^1}{\overset{OH}{\diagup}}\diagdown R^2 \rightleftharpoons \underset{R^1}{\overset{O}{\diagup}}\diagdown R^2$$

4.（1）画出烯烃 A 的结构,它可以异构化生成 B。

（2）画出可以生成的其他三取代烯烃。

化合物 B 可以通过进一步消除两分子水而形成化合物 E。这个过程的中间体为化合物 C 或者 D。

5. 画出化合物 C 和 D 的结构。

化合物 E 可以通过水解生成乙酰丙酸和副产物 F。

6. 画出化合物 F 结构。

乙酰丙酸的氢化反应为一些香水和香料化学品的绿色可持续合成途径。这个氢化反应的一种催化剂为六面体配合物[RuH$_2$(CO)(PPh$_3$)$_3$]。这个配合物被命名为 dihydridocarbonyltris（triphenylphosphine） ruthenium（Z），其中 Z 为钌(ruthenium)的氧化态。

7. 计算 Z 的数值。

右图为催化剂[RuH$_2$(CO)(PPh$_3$)$_3$]的立体化学结构。

8. 画出该配合物的其他立体异构体。确定图中所示的结构以及你画的每个异构体是否有对映异构体。对于一对对映异构体,只需要画出其中之一。

这个催化剂可以通过 ^{31}P NMR 来分析其结构。^{31}P 的丰度为 100%而且核自旋量子数为 1/2,和 ^{1}H 一样。使用 ^{31}P NMR 的过程中没有观测到 ^{31}P 和 ^{1}H 的耦合效应。唯一观测到的耦合效应来自于不同环境下的 ^{31}P 原子核。

9. 这个催化剂的 ^{31}P NMR 中能观察到什么? 勾选出正确答案。

一个单重峰　一个双重峰和一个单重峰
一个双重峰　一个三重峰和一个单重峰
一个三重峰　一个三重峰和一个双重峰
两个单重峰　三个单重峰
两个双重峰　三个双重峰
两个三重峰　三个三重峰

在 ^{1}H NMR 谱图中,两个负氢离子的化学位移为负值而且有着复杂的耦合图案。这些信号中所观测到的耦合效应来自于两根键外的 ^{1}H 或者 ^{31}P 原子,例如 ^{1}H—Ru—^{1}H 或者 ^{1}H—Ru—^{31}P,测量单位为 Hz。两个处于反式的原子核之间的耦合常数往往比顺式的原子核之间的大。

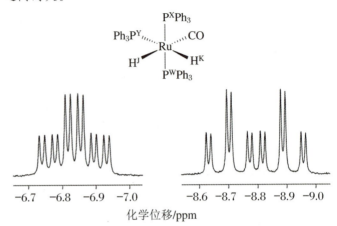

位于 -6.83 ppm 的信号为一个"三重两重两重峰"。这个信号先分裂成一个有着最大的耦合常数(31 Hz)的三重峰,接着进一步分裂成耦合常数为 15 Hz 的两重峰,最后分裂成耦合常数为 6 Hz 的两重峰。

位于 -8.80 ppm 的信号为一个"两重三重两重峰"。这个信号先分裂成一个有着最大的耦合常数(74 Hz)的两重峰,接着进一步分裂成耦合常数为 28 Hz 的三重峰,最后分裂成耦合常数为 6 Hz 的两重峰。

10. 确定每对原子核(H^J—H^K,H^J—P^W,H^J—P^X,H^J—P^Y,H^K—P^W,H^K—P^X,H^K—P^Y)对应的耦合常数,单位为 Hz。

解答 1. 知识点:有机化合物官能团。

2. 知识点:有机分子骨架式。

这类题目比较简单,只要细心即可。分子式为 $C_5H_8O_3$。

3. 能力点:有机分子骨架比较与辨识。

对果糖的链式结构和环式结构进行比较便可以找到骨架的相同之处：

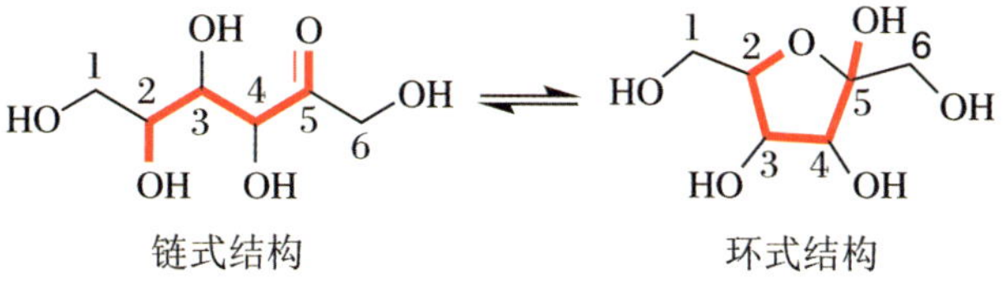

链式结构　　　　　　环式结构

因此形成新共价键的是 2 号碳原子上的氧原子与 5 号碳原子。

4. 知识点：醇的脱水消除反应；烯醇异构化反应；

能力点：枚举法。

(1) 通过比较果糖的环状结构与 B 的结构可知，在消去一分子 H_2O 的过程中，5 号碳原子上失去一个羟基，6 号碳原子上失去一个氢原子。因此 A 的结构为

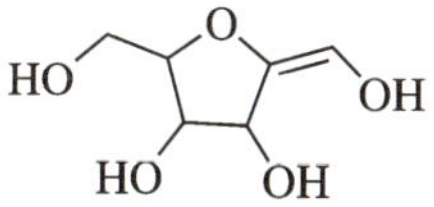

(2) 可用枚举法，将除了 A 以外所有脱水产物都罗列出来，然后挑出碳碳双键上有三个取代基的。

所有脱水产物：

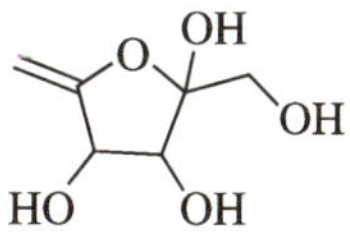

（两个取代基，不符合要求） 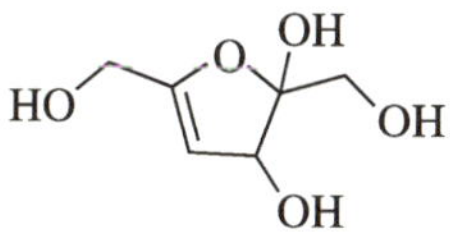　（三个取代基，符合要求）

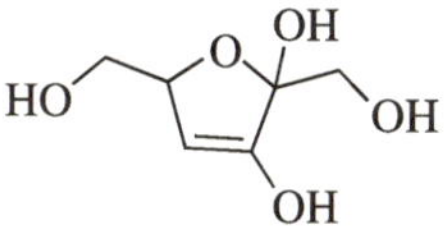

（三个取代基，符合要求） 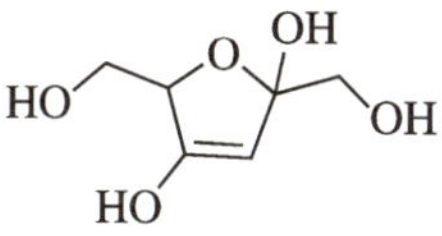　（三个取代基，符合要求）

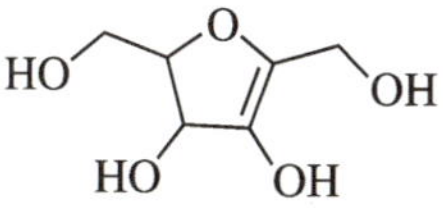

（四个取代基，不符合要求）

5. 知识点：醇的脱水消除反应。

通过比较 B 和 E 的结构会发现总共脱去了两分子 H_2O，B ── C ── E 与 B ── D ── E 两个途径只是脱水的先后顺序不同，因此 C 与 D 的结构为

237

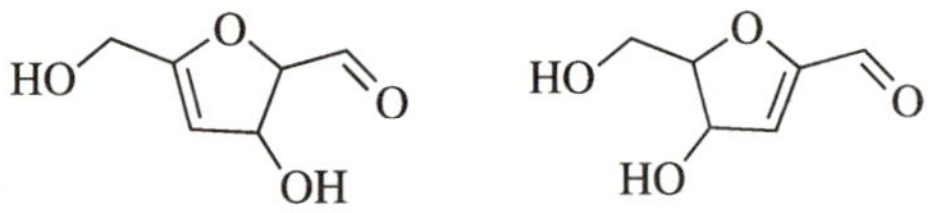

6. 知识点：红外光谱 IR；

能力点：有机结构推断。

① 根据题意，E 水解后得到 F 和乙酰丙酸，因此 E 的分子式加上整数倍的 H_2O 等于 F 和乙酰丙酸的分子式之和：

$$C_6H_6O_3 + nH_2O = C_5H_8O_3 + F$$

因此无论 n 取值多少，F 必然只有一个碳原子。

② 由红外光谱数据可知，F 有一个羰基（1745 cm^{-1}）和羟基（宽的 3100～3500 cm^{-1}），因此 F 极有可能是甲酸（HCOOH），且

$$C_6H_6O_3 + 2H_2O = C_5H_8O_3 + CH_2O_2$$

所以 F 为甲酸，结构为

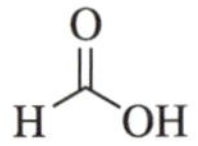

7. 知识点：配合物中金属元素氧化态计算。

一氧化碳 CO 与三苯基膦 PPh_3 为中性分子配体（ligand），而 H 的电负性较高，因此一般以氢负离子 H^- 的形式作为配体，所以这里 Ru 的氧化态为 +2。

8. 知识点：配合物的异构体；

能力点：分类讨论法。

在书写异构体时，为了防止遗漏和重复，我们采取分类讨论的方法。例如本题中，我们可以对各种配体的相对位置进行分类讨论：

① 其中两个 PPh_3 在相对的位置，两个 H^- 在相对的位置：

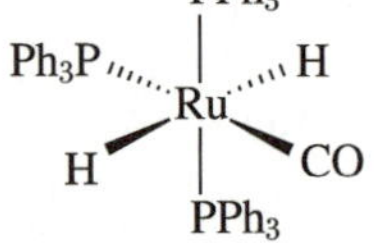

该结构存在对称面（PHCH），因此没有对映异构体（enantiomer）。

② 其中两个 PPh_3 在相对的位置，两个 H^- 在相邻的位置：

该结构即题中的配合物，同样存在对称面(PCHH)，因此没有对映异构体。

③ 三个 PPh_3 都在相邻的位置：

该结构亦存在对称面(包含 P—Ru—C，且垂直平分 H—H)，因此没有对映异构体。

9. 知识点：NMR 中峰数目的计算。

根据题意，只有 P 原子之间有耦合效应，因此只需要考虑 P 原子的化学环境。在 $[RuH_2(CO)(PPh_3)_3]$ 中有两种化学环境的 P 原子，个数分别为两个和一个：

因此根据质谱峰数目的"$n+1$"规则，可以观察到一个两重峰和一个三重峰。

10. 能力点：新信息的理解与运用。

① 根据题意，反式原子对的耦合常数要高于顺式的原子对，H^K 与 P^Y 成反式，而 H^J 并没有与其成反式的 H 原子或者 P 原子。最大的耦合常数 74 Hz 出现在 -8.80 ppm 的信号中。因此 -8.80 ppm 的信号属于 H^K，-6.83 ppm 的信号属于 H^J。

② H^K 与 H^J 的信号中都有 6 Hz 的耦合常数。它们唯一的共同点是都有 H^J—H^K 原子对，因此 H^J—H^K 的耦合常数为 6 Hz。

③ 在 H^K 的原子对中，最大耦合常数 74 Hz 属于唯一的反式原子对 H^K—P^Y。因为 P^X 与 P^W 的化学环境相同，所以 H^K—P^X 与 H^K—P^W 的耦合常数相同，为 28 Hz，形成三重峰。

④ 在 H^J 的原子对中，H^J—P^X 与 H^J—P^W 的耦合常

数相同，为 31 Hz，形成三重峰。因此唯一剩下的 H^J—P^Y 的耦合常数为 15 Hz。

试题 4　本题涉及分子间的"社交距离"

试题与解答

COVID-19 疫情使我们了解了社交距离。这道题是关于分子在三维空间中的排列如何使得分子中的一部分尽可能远离另一部分。

在乙烷分子中，中间 C—C 键的旋转意味着氢原子们在三维空间中相对位置的改变。这种旋转在室温下发生得十分迅速。这些不同的三维排列结构被称为构象（或者构象异构体）。

这些构象用纽曼投影式来表达。纽曼投影式就是通过 C—C 键看分子的视角，该键用一个圆来表示。处于前侧的碳原子与氢原子之间的共价键显示在圆的前方。处于后侧的碳原子与氢原子之间的共价键显示在圆的后侧。这种视角清晰地展示了前侧碳原子的 C—H 键与后侧碳原子的C—H键之间的夹角。这个角度被称为二面角，并且在上图中展示了H′与H″之间的二面角θ。乙烷分子中，重叠式构象($\theta=0°$)的能量比交叉式构象($\theta=60°$)的更高，这是由于在重叠式中氢原子之间并没有"保持社交距离"。

1. 下图展示了在C—C键经过一个完整的360°旋转的过程中，不同构象的相对能量变化。对于图中的五个二面角，分别指出它们为重叠式构象（在方格中写E）还是交叉式构象（在方格中写S）。

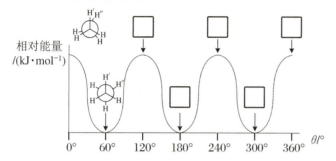

尽管θ可以是围绕一根键旋转的0°到360°之间的任意值，但是我们通常只考虑其中的六种构象（三个重叠式和三个交叉式）。下图展示的是甲基丙烷分子围绕C_2—C_3旋转时构象的相对能量。

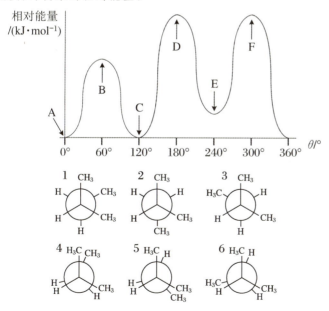

2. 将甲基丙烷的六个纽曼投影式(1～6)与能量图中的点 A～F 进行匹配。每个位置只写一个数字。

如果将构象之间的互相转换视为一种化学平衡的话,我们可以用构象之间的能量差来估算一个分子处于各个构象的时间百分比。

对于丁烷,我们假设其分子永远是三种交叉式构象中其一的状态:间扭式 1(gauche 1, G_1),反叉构象(antiperiplanar, AP)或者间扭式 2(gauche 2, G_2)。

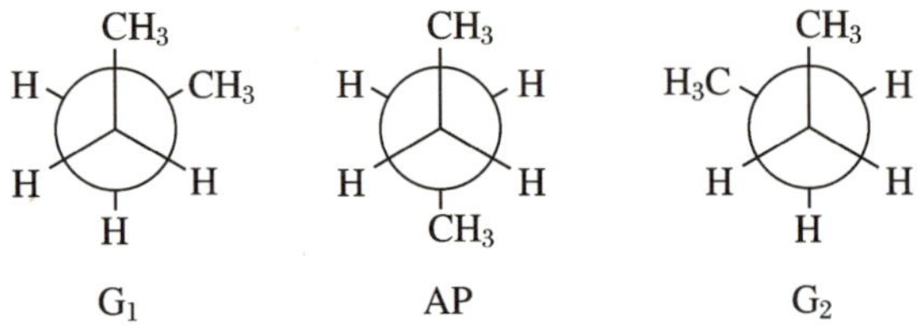

在 298 K 时,平衡反应 $G_1 \rightleftharpoons AP$ 的 $\Delta G^{\ominus} = -3.63 \text{ kJ} \cdot \text{mol}^{-1}$。

$$\Delta G^{\ominus} = -RT\ln K$$

3. (1) 计算以下三个化学平衡在 298 K 时的吉布斯自由能变化 $\Delta G^{\ominus}$ 和平衡常数 K:

$$G_1 \rightleftharpoons AP$$
$$AP \rightleftharpoons G_2$$
$$G_1 \rightleftharpoons G_2$$

(2) 接着计算丁烷处于反叉构象 AP 的时间百分比。

乙酰胆碱(arcetylcholine)是一种神经递质。它由运动神经元释放,用来激活肌肉功能。

下图为乙酰胆碱六种不同构象的纽曼投影式。其中乙酸酯基缩写为 OAc,甲基缩写为 Me。

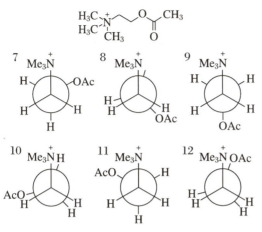

4. 将这些构象分成能量相等的不同组。

例如,你可以这样写:

(7 = 8 = 9)

(10 = 11)

12

所有的构象都要出现在答案中。

尽管乙酰胆碱在溶液中有着许多构象,但是它在与肌肉受体结合时必须采取特定的构象。治疗不同疾病的一些药物会试图阻止乙酰胆碱的结合。

许多这种药物分子有着刚性的结合,其中$(NMe_3)^+$与OAc基团之间的角度无法自由调整。拥有与被结合的乙酰胆碱最相似的三维结构的药物分子通常与受体的结合最为紧密,因此为最有效的阻断剂。

分子W、X、Y和Z中的环丙烷为平面型且有着较差的构象翻转灵活性。W、X、Y和Z作为乙酰胆碱的阻断剂被研究。

5. 对于乙酰胆碱的每个构象7~12,勾选出他们的结构是否被环丙烷W、X、Y或者Z所模仿。有些构象可能被超过一个所模仿,而有些构象可能没有被模仿。

解答 1. 知识点：构象异构体的相对能量比较；

能力点：新信息的理解与运用。

根据题意，在乙烷的两种构象（conformer）中，重叠式（eclipsed）由于氢原子距离过近，因此能量比交叉式（staggered）要高。因此图中处于"波峰"能量较高位置的为重叠式 E，处于"波谷"能量较低位置的为交叉式 S。

2. 知识点：构象异构体的相对能量比较；

能力点：新信息的理解与运用。

① 图中的 A～F 六个点中，A、C 和 E 在"波谷"能量较低处，因此皆为交叉式，即 1、2 和 3。而 B、D 和 F 在"波峰"能量较高处，因此皆为重叠式，即 4、5 和 6。

② A、C、E 中 E 的能量相对较高，因此 E 为大基团相对距离更近的构象，即 1。因为 1 中三个甲基处于完全相邻的位置，而在 2、3 中都有一对甲基处于相对位置。

③ B、D、F 中 B 的能量相对较低，因此 B 为大基团相对距离更远的构象，即 6。因为 6 中没有任何两个甲基直接重叠，而在 4、5 中都有一对甲基处于重叠位置。

④ 假设从 A⟶F 的过程中，纽曼投影式中靠后的碳原子上的三个基团，即一个甲基和两个氢原子，顺时针转动，则有

A	B	C
2 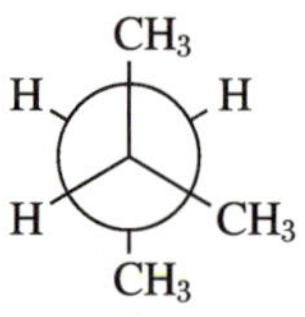	6 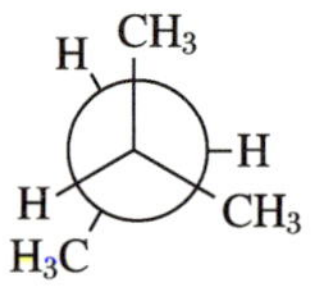	3 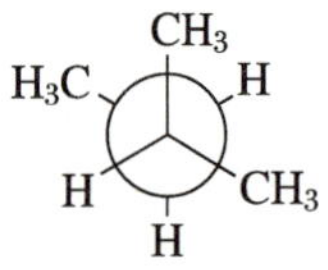

D	E	F
4 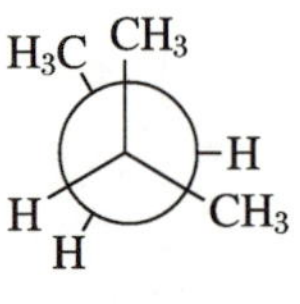	1 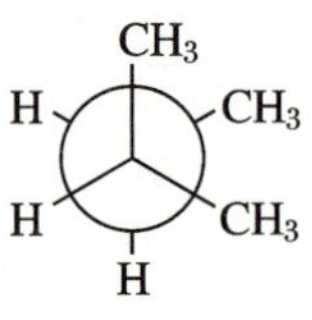	5 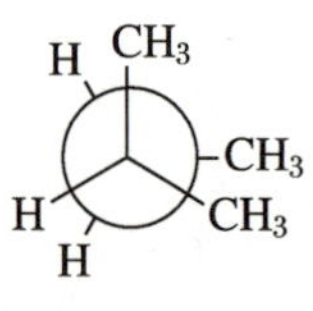

⑤ 假设从 A⟶F 的过程中，纽曼投影式中靠后的碳原子上的三个基团逆时针转动，则有

A	B	C
3	6	2
(Newman projection)	(Newman projection)	(Newman projection)

D	E	F
5	1	4
(Newman projection)	(Newman projection)	(Newman projection)

3. 知识点：构象异构体的能量差；反应吉布斯自由能变化与平衡常数的换算。

(1) ① $G_1 \rightleftharpoons AP$。

$\Delta G^\ominus = -3.63 \text{ kJ} \cdot \text{mol}^{-1}$

$\ln K = -\dfrac{\Delta G^\ominus}{RT} = -\dfrac{-3.63 \times 10^3 \text{ J} \cdot \text{mol}^{-1}}{8.314 \text{ J} \cdot \text{K}^{-1} \cdot \text{mol}^{-1} \times 298 \text{ K}}$

$= 1.465$

$K = 4.33$

② $AP \rightleftharpoons G_2$。

G_1 与 G_2 两种构象镜面对称，因此具有相同的能量，包括吉布斯自由能，即

$G(G_1) = G(G_2)$

$\Delta G^\ominus = -(-3.63) \text{ kJ} \cdot \text{mol}^{-1} = 3.63 \text{ kJ} \cdot \text{mol}^{-1}$

$K = \dfrac{1}{4.33} = 0.231$

③ $G_1 \rightleftharpoons G_2$。

$\Delta G^\ominus = G(G_2) - G(G_1) = 0 \text{ kJ} \cdot \text{mol}^{-1}$

$K = 1$

(2) 不难理解，每种构象所占时间百分比等于其浓度百分比。因此

$[G_1] = [G_2] = 0.231[AP]$

$$\text{AP 的时间百分比} = \frac{1}{1 + 0.231 + 0.231} = 68.4\%$$

4. 知识点：构象异构体的相对能量比较。

7 与 11 镜面对称，因此能量相等；8 与 10 镜面对称，因此能量相等。9 和 12 没有与之能量相等的构象。

5. 知识点：不对称环丙烷取代化合物的构象。

W、X、Y 和 Z 的侧面图（从右侧向左侧看）：

从侧面图中可以清楚地观察到：

① W 和 Z 的两个大基团呈重叠式，与构象 12 相同。

② X 的两个大基团夹角约为 120°，且立体构型与 8 相同。

③ Y 的两个大基团夹角约为 120°，且立体构型与 10 相同。

试题 5 本题涉及唐纳德·特朗普与新冠病毒

试题与解答

唐纳德·特朗普曾提议几种预防或者治疗新冠病毒感染的策略，然而都被医学专家们所否定。其中包括在体内进行紫外线照射和注射消毒剂。2020 年 5 月，特朗普声称他正在服用羟氯喹。2020 年 10 月，媒体报道其感染上了新冠病毒 COVID-19。

唐纳德·特朗普

羟氯喹

羟氯喹可以通过以下途径合成得到。注意此题中的反应路线图中并未展示出所有的副产物。

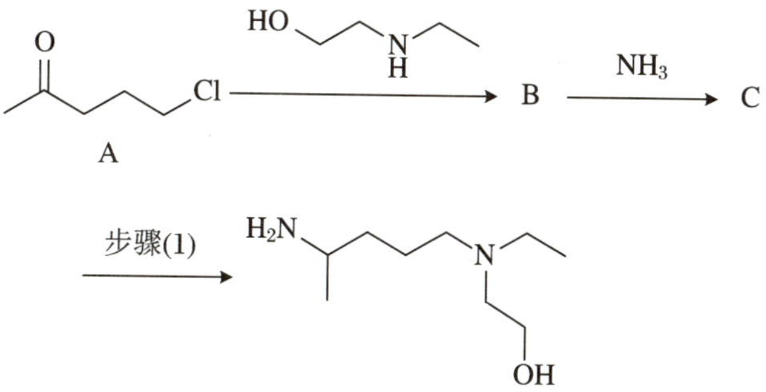

$$A \xrightarrow{\text{HOCH}_2\text{CH}_2\text{NHEt}} B \xrightarrow{\text{NH}_3} C \xrightarrow{\text{步骤(1)}} \text{H}_2\text{N-CH(CH}_3\text{)-(CH}_2\text{)}_3\text{-N(Et)(CH}_2\text{CH}_2\text{OH)}$$

1. 给出起始物 A 的 IUPAC 命名。

2. 画出 B 和 C 的结构。

3. 勾选出进行步骤(1)时所需的反应试剂/条件。
Br_2/紫外线 $KMnO_4$ H_2/Ni 催化剂   酸性 $K_2Cr_2O_7$
OsO_4 乙胺 O_2/紫外线 H_2SO_4 催化剂

合成路线中另一个起始物为苯。

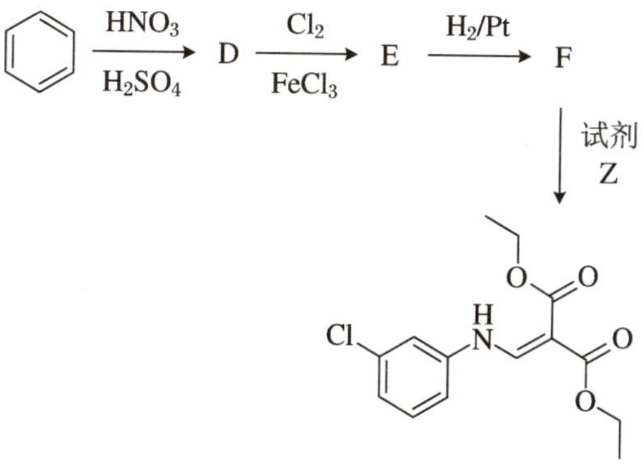

$$\text{苯} \xrightarrow[\text{H}_2\text{SO}_4]{\text{HNO}_3} D \xrightarrow[\text{FeCl}_3]{\text{Cl}_2} E \xrightarrow{\text{H}_2/\text{Pt}} F \xrightarrow{\text{试剂 Z}} \text{(3-氯苯基)-NH-CH=C(COOEt)}_2$$

4. 画出 D、E 和 F 的结构。

反应试剂 Z 的合成路线如下。丙二酸二乙酯用碱处理后得到负离子 V^-。原甲酸三乙酯用酸处理后得到正离子 W^+。正离子 W^+ 分解,失去乙醇形成正离子 X^+。负离子 V^- 与正离子 X^+ 结合形成中间体 Y,接着进一步失去一分子乙醇后形成 Z。

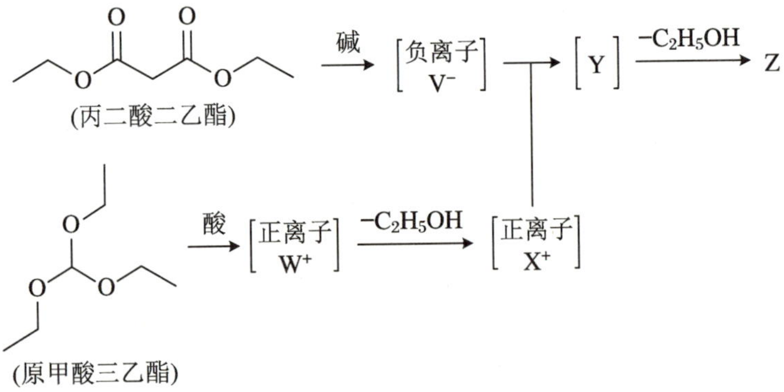

(丙二酸二乙酯) $\xrightarrow{\text{碱}}$ [负离子 V⁻] $\longrightarrow$ [Y] $\xrightarrow{-C_2H_5OH}$ Z

(原甲酸三乙酯) $\xrightarrow{\text{酸}}$ [正离子 W⁺] $\xrightarrow{-C_2H_5OH}$ [正离子 X⁺]

5. 画出负离子 V⁻、正离子 W⁺、正离子 X⁺、中间体 Y 和试剂 Z 的结构。

合成路线的最后部分如下图所示：

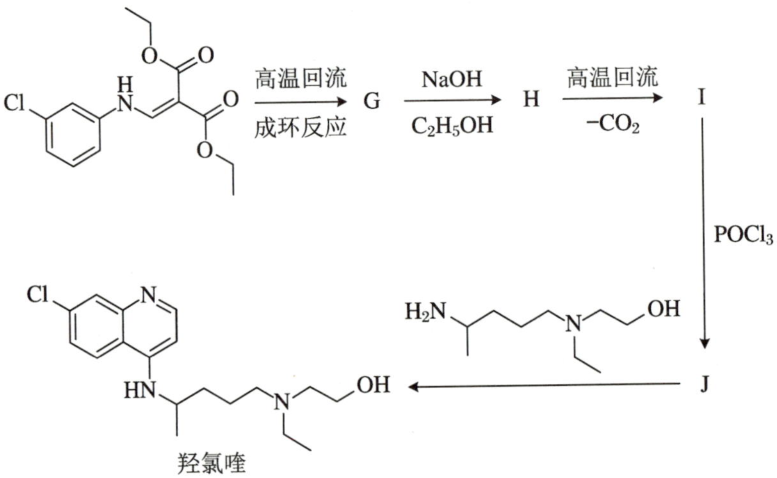

$\xrightarrow{\text{高温回流}\atop\text{成环反应}}$ G $\xrightarrow[C_2H_5OH]{NaOH}$ H $\xrightarrow[-CO_2]{\text{高温回流}}$ I $\xrightarrow{POCl_3}$ J $\longrightarrow$ 羟氯喹

6. 画出 G、H、I 和 J 的结构。

解答 1. 知识点：简单有机化合物的 IUPAC 命名。

A 是一个单取代的酮，因此羰基的位置数字必须尽可能小。碳链标号如下：

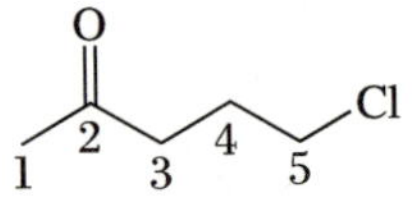

因此命名为 5-chloropenta-2-one。

2. 知识点：卤代烃的亲核取代反应；羰基化合物的加成-消除反应；

能力点：有机化合物结构推断。

① 通过观察最终产物的结构,可知 A ⟶ B 为胺对卤代烃的亲核取代反应:

$$\text{A} + \text{HOCH}_2\text{CH}_2\text{NHCH}_2\text{CH}_3 \xrightarrow{-\text{HCl}} \text{B}$$

② B ⟶ C 为 NH_3 对羰基的亲核加成-消除反应,脱去一分子 H_2O,得到亚胺化合物(imine):

$$\text{B} + \text{NH}_3 \xrightarrow{-\text{H}_2\text{O}} \text{C}$$

3. 知识点:考查有机还原反应的条件。

该反应为加氢还原反应。在各个反应条件中只有 H_2/Ni 催化剂为加氢还原条件。

4. 知识点:苯的硝基化;苯的卤代;苯环定位基效应;硝基苯还原;

能力点:有机化合物结构推断。

① 苯 ⟶ D 为苯环的硝基化亲电取代反应:

$$C_6H_6 \xrightarrow[H_2SO_4]{HNO_3} C_6H_5NO_2 \text{ (D)}$$

② D ⟶ E 为苯环的氯化亲电取代反应,且硝基为间位定位基:

$$\text{D} \xrightarrow[\text{FeCl}_3]{\text{Cl}_2} \text{E (间-氯硝基苯)}$$

③ E ⟶ F 为硝基的加氢还原反应:

$$\text{E} \xrightarrow{H_2/Pt} \text{F (间-氯苯胺)}$$

5. 知识点:碳负离子的生成;碳负离子的亲核加成;醚的质子化;醚的消除;

能力点：有机化合物结构推断。

① 丙二酸二乙酯的两个羰基的 α-H 酸性较强，在碱的作用下生成碳负离子 V⁻：

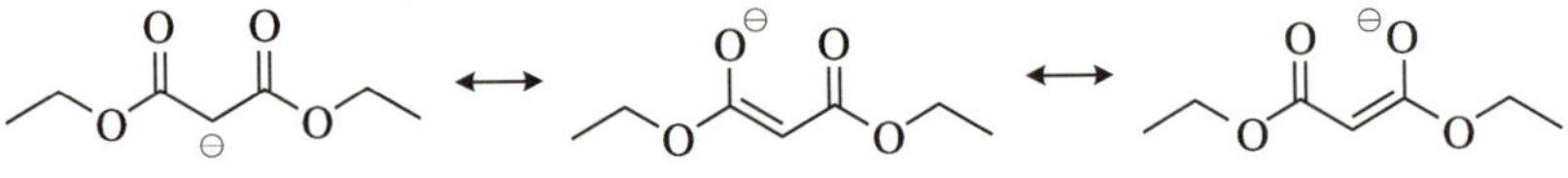

② 原甲酸三乙酯（triethyl orthoformate）的氧原子具有一定碱性，在酸的作用下生成质子化离子 W⁺：

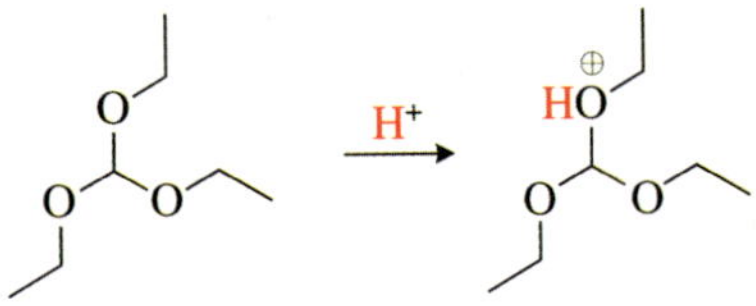

③ W⁺ 脱去一分子乙醇形成 X⁺：

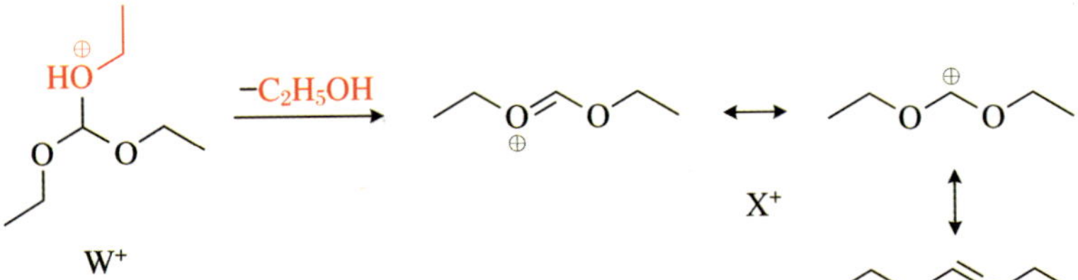

④ X⁺ 与 V⁻ 反应生成 Y：

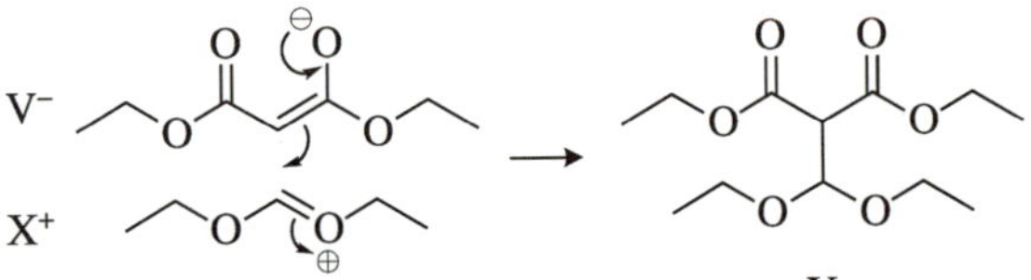

⑤ Y 脱去一分子乙醇形成 Z：

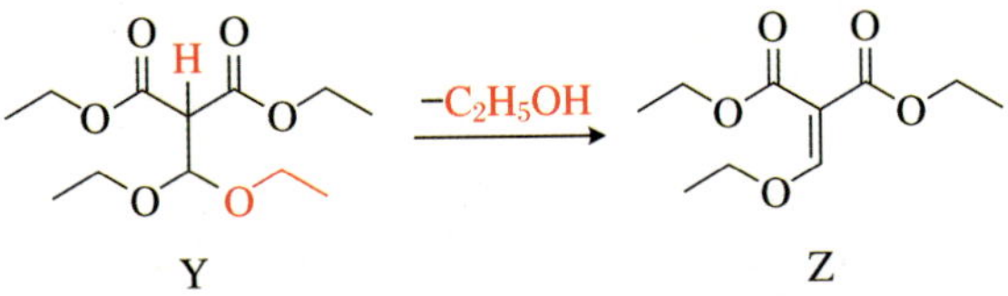

6. 知识点：酯的亲核加成-消除；酯的水解；脱羧；醇的氯代；

能力点：有机化合物结构推断。

① 观察比较起始物与最终产物可以发现，起始物——G 的反应为苯环对酯羰基的亲核加成-消除反应，并进一步芳环化形成喹啉的杂环结构：

[反应式：起始物 $\xrightarrow{-C_2H_5OH}$ 中间体 $\xrightleftharpoons{芳香化}$ G]

② G——H 为碱性条件下的酯水解反应：

[反应式：G $\xrightarrow{OH^-}$ H]

③ H——I 为高温下羧酸的脱酸反应：

[反应式：H $\xrightarrow[-CO_2]{高温}$ I]

④ I——J 为氯代反应，将喹啉环上的羟基转换为氯：

[反应式：I $\xrightarrow{POCl_3}$ J]

背景拓展阅读

为什么特朗普如此推崇羟氯喹?

其实特朗普对羟氯喹的推崇并非毫无依据。2020年3月,法国病毒学家 Didier Raoult 在《国际抗菌剂杂志》(*International Journal of Antimicrobial Agents*)上发表论文,指出使用羟氯喹配合阿奇霉素的类似鸡尾酒疗法后,患者在5天左右消除病毒[1]。

同年同月,北京大学第三医院药物临床试验中心在《临床传染病》(*Clinical Infectious Diseases*)上发表的结果显示,羟氯喹相比于氯喹具有更少的毒副作用,可能更有助于治疗新冠重症患者[2]。

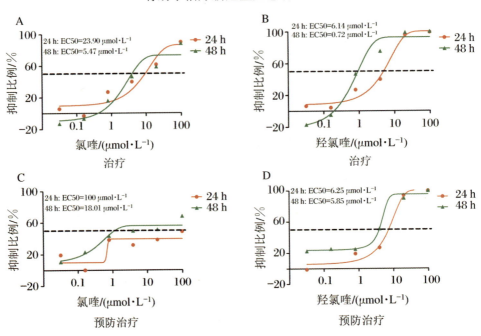

羟氯喹到底对治疗新冠病毒感染有没有效果?

首先,需要明确的是潜在药物的体外(in vitro)和体内(in vivo)试验结果差距很大。在体外,例如试管或者培养皿中,能消灭病毒的药物,不一定能在人体中起到

作用。

对羟氯喹的后续研究发现,没有证据证明其真的能预防或者治疗病毒性疾病。

其次,尽管法国和中国的医生及研究人员都声称羟氯喹在临床治疗中有效,但他们研究中的样本数都太少,缺乏统计学意义。尤其在法国的研究中,只有 26 位患者参与,而其中只有 20 位真的服用了羟氯喹,并且缺少安慰剂对照组和双盲研究,严格意义上不符合刊发标准。

在 Cochrane 评价中(截至 2020 年 9 月 15 日的研究)发现,与安慰剂组相比,羟氯喹并不影响新冠病毒感染患者死亡数量(共 9 项研究,8208 例患者)[3]。

同时,羟氯喹与阿奇霉素的组合也不会降低新冠病毒感染住院患者的短期死亡率和门诊患者的住院风险。

If sample is too small …
× Inaccurate results.
× More source of bias.
× Power of the study comes down.
× Study fails to give meaningful information.
× Waste of resources on a inaccurate study.
× Ethical issues abotu recruiting patients into a meaningless study.

参考文献

[1] Gautret P, Lagier J C, Parola P, et al. Hydroxychloroquine and azithromycin as a treatment of COVID-19: results of an open-label non-randomized clinical trial[J]. International Journal of Antimicrobial Agents, 2020, 56(1): 105949.

[2] Yao X, Ye F, Zhang M, et al. In vitro antiviral activity and projection of optimized dosing design of hydroxychloroquine for the treatment of severe acute respiratory syndrome coronavirus 2 (SARS-CoV-2)[J]. Clinical Infectious Diseases, 2020, 71(15): 732-739.

[3] Singh B, Ryan H, Kredo T, et al. Chloroquine or hydroxychloroquine for prevention and treatment of COVID-19[J]. Cochrane Database of Systematic Reviews, 2021(2).

试题 6 本题涉及氙的氟化物

 试题与解答

苏格兰化学家 William Ramsay 爵士发现稀有气体

氙(Xe)的时候,认为其是惰性的。从那以后,人们发现氙可以与强氧化剂反应。例如,氙与氟气反应生成一系列氟化物,如 XeF_2、XeF_4 和 XeF_6。

1. 写出生成四氟化氙的化学式。

四氟化氙的结构中,Xe 周围有六对电子,因此该结构基于八面体构型的基础上。

2. 画出四氟化氙的点叉结构式。

3. 画出四氟化氙中 Xe 原子周围电子对两种可能的三维排列方式,并勾选出它所采取的那种。

4. 画出二氟化氙中氙原子周围五对电子对可能的三维排列方式,并勾选出它所采取的那种。

在不同条件下研究氙和氟气生成二氟化氙的反应动力学。以下表格展示了 120 ℃ 时不同起始浓度反应物的瞬时反应速率。假设反应容器体积保持不变。

n_{Xe}/mol	n_{F_2}/mol	$10^5 \times$ 反应速率/(mol·dm^{-3}·s^{-1})
1.0	5.0	3.6
1.0	10.0	3.6
2.0	10.0	7.2

5. 生成二氟化氙的反应速率方程是什么?

Arrhenius 方程描述了速率常数与温度之间的关系:
$$k = Ae^{-E_a/RT}$$

无催化剂的情况下,氙与氟生成 XeF_2 的反应在温度 T 时的速率常数为 k,碰撞频率常数为 A,活化能为 E_a。R 为气体常数。

当在反应体系中加入二氟化镍催化剂时,速率常数变为 k_{cat},碰撞频率为 A_{cat},活化能为 E_{cat}。并且发现有催化剂参与的反应在 120 ℃ 时速度加快了 13 倍,在 100 ℃ 时速度加快了 23 倍。

活化能的改变量 $\Delta E = E_a - E_{cat}$。

6. 使用 T、A、A_{cat}、ΔE 和任意常数来表达比例 k_{cat}/k。

7. 计算活化能的改变量 ΔE,以 kJ·mol^{-1} 为单位,假设碰撞频率因子与温度无关。

无催化剂生成二氟化氙反应过程中的决速步为原子氟与氙的反应，$F(g) + Xe(g) \longrightarrow XeF(g)$。一个更加完善的动力学理论将该反应的速率常数表达为

$$k = \beta \left(\frac{T}{\mu}\right)^{\frac{1}{2}} e^{-E_a/RT}$$

其中，β 为常数而 μ 为折合质量，两者都与温度无关。速率常数在不同温度下的取值如下表所示：

$T/\ ℃$	50	70	100	130	170
$k/(dm^3 \cdot mol^{-1} \cdot s^{-1})$	1.55×10^{-10}	1.19×10^{-9}	1.70×10^{-8}	1.63×10^{-7}	2.07×10^{-6}

8. 使用上表中的数据计算该反应的活化能。

当氙在1898年被发现时，它的相对原子质量被指定为128，但在本题一开始的图片中被错误地标注为28。自从那时氙的相对原子质量逐渐改进至现在的数值131.29。

速率常数取决于折合质量 μ：

$$\frac{1}{\mu} = \frac{1}{M_{Xe}} + \frac{1}{M_F}$$

其中，M_{Xe} 与 M_F 为氙和氟的摩尔质量，单位为 $g \cdot mol^{-1}$。

9. 如果氙的摩尔质量为 $28\ g \cdot mol^{-1}$，计算反应 $F + Xe \longrightarrow XeF$ 的速率常数。假设其他参数保持不变。

解答 1. 知识点：化学方程式的书写与配平。

由题意可知，反应物为 Xe 与 F_2，产物为 XeF_4，因此配平后的方程式为

$$Xe + 2F_2 \longrightarrow XeF_4$$

2. 知识点：简单共价化合物点叉式书写。

根据 VSEPR 模型，XeF_4 中心原子 Xe 周围有六对电子对，其中四对为成键电子对，另外两对为孤电子对，因此其点叉式为

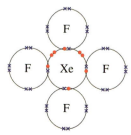

3. 知识点:VSEPR 模型;判断分子构型。

两对孤电子对在八面体中有两种排列方式:相邻(相对中心原子夹角为 90°)和相对(相对中心原子夹角为 180°):

相邻　　相对

两对孤对电子采取相对排列的构型具有优势,因为孤对电子之间排斥力较小。

4. 知识点:VSEPR 模型;判断分子构型。

Xe 周围有五对电子对,因此电子构型为三角双锥(trigonal planar),其中两对为成键电子对,三对为孤电子对。因此根据两对成键电子对的相对位置,总共有三种排列方式:

相邻(90°)　　相邻(120°)　　相对 180°

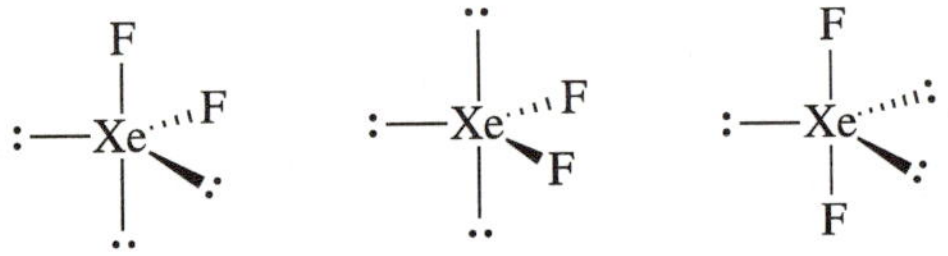

两对成键电子对处于相对位置时,三对孤对电子之间夹角为 120°,排斥力最小。因此二氟化氙为直线型。

5. 知识点:速率方程中反应级数的计算。

比较表格中第一和第二行数据可知,反应速率与 n_{F_2} 无关。

比较表格中第二和第三行数据可知,反应速率与 n_{Xe} 呈正比关系。

因此速率方程为

$$反应速率 = k[Xe]$$

6. 能力点:代数式推导。

无催化剂:$k = A \cdot e^{-E_a/RT}$;

有催化剂:$k_{cat} = A_{cat} \cdot e^{-E_{cat}/RT}$。

两式联立,得

$$\frac{k_{cat}}{k} = \frac{A_{cat}}{A} \cdot e^{-\frac{1}{RT} \cdot (E_{cat} - E_a)} = \frac{A_{cat}}{A} \cdot e^{\Delta E/RT}$$

7. 能力点：反应活化能的计算。

本题较简单,只需要将120 ℃和100 ℃时反应速率的数据代入上题的结论中即可。

120 ℃时,

$$\frac{k_{\text{cat}}}{k} = \frac{A_{\text{cat}}}{A} \cdot e^{\Delta E/(R \cdot 393\text{ K})} = 13$$

100 ℃时,

$$\frac{k_{\text{cat}}}{k} = \frac{A_{\text{cat}}}{A} \cdot e^{\Delta E/(R \cdot 373\text{ K})} = 23$$

两式联立,得

$$e^{(\Delta E/R) \cdot \left(\frac{1}{373\text{ K}} - \frac{1}{393\text{ K}}\right)} = \frac{23}{13}$$

$$\Delta E = 34.7 \text{ kJ} \cdot \text{mol}^{-1}$$

8. 能力点：新信息阅读与运用。

可以任意挑选两个温度及其对应的速率常数 k,例如 50 ℃与 170 ℃进行计算。

$$\frac{k_{170}}{k_{50}} = \frac{(443\text{ K})^{\frac{1}{2}} \cdot e^{-E_a/(R \cdot 443\text{ K})}}{(323\text{ K})^{\frac{1}{2}} \cdot e^{-E_a/(R \cdot 323\text{ K})}}$$

$$= \sqrt{\frac{443}{323}} \cdot e^{-(E_a/R) \cdot \left(\frac{1}{443\text{ K}} - \frac{1}{323\text{ K}}\right)}$$

$$= \frac{2.07 \times 10^{-6}}{1.55 \times 10^{-10}}$$

$$E_a = 92.6 \text{ kJ} \cdot \text{mol}^{-1}$$

9. 能力点：新信息阅读与运用。

首先计算出 XeF 与 Xe′F 的折合质量 μ（Xe′ 为 28 g·mol^{-1}）。

$$\frac{1}{\mu_{\text{XeF}}} = \frac{1}{131.29 \text{ g} \cdot \text{mol}^{-1}} + \frac{1}{19.00 \text{ g} \cdot \text{mol}^{-1}}$$

$$\mu_{\text{XeF}} = 16.60 \text{ g} \cdot \text{mol}^{-1}$$

$$\frac{1}{\mu_{\text{Xe}'\text{F}}} = \frac{1}{28 \text{ g} \cdot \text{mol}^{-1}} + \frac{1}{19.00 \text{ g} \cdot \text{mol}^{-1}}$$

$$\mu_{\text{Xe}'\text{F}} = 11.32 \text{ g} \cdot \text{mol}^{-1}$$

代入上小题的公式中进行计算。

$$\frac{k'}{k} = \frac{(\mu_{\text{XeF}})^{\frac{1}{2}}}{(\mu_{\text{Xe'F}})^{\frac{1}{2}}}$$

$$k' = \frac{\sqrt{16.60 \text{ g} \cdot \text{mol}^{-1}}}{\sqrt{11.32 \text{ g} \cdot \text{mol}^{-1}}} \times 1.70 \times 10^{-8} \text{ dm}^3 \cdot \text{mol}^{-1} \cdot \text{s}^{-1}$$

$$= 2.06 \times 10^{-8} \text{ dm}^3 \cdot \text{mol}^{-1} \cdot \text{s}^{-1}$$

2022 英国化学
奥林匹克竞赛试题解析

试题 1　本题涉及 E10 汽油

试题与解答

为了应对气候变化,英国政府在 2021 年 9 月将加油站燃油泵的标准汽油等级从 E5 提升到了 E10。这些 E 值指的是乙醇-烃类汽油混合物中乙醇的百分比。有人认为从 E5 到 E10 的改变是 2021 年 10 月汽油短缺的原因之一,因为零售商尽力降低他们 E5 汽油的现货供应。

E 值和辛烷值同时显示在燃油泵的屏幕上。汽油中辛烷的直链异构体比例非常低,因为它会导致发动机的"爆震"。爆震就是燃油过早地被点燃从而降低发动机效率。支链辛烷相对不太容易导致爆震,因此被应用在汽油中。其中一种重要的异构体是 2,2,4-三甲基戊烷。

1. 画出 2,2,4-三甲基戊烷的骨架式。

将乙醇混合进汽油中,例如 E5 和 E10,同样可以减少爆震。乙醇是一种生物燃料,通常生产自发酵粮食农作物中的糖类物质。这些农作物吸收大气中的二氧化碳并通过光合作用转化为糖类,例如葡萄糖($C_6H_{12}O_6$)。

2. 写出光合作用中从二氧化碳生成葡萄糖的反应方程式。

葡萄糖厌氧发酵产生乙醇和二氧化碳。

3. 写出葡萄糖厌氧发酵的反应方程式。

决定燃料有效性的一个方面就是它所能释放出的能量，又称为它的燃烧焓。一种确定燃烧焓的方式就是用平均键焓。以下表格中是一些平均键焓的数据。

键	平均键焓/(kJ·mol^{-1})
C—C	347
C—H	413
O=O	498
C—O	358
C=O	805
O—H	464

当使用这个方法计算的时候，辛烷所有不同的异构体都有相同的燃烧焓数值。

4. 计算辛烷的一种异构体的燃烧焓。

假设 1 L E10 汽油中含有 100 mL 乙醇和 900 mL 辛烷异构体，而 1 L E5 汽油中含有 50 mL 乙醇和 950 mL 辛烷异构体。纯乙醇的密度为 0.789 g·cm^{-3}，而纯辛烷异构体的密度为 0.703 g·cm^{-3}。假设液体混合时没有体积变化。

使用平均键焓可算得乙醇的燃烧焓为 -1276 kJ·mol^{-1}。

5. 对于 E5 和 E10 汽油，分别计算燃烧 1 L 该汽油所释放的能量，以 kJ 为单位。

6. 将燃烧 1 L E5 所释放的能量视为 100%，计算燃烧 1 L E10 所释放的能量（用百分数表示）。

燃烧乙醇所产生的 CO_2 与植物生长时所吸收的 CO_2 相互抵消。因此当比较 E5 和 E10 汽油的碳足迹时，乙醇的贡献不计入内。

7. 将燃烧 1 L E5 所释放 CO_2 的量视为 100%，计算燃烧 1 L E10 所释放 CO_2 的量（用百分数表示）。只需要考虑燃烧辛烷异构体所产生的 CO_2。

解答 1. 知识点：烷烃的命名；有机化合物骨架式。

主碳链为戊烷，2 位上有两个甲基，4 位上有一个甲基：

2. 知识点：方程式的书写与配平。

根据题意，反应物中有 CO_2，产物中有 $C_6H_{12}O_6$，易知反应物中还有 H_2O，而产物中还有光合作用产生的氧气 O_2。配平后的方程式为

$$6CO_2 + 6H_2O \longrightarrow C_6H_{12}O_6 + 6O_2$$

3. 知识点：方程式的书写与配平。

根据题意，反应物为 $C_6H_{12}O_6$，产物为 C_2H_5OH 与 CO_2。配平后的方程式为

$$C_6H_{12}O_6 \longrightarrow 2C_2H_5OH + 2CO_2$$

4. 知识点：燃烧焓的方程式；用键焓计算反应焓变。

辛烷燃烧焓的方程式：

$$C_8H_{18} + \frac{25}{2}O_2 \longrightarrow 8CO_2 + 9H_2O$$

所有辛烷的异构体都有 7 根 C—C 键和 18 根 C—H 键，因此

$$\begin{aligned}
\Delta H^\ominus &= BE_{\text{reactants}} - BE_{\text{products}} \\
&= \left(7 \times BE_{\text{C—C}} + 18 \times BE_{\text{C—H}} + \frac{25}{2} \times BE_{\text{O=O}}\right) \\
&\quad - (16 \times BE_{\text{C=O}} + 18 \times BE_{\text{O—H}}) \\
&= \left[\left(7 \times 347 + 18 \times 413 + \frac{25}{2} \times 498\right)\right. \\
&\quad \left. - (16 \times 805 + 18 \times 464)\right] \text{kJ} \cdot \text{mol}^{-1} \\
&= -5144 \text{ kJ} \cdot \text{mol}^{-1}
\end{aligned}$$

5. 知识点：由反应焓变计算反应热量。

① E5。

乙醇释放的能量：

$$\begin{aligned}
n_{\text{ethanol}} &= 50 \text{ cm}^3 \times 0.789 \text{ g} \cdot \text{cm}^{-3} \div 46.07 \text{ g} \cdot \text{mol}^{-1} \\
&= 0.856 \text{ mol}
\end{aligned}$$

$$\begin{aligned}
q_{\text{ethanol}} &= n_{\text{ethanol}} \cdot |\Delta H_c^\ominus \text{ethanol}| \\
&= 0.856 \text{ mol} \times 1276 \text{ kJ} \cdot \text{mol}^{-1} \\
&= 1093 \text{ kJ}
\end{aligned}$$

辛烷释放的能量：

n_{octane} = 950 cm³ × 0.703 g·cm⁻³ ÷ 114.22 g·mol⁻¹
       = 5.85 mol

q_{octane} = n_{octane} · $|\Delta H_c^{\ominus}\text{octane}|$
       = 5.85 mol × 5144 kJ·mol⁻¹
       = 30092 kJ

释放的总能量：

$$q_{\text{E5}} = q_{\text{ethanol}} + q_{\text{octane}} = 31185 \text{ kJ}$$

② E10。

乙醇释放的能量：

n_{ethanol} = 100 cm³ × 0.789 g·cm⁻³ ÷ 46.07 g·mol⁻¹
       = 1.71 mol

q_{ethanol} = n_{ethanol} · $|\Delta H_c^{\ominus}\text{ethanol}|$
       = 1.71 mol × 1276 kJ·mol⁻¹
       = 2181 kJ

辛烷释放的能量：

n_{octane} = 900 cm³ × 0.703 g·cm⁻³ ÷ 114.22 g·mol⁻¹
       = 5.54 mol

q_{octane} = n_{octane} · $|\Delta H_c^{\ominus}\text{octane}|$
       = 5.54 mol × 5144 kJ·mol⁻¹
       = 28498 kJ

释放的总能量：

$$q_{\text{E10}} = q_{\text{ethanol}} + q_{\text{octane}} = 30679 \text{ kJ}$$

6.

$$\frac{q_{\text{E10}}}{q_{\text{E5}}} \times 100\% = \frac{30679 \text{ kJ}}{31185 \text{ kJ}} \times 100\% = 98.4\%$$

7. 知识点：化学计量学。

1 L E5 释放的 CO_2：

n_{CO_2} = 8 × $n_{C_8H_{18}}$ = 8 × 5.85 mol = 46.8 mol

1 L E10 释放的 CO_2：

n'_{CO_2} = 8 × $n_{C_8H_{18}}$ = 8 × 5.54 mol = 44.3 mol

$$\frac{n'_{CO_2}}{n_{CO_2}} \times 100\% = \frac{44.3 \text{ mol}}{46.8 \text{ mol}} \times 100\% = 94.7\%$$

试题 2 本题涉及一氧化二氮的化学

  试题与解答

一氧化二氮（N_2O）可以用作掼奶油中的推进剂、汽车引擎中提升燃烧效率的添加剂以及医学和牙医中的麻醉剂。当被人吸入后，一氧化二氮会导致一种非常滑稽的无法控制的快感，因此又被称作"笑气"。现在人们已经了解到用一氧化二氮来作乐可能会导致严重的健康隐患。

一氧化二氮可以通过亚硝酸（HNO_2）——一种可用来生产染料的弱酸来制备。

1. 画出 HNO_2 的点叉式。

亚硝酸可以通过两种不同的方式转化成一氧化二氮。第一种方法如下图所示。首先亚硝酸与 O_2 反应生成分子 A。分子 A 接着与氨反应生成盐 $[B^+][C^-]$，最终热分解为一氧化二氮与水。

2. 写出 A 的化学式。

3. 画出离子 B^+ 与 C^- 的结构并清晰展现出它们的形状。

第二种方法为热分解亚硝酸。每两个亚硝酸分子会产生一分子的 D 和 E，还有水。E 为棕红色的气体，并与无色气体 X 建立化学平衡。

D 和 E 接着反应生成分子 F。F 热分解产生一氧化二氮与氧气。

4. 写出 D、E、F 和 X 的化学式。

一氧化二氮为线性分子，氮原子在中间。

5. 画出 N_2O 的结构。

解答 1. 知识点：分子结构点叉式。

HNO_2 比硝酸 HNO_3 少一个氧原子，因此点叉式为

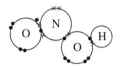

2. 知识点：氮的元素化学。

亚硝酸 HNO_2 被氧化后生成硝酸 HNO_3。

3. 知识点：氮的元素化学；VSEPR 模型。

硝酸 HNO_3 与氨 NH_3 反应生成离子化合物硝酸铵 NH_4NO_3。因此 B^+ 为 NH_4^+，形状为正四面体：

$$\underset{H}{\overset{H}{N}}\overset{\oplus}{\underset{H}{\cdots}}H$$

C^- 为 NO_3^-，形状为平面三角形：

$$\underset{O^{\ominus}}{\overset{O}{N}}\overset{\oplus}{\underset{}{}}O^{\ominus}$$

4. 知识点：氮的元素化学。

根据颜色易知 E 为二氧化氮（NO_2），X 为 E 的二聚体四氧化二氮（N_2O_4）。E 与 X 可逆地互相转化：

$$2NO_2 \rightleftharpoons N_2O_4$$

根据题意，亚硝酸的热分解反应为

$$2HNO_3 \longrightarrow D + NO_2 + H_2O$$

因此 D 为一氧化氮 NO。

NO_2 与 NO 反应生成三氧化二氮 N_2O_3。

$$NO_2 + NO \longrightarrow N_2O_3$$

$$N_2O_3 \longrightarrow N_2O + O_2$$

5. 知识点：共价分子结构式；等电子体。

N_2O 与 CO_2 为等电子体，因此其结构与 CO_2 的类似：

$$\overset{\ominus}{N}=\overset{\oplus}{N}=O$$

试题3 本题涉及立方烷

试题与解答

柏拉图立体为所有的面、边和角均全等（相同）的三维图形。总共只有五种柏拉图立体。柏拉图提出假设，即经典元素——气、土、火和水，每种都对应其中一种图形。

随着过去2360年化学的发展，我们不再认为只有四种元素或者它们由柏拉图立体组成。然而，我们依然可以由化学元素来制成柏拉图立体。

其中一种分子立方烷，由于其特殊的结构引起了人们的兴趣并有着潜在的应用。

1. 写出立方烷的分子式。

一种合成立方烷的方法为采用1,4-立方烷二羧酸。下图为立方烷羧酸和立方烷二羧酸的三种异构体。

立方烷结构

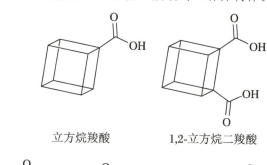

立方烷羧酸   1,2-立方烷二羧酸

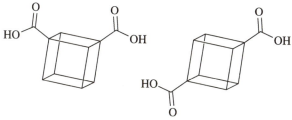

1,3-立方烷二羧酸   1,4-立方烷二羧酸

2. 完成下面的表格，标明以下各种化合物的 ^{13}C NMR中峰的数量：

(1) 立方烷。
(2) 立方烷羧酸。
(3) 1,2-立方烷二羧酸。
(4) 1,3-立方烷二羧酸。
(5) 1,4-立方烷二羧酸。

分子	^{13}C NMR 中峰的数量
立方烷	
立方烷羧酸	
1,2-立方烷二羧酸	
1,3-立方烷二羧酸	
1,4-立方烷二羧酸	

立方烷合成过程的起始步骤如下图所示：

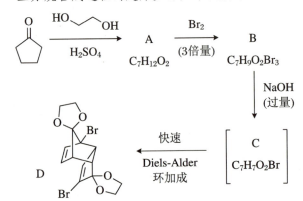

A 与 3 倍量的 Br_2 反应生成 B。B 的分子式为 $C_7H_9O_2Br_3$，其中的 3 个溴原子均正好与 2 个氧原子间隔 3 根键。

然后 B 与过量氢氧化钠反应生成中间体 C，C 接着与另一分子 C 反应生成化合物 D。

3. 画出 A 和 B 的结构。

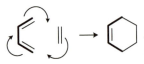

中间体 C 到 D 的反应为第尔斯-阿尔德（Diels-Alder）环加成反应。该反应最简单的例子为丁二烯与乙烯的反应，如左图所示。

另外 3 个 Diels-Alder 环加成反应如下图所示：

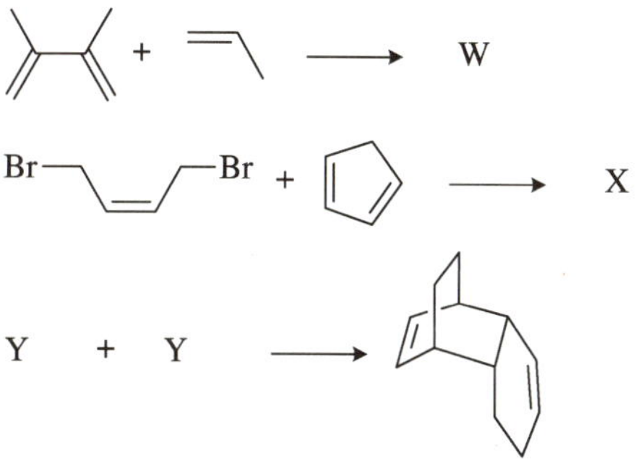

4. 画出产物 W 和 X 的结构。

Y 通过 Diels-Alder 反应双聚生成图中所示产物。

5. 画出起始物 Y 的结构。

6. 基于 Diels-Alder 反应的知识，画出中间体 C 的机构。

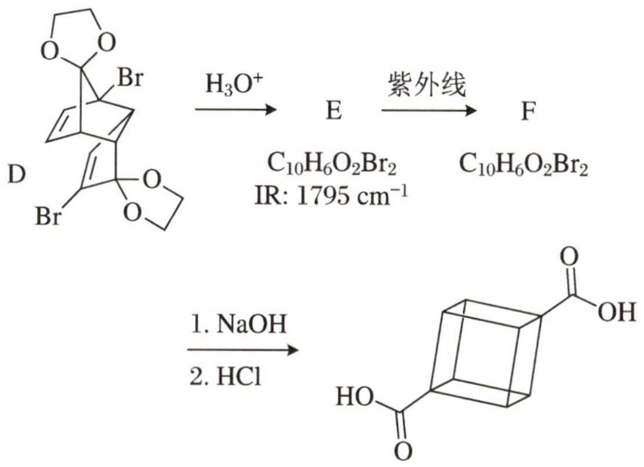

化合物 D 与酸性水溶液反应生成化合物 E。E 在光照下发生分子内反应生成化合物 F。化合物 F 中包含 2 个四元环。

最后，化合物 F 与氢氧化钠反应，再用盐酸处理。这个反应被称为 Favorskii 重排。Favorskii 重排反应的通式如下图所示：

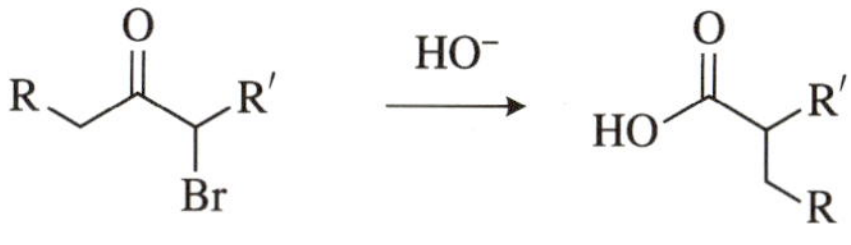

7. 在以下的结构上，圈出亲电的碳原子。

8. 使用下面提供的分子骨架，画出 E 和 F 的结构。

接着立方烷二羧酸可以转化为立方烷。

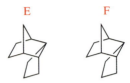

9. 使用下面提供的分子骨架，画出 G 和 H 的结构。

立方烷的一种异构体——桶烯，同样可以通过 Diels-Alder 反应来合成。

两种起始物通过 Diels-Alder 反应生成 Q。生成 R 的过程中多了一个环。R 接着反应生成三种产物，其中一种在图中已经表示出来了。化合物 S 是一种气体。化合物 T 用 NaOH 处理后生成 1,2-桶烯二羧酸。

10. 使用下面提供的分子骨架,画出 Q、R、S 和 T 的结构。

解答 1. 知识点:有机化合物骨架式。

根据该结构式,可知立方烷分子中共有 8 个碳原子和 8 个氢原子,因此分子式为 C_8H_8。

2. 知识点:碳原子化学环境。

（1）立方烷中所有碳原子都等价,所以 ^{13}C NMR 中只有 1 个峰。

（2）立方烷羧酸中有 5 种不同的碳原子,所以 ^{13}C NMR 中有 5 个峰。

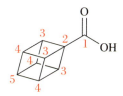

（3）1,2-立方烷二羧酸中有 4 种不同的碳原子,^{13}C NMR 中有 4 个峰。

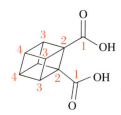

（4）1,3-立方烷二羧酸中有 5 种不同的碳原子,^{13}C NMR 中有 5 个峰。

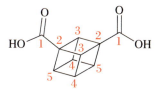

（5）1,4-立方烷二羧酸中有 3 种不同的碳原子,^{13}C NMR 中有 3 个峰。

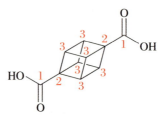

3. 知识点：缩酮化反应；卤代反应；

能力点：有机结构推断。

① 起始物 ⟶ A 为酮的缩酮化反应，脱去一分子水：

$$\text{环戊酮} \xrightarrow[\text{H}_2\text{SO}_4]{\text{HOCH}_2\text{CH}_2\text{OH}} \text{A} + \text{H}_2\text{O}$$

② A ⟶ B 为溴代反应。根据题意，与 C—O 键相邻的 2 个碳原子上的 3 个氢原子被溴原子取代：

（结构 B）

4. 知识点：Diels-Alder 环加成反应；

能力点：有机结构推断。

通过模仿示意图，可以画出生成 W 和 X 的反应机理，从而推出结构。

① 生成 W 的反应机理：

（机理图，产物 W）

② 生成 X 的反应机理：

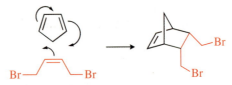

5. 知识点：Diels-Alder 环加成反应；

能力点：有机结构推断。

通过模仿示意图，可以画出 Y ⟶ 双聚体的逆反应

机理,从而倒推出 Y 的结构:

6. 知识点:Diels-Alder 环加成反应;

能力点:有机结构推断。

通过模仿示意图,可以画出 C ⟶ D 的逆反应机理,从而倒推出 C 的结构:

7. 知识点:碳原子的正负电性判断。

与电负性较高的原子,例如卤素原子、氧原子、氮原子,相连的碳原子带有一定正电性,容易受到亲核试剂(nucleophile)的进攻。

8. 知识点:缩酮脱保护反应;分子内环加成反应;Favorskii 重排反应;

能力点:有机结构推断。

① 比较 D 和 E 的分子式可知,该反应为脱去缩酮保护基,恢复成酮基的反应。

② 大多数考生应该对分子内[2+2]环加成反应比较陌生。因此 F 的结构更适合从最终产物 1,4-立方烷二羧酸逆推得到。

根据提示信息，F ⟶ 1,4-立方烷二羧酸为 Favorskii 重排。我们可以根据所给通式进行倒推：

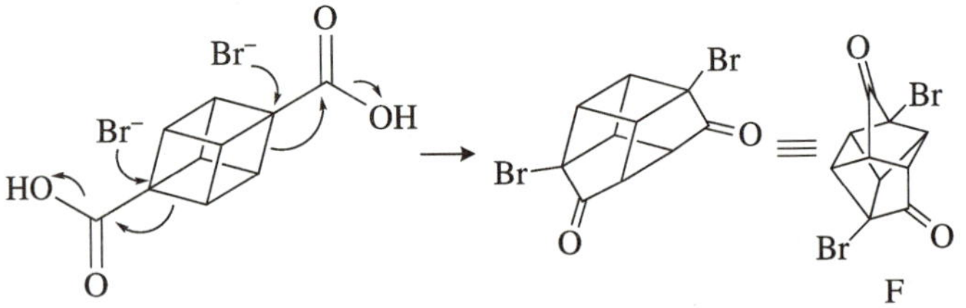

9. 知识点：羧酸酰氯化反应；酰氯的亲核加成取代反应；

能力点：有机结构推断。

① 立方烷二羧酸 ⟶ G 为羧酸的酰氯化反应：

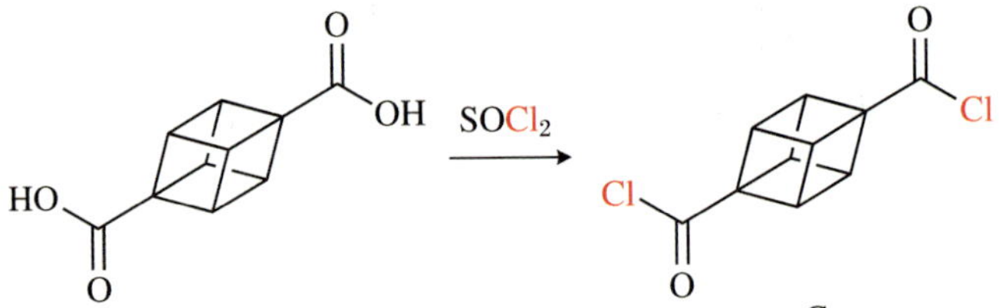

② 比较 G 与 H 的分子式可知，G ⟶ H 为过氧化叔丁醇对酰氯的亲核加成取代反应，形成酯：

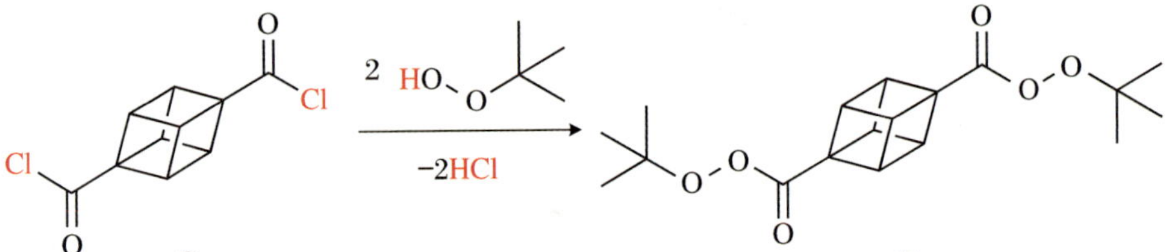

10. 知识点：Diels-Alder 反应；酯水解反应；

能力点：有机结构推断。

① 起始物 ⟶ Q 为 Diels-Alder 反应。根据题中提示，可画出其反应机理：

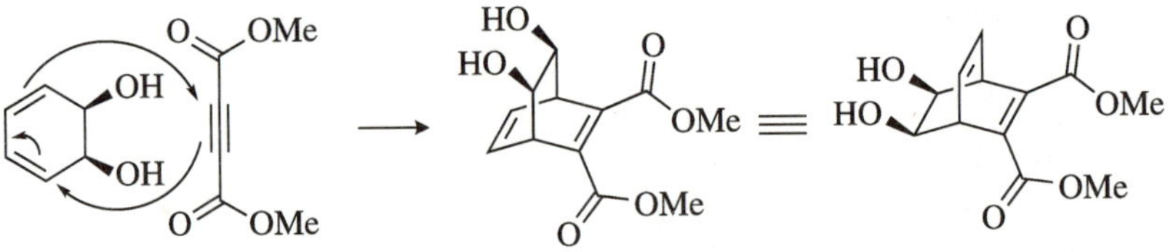

② R 相比于 Q 少了 2 个氢原子，多了 1 个碳原子和硫原子。结合反应试剂 N,N′-硫羰基二咪唑的结构以及

R 比 Q 多一个环的事实,可知 R 的结构为

③ 通过 R 与 3 种产物的化学式可知,化合物 S 的化学式为 $R(C_{13}H_{12}SO_6) - S(硫) - T(C_{12}H_{12}O_4) = CO_2$。剩下的部分即 T 的结构:

T 的结构亦可从最终产物倒推得到(酯的水解反应)。

背景拓展阅读

Favorskii 重排

Favorskii 重排及其反应机理

可烯醇化的 α 卤代酮与亲核试剂(如醇、胺或者水等)反应会发生碳架重排反应,生成羧酸或者羧酸衍生物,这就是 Favorskii 重排反应。

通常广泛认可的反应机理包括以下几步:
(1) α-C 去质子化形成烯醇式。

(2) 烯醇键进攻连有卤素的碳原子,形成环丙烷中间体。

(3) 亲核试剂进攻形成最稳定碳负离子。

(4) 质子转移得产物。

Favorskii 重排的合成应用

六环
$[6.4.2.0^{2,7}.0^{3,11}.0^{6,10}.0^{9,12}]$
十四烷

H. Takeshita 研究团队于 1994 年发表在 *J. Org. Chem.* 的文章中报道了六环对称笼化合物的合成[1]。

合成过程中的关键步骤之一就是利用 Favorskii 重排构造桥头羧酸。

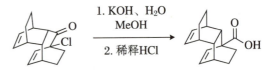

参考文献

[1] Takeshita H，Kawakami H，Ikeda Y，et al. Synthetic Photochemistry. 65. Synthesis of Hexacyclo [6.4.2.0^{2,7}.0^{3,11}.0^{6,10}.0^{9,12}] tetradecane[J]. The Journal of Organic Chemistry，1994，59(21)：6490-6492.

试题 4　本题涉及新冠病毒测试

一种常用的侧向层析检测法的原理是让液体样品通

过纸介质(图中从左到右)流动。新冠病毒的侧向流动检测法利用了病毒颗粒表面的S蛋白(刺突蛋白)与抗体之间的强结合作用。许多侧向流动检测结果中的红/粉色来源于表面包覆抗体的金纳米粒子(NP)。

为了进行一次侧向流动检测,通常需要使用一根药签并将其放置于 $1.0~\text{cm}^3$ 的提取液中。该提取液在 25 ℃ 下 pH 为 7.4,含有浓度为 $7.3~\text{mmol}\cdot\text{dm}^{-3}$ Na_2HPO_4 与 $4.6~\text{mmol}\cdot\text{dm}^{-3}$ KH_2PO_4 溶液。

1. 这些化学物质在提取液中的作用是什么?
制备强酸性溶液　　制备中性溶液
制备强碱性溶液　　制备缓冲溶液

2. 如果将 $1.0~\text{cm}^3$ 的 $0.10~\text{mol}\cdot\text{dm}^{-3}$ 盐酸溶液加入提取液中,得到的溶液的 pH 为多少?
非常酸性　　中性　　pH 7.4　　非常碱性

在检测过程中,受试者用药签擦拭他们的鼻子/咽喉并将其放置于提取液中。所得溶液被称作检测溶液。几滴检测溶液($0.1~\text{cm}^3$)作为测试样品被放置于样品垫上。

如果受试者感染了新冠病毒,那么在每毫升的检测溶液中通常约有 7.1×10^6 个病毒颗粒。每个病毒颗粒的表面上约有 20 个 S 蛋白。

3. 样品垫上的待测溶液中 S 蛋白的浓度 [SP] 是多少?以 $\text{mol}\cdot\text{dm}^{-3}$ 为单位。

当样品溶液经过结合垫时,它将被红色的包覆抗体的金纳米粒子所饱和,浓度为 $1.6\times10^{12}~\text{NP}\cdot\text{cm}^{-3}$。

NP 与任何 S 蛋白的结合都是一个可逆平衡反应。假设在所有结合过程中,S 蛋白与纳米粒子的比例都是 1∶1。

$$SP(aq) + NP(aq) \rightleftharpoons SPNP(aq)$$

$$K = \frac{[SPNP]}{[NP][SP]} = 1.2\times10^{10}~\text{mol}^{-1}\cdot\text{dm}^3$$

4. 由于纳米粒子大大过量，我们可以假设在平衡时纳米粒子的浓度依然是 1.6×10^{12} NP·cm^{-3}。

计算平衡浓度[SPNP]。以 mol·dm^{-3} 为单位。

经过结合垫后得到的混合溶液流过测试条。测试条中含有嫁接在表面上的抗体（AB）。当计算一种物质在表面上的量时，我们通常使用表面密度 σ_A 来表示。

测试条的尺寸为长 3.0 mm，宽 1.0 mm 和深 0.10 mm，抗体的表面密度 $\sigma_{AB}=1.2\times10^9$ mm^{-2}。

5.（1）计算在测试条的表面上嫁接的抗体（AB）的数量。

（2）计算在测试条相同体积的溶液中，与测试条接触之前，自由的 S 蛋白 SP 以及与纳米粒子结合的 S 蛋白（SPNP）的数量。

表面嫁接的抗体 AB，与任何形式存在的 S 蛋白（自由 S 蛋白和与纳米粒子结合的 S 蛋白）进行结合，形成以下化学平衡：

AB（表面）+ SP（aq）$\rightleftharpoons$ ABSP（表面）

AB（表面）+ SPNP（aq）$\rightleftharpoons$ ABSPNP（表面）

它们有着相同的平衡常数：

$$K = \frac{\sigma_{ABSP}}{\sigma_{AB}[SP]} = \frac{\sigma_{ABSPNP}}{\sigma_{AB}[SPNP]}$$
$$= 3.3\times10^{10} \text{ mol}^{-1}\cdot\text{dm}^3$$

6. 当整个 0.10 cm^3 的测试样品完全流经测试条后，计算嫁接在测试条上的纳米粒子 ABSPNP 数量。

测试线的可见度取决于嫁接的纳米粒子的数量。当纳米粒子的表面密度达到 3×10^6 NP·mm^{-2} 时，测试线开始变得可见。

7. 计算能得到阳性结果的测试样品中最低病毒粒子数量。

解答 1. 知识点：缓冲溶液的组成。

提取液中的 $H_2PO_4^-$ 与 HPO_4^{2-} 为共轭酸碱对，因此该溶液为缓冲溶液。

2. 知识点：缓冲溶液的缓冲能力。

尽管提取液为缓冲溶液，但由于其浓度相比于盐酸溶液来说过于低,因此得到的溶液依然有较强的酸性。

3. 知识点:化学计量学;物质的量浓度计算;单位转换。

$$[SP] = 7.1 \times 10^6 \text{ cm}^{-3} \times 20$$
$$\times \frac{1 \text{ mol}}{6.02 \times 10^{23}} \times \frac{100 \text{ cm}^3}{1 \text{ dm}^3}$$
$$= 2.36 \times 10^{-13} \text{ mol} \cdot \text{dm}^{-3}$$

4. 知识点:化学平衡计算(ICE 法)。

S 蛋白的初始浓度已在第 3 题中计算得到。

纳米粒子 NP 的初始浓度:

$$[NP]_0 = 1.6 \times 10^{12} \text{ cm}^{-3} \times \frac{1 \text{ mol}}{6.02 \times 10^{23}} \times \frac{100 \text{ cm}^3}{1 \text{ dm}^3}$$
$$= 2.66 \times 10^{-9} \text{ mol} \cdot \text{dm}^{-3}$$

物质	SP	NP	SPNP
初始浓度/(mol·dm^{-3})	2.36×10^{-13}	2.66×10^{-9}	0
改变量/(mol·dm^{-3})	$-x$	$-x$	$+x$
平衡浓度/(mol·dm^{-3})	$2.36 \times 10^{-13} - x$	2.66×10^{-9}	x

$$K = \frac{x}{(2.36 \times 10^{-13} - x) \cdot 2.66 \times 10^{-9}}$$
$$= 1.2 \times 10^{10} \text{ mol}^{-1} \text{ dm}^3$$
$$x = 2.29 \times 10^{-13}$$

因此平衡时 SPNP 的浓度为 2.29×10^{-13} mol·dm^{-3}。

5. 知识点:化学计量学;物质的量浓度计算。

(1) 测试条表面积:

$$A = 3.0 \text{ mm} \times 1.0 \text{ mm} = 3.0 \text{ mm}^2$$

表面嫁接抗体数量:

$$N_{AB} = A \cdot \sigma_{AB}$$
$$= 3.0 \text{ mm}^2 \times 1.2 \times 10^9 \text{ mm}^{-2} = 3.6 \times 10^9$$

(2) 溶液体积:

$$V = 3.0 \text{ mm} \times 1.0 \text{ mm} \times 0.10 \text{ mm} = 0.30 \text{ mm}^3$$

自由 S 蛋白:

$$[SP] = (2.36 \times 10^{-13} - 2.29 \times 10^{-13}) \text{ mol} \cdot \text{dm}^{-3}$$
$$= 7.0 \times 10^{-15} \text{ mol} \cdot \text{dm}^{-3}$$
$$N_{SP} = [SP] \cdot V \cdot N_A$$
$$= 7.0 \times 10^{-15} \text{ mol} \cdot \text{dm}^{-3} \times 0.30 \times 10^{-6} \text{ dm}^3$$
$$\times 6.02 \times 10^{23} \text{ mol}^{-1}$$
$$= 1.3 \times 10^3$$

与纳米粒子结合的 S 蛋白：
$$[SPNP] = 2.29 \times 10^{-13} \text{ mol} \cdot \text{dm}^{-3}$$
$$N_{SPNP} = [SPNP] \cdot V \cdot N_A$$
$$= 2.29 \times 10^{-13} \text{ mol} \cdot \text{dm}^{-3} \times 0.30 \times 10^{-6} \text{ dm}^3$$
$$\times 6.02 \times 10^{23} \text{ mol}^{-1}$$
$$= 4.14 \times 10^4$$

6. 知识点：化学计量学；化学平衡计算；单位转换①。

① 假设有 x mol 的 SPNP 转化成了 ABSPNP，则
$$[SPNP] = [SPNP]_0 - \frac{x}{V}$$
$$\sigma_{ABSPNP} = \frac{x \cdot N_A}{A}$$
$$\sigma_{AB} = \sigma_{AB_0} - \frac{x \cdot N_A}{A}$$

② 代入平衡常数 K 的表达式：
$$K = \frac{\dfrac{x \cdot N_A}{A}}{\left(\sigma_{AB_0} - \dfrac{x \cdot N_A}{A}\right)\left([SPNP]_0 - \dfrac{x}{V}\right)}$$

整理得
$$\frac{N_A}{A \cdot V} x^2 - \left(\frac{\sigma_{AB_0}}{V} + \frac{[SPNP]_0 \cdot N_A}{A} + \frac{N_A}{A \cdot K}\right)$$
$$+ \sigma_{AB_0} \cdot [SPNP]_0 = 0$$

③ 将 $A = 3.0 \times 10^{-4} \text{ dm}^2$，$V = 0.10 \times 10^{-3} \text{ dm}^3$，$\sigma_{AB_0} = 1.2 \times 10^{13} \text{ dm}^{-2}$，$[SPNP]_0 = 2.29 \times 10^{-13} \text{ mol} \cdot \text{dm}^{-3}$，$K = 3.3 \times 10^{10} \text{ mol}^{-1} \cdot \text{dm}^3$ 代入，解得
$$x_1 = 9.02 \times 10^{-15}, \quad x_2 = 1.52 \times 10^{-17}$$

其中，x_1 为无意义解，因为会使得[SPNP]与 σ_{AB} 成为负数。

因此

---

① 本题官方标准答案有误。

$$x = 1.52 \times 10^{-17}$$

④ ABSPNP 的数量：
$$N_{\text{ABSPNP}} = 1.52 \times 10^{-17} \times N_A = 9.15 \times 10^6$$

7. 易知嫁接的纳米粒子数与样品中的病毒粒子数成正比。

根据第 6 题的结论，可知在 $0.10\ \text{cm}^3$ 的测试样品中，嫁接的纳米粒子的数量为
$$N_{\text{ABSPNP}} = 9.15 \times 10^6$$

表面密度为
$$\sigma_{\text{ABSPNP}} = \frac{9.15 \times 10^6}{3.0\ \text{mm}^2} = 3.05 \times 10^6\ \text{mm}^{-2}$$

对应病毒粒子数为
$$7.1 \times 10^6\ \text{cm}^{-3} \times 0.1\ \text{cm}^3 = 7.1 \times 10^5$$

因此呈现阳性结果的最低病毒粒子数为
$$\frac{7.1 \times 10^5}{3.05 \times 10^6\ \text{mm}^{-2}} \times 3 \times 10^6\ \text{mm}^{-2} = 7.0 \times 10^5$$

 背景拓展阅读

侧向层析法在新冠病毒检测中的应用

根据美国约翰斯·霍普金斯大学的统计，截至 2022 年 3 月底，全球已有超过 4 亿 7 千万人感染新冠病毒，并有超过 6 百万人直接或者间接为此失去生命。

因此快速和准确的病毒检测对于感染状态的评估、政府决策和控制感染来说是至关重要的。

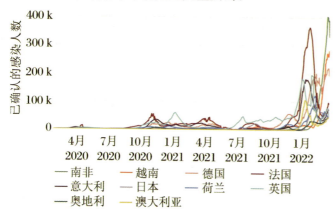

金纳米粒子由于拥有独特的物理和光学性质,因而以其为基础的体外诊断设备(in vitro diagnostic devices, IVDs)展现出了广阔的发展前景。

其中侧向层析检测为使用最广泛的 IVD。在病毒检测方面,三明治型的侧向层析免疫色谱检测法应用最广。

在该方法中,样本中的病毒先与抗体-纳米金复合物相连,然后再与测试区域表面嫁接的抗体相连,形成一种三明治般的复合结构,并呈现出阳性的颜色。

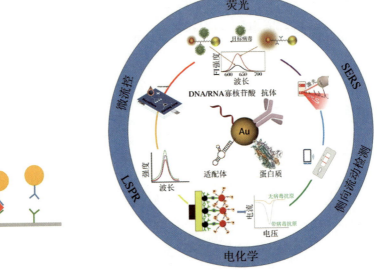

Li 等 2020 年发表于 *J. Med. Virol.* 上的文章报道了可同时检测新冠免疫球蛋白 M 和 G 的侧向层析检测法[1]。

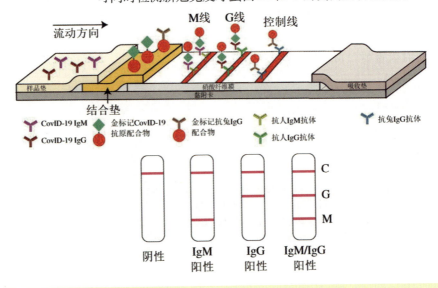

其中运用到了两种金纳米粒子，一种与新冠抗原相连，用来检测免疫球蛋白 M 和 G；另一种与兔免疫球蛋白 G 相连，连接在控制线上。

参考文献

[1] Li Z, Yi Y, Luo X, et al. Development and clinical application of a rapid IgM-IgG combined antibody test for SARS-CoV-2 infection diagnosis[J]. Journal of Medical Virology, 2020, 92(9): 1518-1524.

试题 5　本题涉及制作最小的中国结

试题与解答

2022 年 IChO 将由中国的天津大学组织举办。传统中国文化的特色之一就是由股线或者其他材料编制成的装饰性绳结。2021 年，研究人员成功将一个分子编制成了史上最小的中国结。

他们首先合成了一种有机配体作为中国结脉络的股线。这些有机配体上的原子与金属离子之间的配位键形成了一个(3×3)的互相交错的网络。接着利用化学反应将 12 个股线的末端相连并去除金属离子，从而得到纯的有机中国结。

其中一种有机股线的合成从两种不同的起始物开始：A 或者 B。它们都可以转化为 3-氟-4-硝基苯酚。

一个中国绳结

(3×3)网络

1. (1) 画出 A 的结构。

(2) 画出 A 反应生成 3-氟-4-硝基苯酚的过程中生成的活性亲电试剂的结构。

B 的元素分析结果如下：碳元素 51.81%，氢元素 3.62%，氮元素 10.07%。

2. 画出 B 的结构。

3-氟-4-硝基苯酚被进一步转化为分子 D。在 C 反应生成 D 的过程中使用的试剂为一种一级胺（RNH_2），其中 R 为一个烷基。

3. (1) 画出 C 的结构。

(2) 画出 D 的结构。使用缩写 R 来代替一级胺中的烷基。

化合物 D 通过三步反应转化为有机股线。最后两步使用的是相同的钯混合催化剂。在该催化剂作用下，化合物 E 与噻唑（thiazolothiazole）反应得到化合物 F。将化合物 F 和试剂 G 在催化剂作用下反应得到有机股线。

4. 画出化合物 E 和试剂 G 的结构。

在 D 的 ^1H NMR 光谱中，烷基 R 的信号如下所示：

3.26 ppm（2H，双重三重峰）；1.77 ppm（1H，多重峰）；1.63 ppm（2H，双重三重峰）；0.98 ppm（6H，双重峰）。

5. 画出用来合成 D 的一级胺 (RNH$_2$) 的结构。

每条股线中的原子与过渡金属离子的配位键形成 (3×3) 网络。

6. 在下面的股线结构中，标出金属离子的位置和与之配位的原子。用右图中的形式，金属离子用圆圈中的字母 M 来表示，用箭头表示原子与金属之间的配位键。

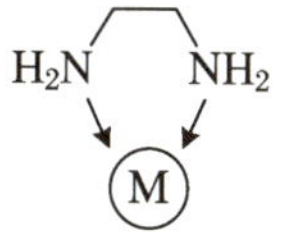

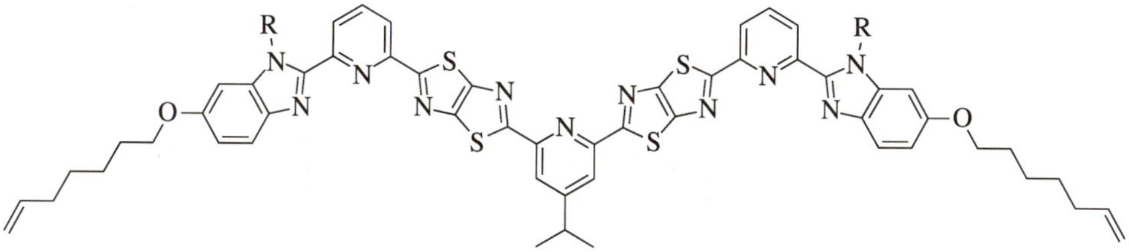

7. 在这个 (3×3) 网络中，每个金属离子周围的配合几何构型是什么？

　　四面体　　平面三角形　　平面正方形　　八面体
　　四方锥　　平面六边形

制备该网络结构时所加入的金属盐的化学式可以写作 MX$_2$·6H$_2$O，其中 M^{2+} 是第一过渡周期元素形成的二价正离子，X$^-$ 为带 −1 电荷的四面体阴离子，并且该盐中有六分子的结晶水。将该盐置于氢氧化钠水溶液中振荡后形成了一种绿色的沉淀，该沉淀放置一段时间后变棕色。当温和地加热该盐后，它的质量损失了 32.0%。阴离子 X$^-$ 含有两种不同的元素，且都不是氧元素。

8. 确认 M^{2+} 的化学式，并画出阴离子 X$^-$ 的结构。

(3×3) 网络接着进行烯烃复分解反应，该反应将两个端基烯烃相连形成一个双取代烯烃，并产生副产物乙烯。由于网络的刚性结构，只有相邻的股线可以通过此反应相连。

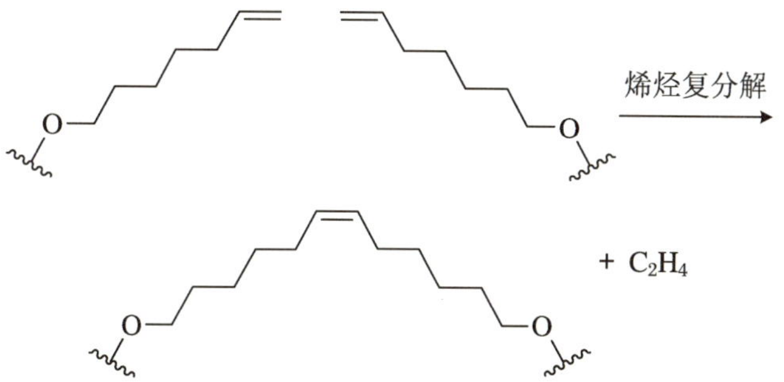

尽管该反应只能将相邻股线末端相连,但是具体哪些相邻末端之间相连依然存在非常多的可能性。有时候有些末端之间距离太远而无法相连,这取决于哪些末端首先相连。当烯烃复分解反应完成后,加入 EDTA 来去除金属离子。金属离子去除后,剩下了四种不同的有机结构,结构的类型取决于哪些末端相连:(ⅰ) 中国结;(ⅱ) 两个连通环;(ⅲ) 独立环;(ⅳ) 线形有机分子。

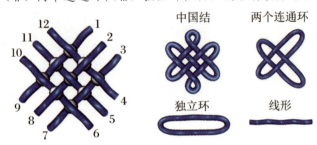

9. 当股线末端之间通过以下方式进行连接并去除金属离子后,它们将形成四种结构中的哪些?

(1) (1,2) (3,4) (5,6) (7,8) (9,10) (11,12)。

(2) (1,2) (4,5)(6,7) (8,9) (10,11) (3 和 12 未连接)。

(3) (1,2) (3,4) (5,6) (8,9) (10,11) (7 和 12 未连接)。

(4) (2,3) (4,5) (6,7) (8,9) (10,11) (12,1)。

解答 1. 知识点:苯环的硝基化反应。

(1) A ⟶ 3-氟-4-硝基苯酚为苯环的硝基化反应。因此 A 为 3-氟苯酚:

(2) 苯环硝基化反应的亲电试剂中间体为硝鎓离子 NO_2^+(nitronium ion):

$$O=\overset{\oplus}{N}=O$$

2. 知识点:苯环的氟代反应;分子经验式计算。

由元素分析结果可得

$$n_C : n_H : n_N : n_O = \frac{51.81\%}{12.01} : \frac{3.62\%}{1.008} : \frac{10.07\%}{14.01} : \frac{34.5\%}{16.00}$$

$$= 6 : 5 : 1 : 3$$

因此 B 的化学式为 $C_6H_5NO_3$。

比较 B 与 3-氟-4-硝基苯酚的分子式可知 B 为 4-硝基苯酚。

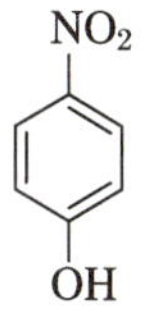

3. 知识点：卤代烃的亲核取代反应；卤代芳香烃的亲核取代反应。

（1）3-氟-4-硝基苯酚 ⟶ C 的反应为酚羟基对卤代烃的亲核取代反应，消去一分子 HBr：

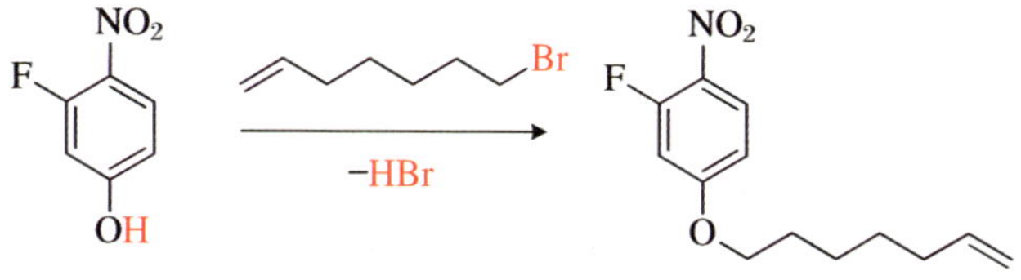

（2）C ⟶ D 为胺对卤代芳香烃的亲核取代反应，脱去一分子 HF：

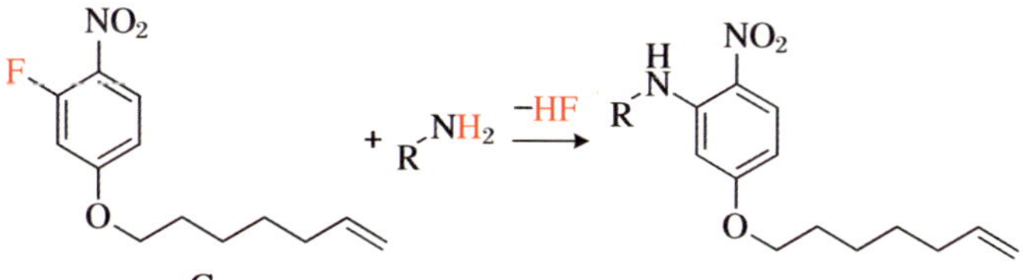

值得一提的是，由于苯环的稳定性和高电子云密度，卤代芳香烃的亲核取代反应一般很难发生。但在 3-氟-4-硝基苯酚中，氟取代基和硝基取代基的强吸电子作用导致苯环电子云密度下降，因而发生了亲核取代反应。

4. 能力点：有机结构推断。

① D ⟶ E 的反应为一锅法合成吡啶咪唑（DOI：10.1080/00397910903011345），较为陌生，因此 E 的结构从 F 进行倒推比较容易获得。对 F 的结构进行拆分分析：

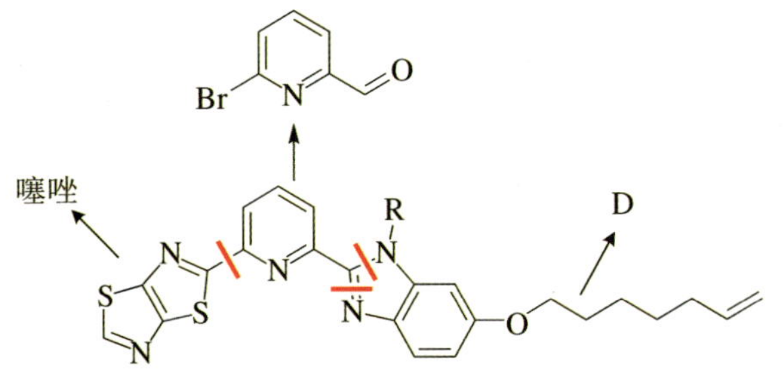

可知 E 的结构为

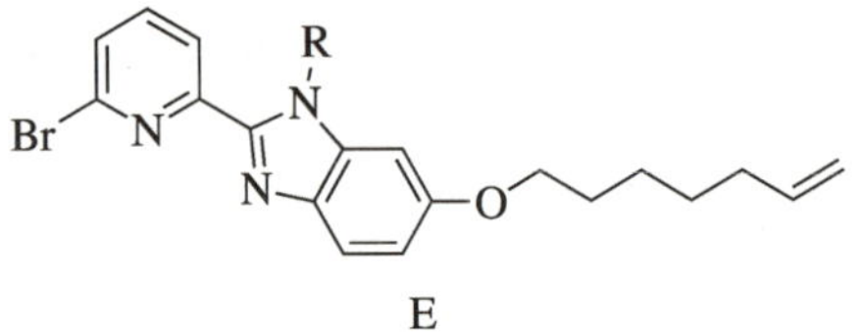

E

② 对有机股线的结构进行分析：

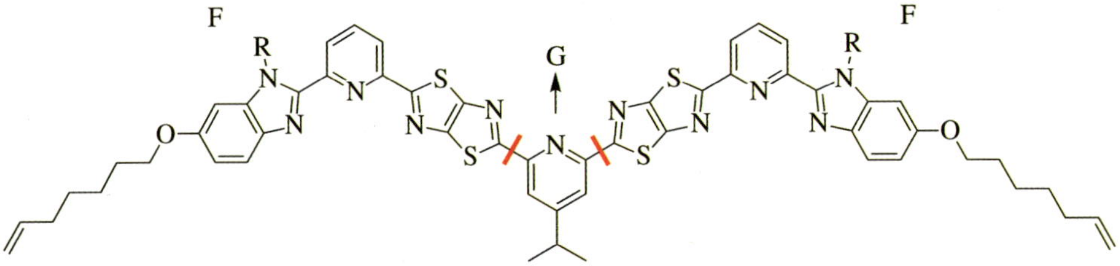

有机股线

结合 E⟶F 的反应，可知 G 的结构为

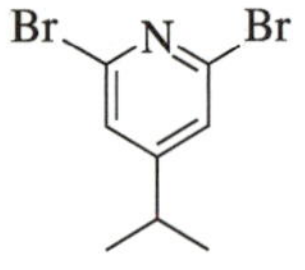

G

5. 知识点：^{1}H NMR；

能力点：枚举法。

根据烷基 R 的 ^{1}H NMR 光谱可知，R 中共有 11 个氢原子。由于烷基的通式为 C_nH_{2n+1}，因此烷基 R 的化学式为 C_5H_{11}。

由于碳原子数量较少，不妨枚举出所有结构，从而找出其中正确结构。

RNH_2 结构	^1H NMR 信号峰
~~NH₂ (正戊胺)	3:2:2:2:2
(CH₃)₂CHCH(NH₂)CH₃ 类	6:1:1:3
(CH₃)₂CHCH₂CH₂NH₂	6:1:2:2
(CH₃)₂C(NH₂)CH₂CH₃	6:3:2
(CH₃)₂CHCH(CH₃)NH₂?	3:2:1:3:2
(CH₃)₃CCH₂NH₂	9:2

因此 RNH_2 的结构为

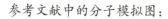

6. 知识点：配位键的形成。

根据图片中的提示，可知是氮原子与金属离子之间形成配位键，而且相邻的氮原子可以与金属离子形成螯合物（chclation）：

7. 知识点：配位数与配位几何构型。

如图所示，每个金属离子被两条股线所包围。根据第 6 题的结论，每条股线的配位数是 3，因此总配位数是 6。而且这两条股线方向互相垂直，因此 6 个配位的氮原子不在同一平面内。所以其几何构型为八面体，而非平面六边形。

参考文献中的分子模拟图：

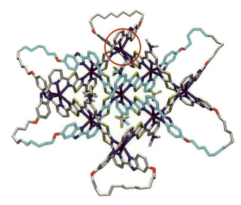

红圈中为八面体配位的金属离子，网络中共有 9 个这样的离子

8. 知识点：铁的元素化学；化学计量学；

能力点：无机结构推断；假设法；枚举法。

本题可以将绿色沉淀作为突破口。易知绿色沉淀的化学式为 $M(OH)_2$。根据基本的元素化学知识，可知其为 $Fe(OH)_2$，在空气中放置后被氧化为棕色的 $Fe(OH)_3$。因此 M^{2+} 为 Fe^{2+}。

在对 $FeX_2 \cdot 6H_2O$ 进行温和加热后，它将失去结晶水成为 FeX_2。因此

$$\frac{6 \times M_{H_2O}}{M_{FeX_2 \cdot 6H_2O}} = 32.0\%$$

解得

$$M_X = 86.9$$

由于 X 只含有两种元素，且为四面体，不妨假设其化学式为 AB_4，因此

$$M_{AB_4} = 86.9$$

所以 B 为相对分子质量小于 22 的非金属元素（除了氧和惰性气体元素）。

可以进行枚举：

B 元素符号	M_B	M_A	A 元素符号
F	19.00	10.9	B
N	14.01	30.86	P
C	12.01	38.86	N/A
B	10.81	43.66	N/A
H	1.008	82.87	N/A

因此符合条件的有两种：
$$BF_4^- \text{ 或者 } PN_4^-$$
根据元素氧化态可知 PN_4^- 并不存在，因此 X^- 为 BF_4^-，结构为

9. 本题难度较低。只需根据要求将对应末端相连后观察股线所连成的形状即可。

(1)

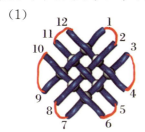

所有股线相连在一起，为中国结。

(2)

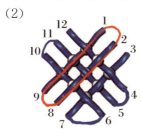

形成一个独立环(红色)与线形有机分子(蓝色)。

(3)

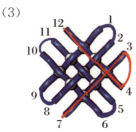

形成一个线形有机分子(红色)与两个连通环(蓝色)。

(4)

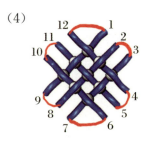

所有股线相连在一起，为中国结。

试题6 本题涉及疫苗存储

 试题与解答

疫苗成分容易分解，所以其需要被冷藏，因此提高了它们的成本并使得疫苗的分发变得更加困难。最近研发的一种名为"硅胶化"的技术极大地提升了疫苗的稳定性。硅胶化的疫苗成分可以在室温下储存而且可以承受住100 ℃左右的温度。

硅胶化过程从正硅酸乙酯（$Si(OCH_2CH_3)_4$）的水解开始，生成正硅酸（$Si(OH)_4$）（步骤1）。接着将其加入蛋白/抗体的溶液中，从而催化正硅酸分解为硅胶（SiO_2）（步骤2）。

1. 写出步骤1和步骤2的化学方程式。

硅胶化过程结束后就可以得到一种负载着蛋白的硅胶纳米粒子的悬浮液。加入NaF和HCl溶液可以破坏硅胶结果，从而将蛋白释放出来（步骤3）。

$$SiO_2 + 6NaF + 6HCl \longrightarrow H_2SiF_6 + 6NaCl + 2H_2O$$

2. 使用以下数据计算该反应的标准焓变：

$$NaOH + HCl \longrightarrow NaCl + H_2O$$
$$\Delta H^\ominus = -56.7 \text{ kJ} \cdot \text{mol}^{-1}$$

$$SiO_2 + 6HF \longrightarrow H_2SiF_6 + 2H_2O$$
$$\Delta H^\ominus = -100.3 \text{ kJ} \cdot \text{mol}^{-1}$$

$$NaOH + HF \longrightarrow NaF + H_2O$$
$$\Delta H^\ominus = -61.5 \text{ kJ} \cdot \text{mol}^{-1}$$

步骤 2 为热力学自发反应,但是反应速率很慢,所以它需要催化剂。该反应的平衡常数为

$$K_{eq} = 1/[\text{Si(OH)}_4]$$

并且

$$\ln[\text{Si(OH)}_4] = -\frac{1680}{T} - 0.605$$

其中,$[\text{Si(OH)}_4]$ 为平衡浓度,单位为 $\text{mol} \cdot \text{dm}^{-3}$;$T$ 为温度,单位为 K。

3. 计算步骤 2 的反应摩尔焓变 $\Delta H^\ominus$ 及其摩尔熵变 $\Delta S^\ominus$。

动态光散射可以用来确定纳米粒子的尺寸。假设我们的溶液只含有两种球形粒子:半径为 r_1 的硅胶化蛋白与半径为 r_2 的自由蛋白。被这些粒子所散射的光可以转换成一个自动校正函数 c。

$$c = \left[1 - \frac{\Gamma t}{r_1} + \frac{1}{2}\left(\frac{\Gamma t}{r_1}\right)^2\right] + A\left[1 - \frac{\Gamma t}{r_2} + \frac{1}{2}\left(\frac{\Gamma t}{r_2}\right)^2\right]$$

其中,A 为一个无量纲的常数;t 为时间,单位为 μs;r_1 和 r_2 为半径,单位为 nm;$\Gamma = 0.170713 \text{ nm} \cdot \mu s^{-1}$。注意:下面的计算结果对四舍五入的误差很敏感。第 4~6 题中务必保留特定的有效数字位数。

4. 计算常数 A。已知当 $t = 0$ 时,自动校正函数 $c_0 = 1.56744$。

关于 c 的等式可以重新整理为 $f = a \times t - b$ 的形式,其中,

$$f = \frac{c - c_0}{\Gamma t}$$

$$a = \frac{1}{2}\Gamma(r_1^{-2} + Ar_2^{-2})$$

$$b = r_1^{-1} + Ar_2^{-1}$$

5. 计算斜率 a 和截距 b 的值,已知当 $t = 1 \text{ }\mu s$ 时,$c = 1.54289$,并且当 $t = 2 \text{ }\mu s$ 时,$c = 1.51937$。

6. 最后计算半径 r_1 和 r_2。可以考虑先假设 $x_1 = r_1^{-1}$ 并且 $x_2 = r_2^{-1}$。

解答 1. 知识点:化学方程式的书写与配平;酯的水解反应。

步骤 1：类比有机酯类化合物的水解反应，可知另一产物为乙醇，因此配平后的方程式为

$$Si(OCH_2CH_3)_4 + 4H_2O \longrightarrow Si(OH)_4 + 4CH_3CH_2OH$$

步骤 2：易知另一分解产物为水，因此配平后的方程式为

$$Si(OH)_4 \longrightarrow SiO_2 + 2H_2O$$

2. 知识点：盖斯定律（Hess's Law）。

将以上三个反应分别命名为反应 1、反应 2 和反应 3。

$$\Delta H^{\ominus} = \Delta H_2^{\ominus} - 6\Delta H_3^{\ominus} + 6\Delta H_1^{\ominus}$$
$$= [-100.3 - 6\times(-61.5) + 6\times(-56.7)] \text{ kJ}\cdot\text{mol}^{-1}$$
$$= -71.5 \text{ kJ}\cdot\text{mol}^{-1}$$

3. 知识点：吉布斯自由能的计算；吉布斯自由能与平衡常数的关系。

因为

$$\Delta G^{\ominus} = \Delta H^{\ominus} - T\Delta S^{\ominus} = -RT\ln K_{eq}$$

所以

$$\ln[Si(OH)_4] = \ln\left(\frac{1}{K_{eq}}\right) = -\ln K_{eq} = \frac{\Delta G^{\ominus}}{RT}$$
$$= \frac{\Delta H^{\ominus} - T\Delta S^{\ominus}}{RT} = \frac{\Delta H^{\ominus}}{RT} - \frac{\Delta S^{\ominus}}{R}$$

将该式与

$$\ln[Si(OH)_4] = -\frac{1680}{T} - 0.605$$

进行比较，可得

$$\Delta H^{\ominus} = -1680R = -1680 \text{ K} \times 8.314 \text{ J}\cdot\text{K}^{-1}\cdot\text{mol}^{-1}$$
$$= 14.0 \text{ kJ}\cdot\text{mol}^{-1}$$
$$\Delta S^{\ominus} = 0.605R = 0.605 \times 8.314 \text{ J}\cdot\text{K}^{-1}\cdot\text{mol}^{-1}$$
$$= 5.03 \text{ J}\cdot\text{K}^{-1}\cdot\text{mol}^{-1}$$

4. 当 $t=0$ 时，$c = 1 + A = 1.56744$，$A = 0.56744$。

5. 当 $t = 1\,\mu\text{s}$ 时，

$$f = \frac{c - c_0}{\Gamma} = a - b = \frac{1.54289 - 1.56744}{0.170713}$$
$$= -0.143809$$

当 $t = 2\,\mu\text{s}$ 时，

$$f = \frac{c - c_0}{2\Gamma} = 2a - b = \frac{1.51937 - 1.56744}{2 \times 0.170713}$$

$$= -0.140792$$

因此解得

$$a = 3.017 \times 10^{-3} \text{ nm}^{-1} \cdot \mu\text{s}^{-1}$$
$$b = 0.146826 \text{ nm}^{-1}$$

6. 假设 $x_1 = r_1^{-1}, x_2 = r_2^{-1}$，则有

$$a = \frac{1}{2}\Gamma(x_1^2 + Ax_2^2)$$
$$b = x_1 + Ax_2$$

联立后得到一元二次方程

$$(A^2 + A)x_2^2 - 2Abx_2 + \left(b^2 - \frac{2a}{\Gamma}\right) = 0$$

代入数值后解得

$$x_2 = 0.249 \text{ 或 } -0.0621$$

由于 x_2 必为正数，因此

$$x_2 = 0.249 \text{ nm}^{-1}, \quad r_2 = 4.02 \text{ nm}$$
$$x_1 = 5.53 \times 10^{-3} \text{ nm}^{-1}, \quad r_1 = 181 \text{ nm}$$

2023 英国化学奥林匹克竞赛试题解析

试题 1 本题涉及火箭燃料

试题与解答

美国国家航空航天局（NASA）的艾尔忒弥斯（Artemis）计划使用液氧（LOX）和液氢作为燃料来源。这些燃料使得火箭的质量较轻，且它们巨大的燃烧焓变可以帮助火箭克服重力。

在 2022 年，由于氢燃料泄漏，一些火箭发射尝试宣告失败。

火箭引擎中的燃料成分首先被蒸发，然后形成水。

1. 写出气态氢气和氧气的反应方程式。

H—H 的键焓为 432 kJ·mol^{-1}，且 O—H 的平均键焓为 460 kJ·mol^{-1}。假设第 1 题的反应焓变为 -241 kJ·mol^{-1}氢气。

2. 计算 O=O 的键焓，以 kJ·mol^{-1}为单位。

液氢的密度为 0.071 g·cm^{-3}。

3. (1) 计算 1 dm^3 液氢中氢气分子的物质的量。
  (2) 计算 1 dm^3 液氢燃烧时产生气体所释放的能量。

SpaceX 的火星殖民计划中选择甲烷作为氢的替代燃料。由于火星大气中 95.3%体积为二氧化碳，我们可以通过萨巴捷反应(Sabatier process)用火星的自然资源来制备甲烷。在萨巴捷反应中,二氧化碳和氢气反应生成甲烷和水。

4. (1) 写出萨巴捷反应的方程式。

(2) 指出反应物和产物中碳和氢的氧化态。

SpaceX 最近研发了一台新的引擎——猛禽(Raptor),它用液态甲烷和液氧作为燃料。在它们发生反应前需要吸收一定能量变为气态。甲烷的蒸发焓变为 $+8.2 \text{ kJ} \cdot \text{mol}^{-1}$,液氧的蒸发焓变为 $+6.8 \text{ kJ} \cdot \text{mol}^{-1}$。甲烷的燃烧焓变为 $-890.8 \text{ kJ} \cdot \text{mol}^{-1}$。

$$CH_4(g) + 2O_2(g) \longrightarrow CO_2(g) + 2H_2O(g)$$

5. 计算液态甲烷与液氧反应生成气态二氧化碳和气态水的焓变,以 kJ 为单位①。

解答 1. 知识点:方程式的书写与配平。

反应物为气态氢气和氧气,产物为水:

$$2H_2(g) + O_2(g) \longrightarrow 2H_2O(g)$$

由于反应温度较高,产物水也应为气态。

2. 知识点:用键焓计算反应焓变。

首先需要注意的是,反应焓变对应的是每摩尔氢气,因此需要将方程式中氢气前的系数调整为1,然后运用键焓与反应焓变的关系列出等式。

$$H_2(g) + \frac{1}{2}O_2(g) \longrightarrow H_2O(l)$$

$$\Delta H^\ominus = BE_{\text{reactants}} - BE_{\text{products}}$$

$$= \left(BE_{\text{H—H}} + \frac{1}{2} \times BE_{\text{O=O}}\right) - (2 \times BE_{\text{O—H}})$$

$$= -241 \text{ kJ} \cdot \text{mol}^{-1}$$

$$BE_{\text{O=O}} = 2 \times (-241 + 2 \times 460 - 432) \text{ kJ} \cdot \text{mol}^{-1}$$

$$= 494 \text{ kJ} \cdot \text{mol}^{-1}$$

3. 知识点:化学计量学;由反应焓变计算反应热量。

(1) 液氢质量:

$$m_{H_2} = \rho_{H_2} \cdot V_{H_2} = 0.071 \text{ g} \cdot \text{cm}^{-3} \times 10^3 \text{ cm}^3$$

$$= 71 \text{ g}$$

氢气物质的量:

---

① 以 $\text{kJ} \cdot \text{mol}^{-1}$ 作为单位更加严谨。

$$n_{H_2} = \frac{m_{H_2}}{M_{H_2}} = \frac{71\text{g}}{2.016 \text{ g}\cdot\text{mol}^{-1}} = 35 \text{ mol}$$

(2) $q = n_{H_2}\cdot|\Delta H^{\ominus}| = 35 \text{ mol} \times 241 \text{ kJ}\cdot\text{mol}^{-1}$
$= 8.4 \times 10^3 \text{ kJ}$

4. 知识点：方程式的书写与配平；氧化态的计算。

(1) 萨巴捷反应中，反应物为 CO_2 与 H_2，产物为 CH_4 与 H_2O。配平后的方程式为

$$CO_2 + 4H_2 \longrightarrow CH_4 + 2H_2O$$

(2) 反应物：CO_2 中碳的氧化态为 $+4$；H_2 中氢的氧化态为 0。

产物：CH_4 中碳的氧化态为 -4，氢的氧化态为 $+1$；H_2O 中氢的氧化态为 $+1$。

5. 知识点：盖斯定律。

首先列出所有反应方程式及其对应的焓变：

编号	化学反应	焓变 $\Delta H^{\ominus}/(\text{kJ}\cdot\text{mol}^{-1})$
1	$CH_4(g) + 2O_2(g) \longrightarrow CO_2(g) + 2H_2O(g)$	-890.8
2	$CH_4(l) \longrightarrow CH_4(g)$	$+8.2$
3	$O_2(l) \longrightarrow O_2(g)$	$+6.8$
4	$CH_4(l) + 2O_2(l) \longrightarrow CO_2(g) + 2H_2O(g)$	

接着运用盖斯定律即可得

$$\Delta H_4^{\ominus} = \Delta H_1^{\ominus} + \Delta H_2^{\ominus} + 2\Delta H_3^{\ominus}$$
$$= -869.0 \text{ kJ}\cdot\text{mol}^{-1}$$

试题 2 本题涉及电负性、化学键和结构

 试题与解答

2022 年是 Linus Pauling 提出电负性概念的 90 周

年。他所著的《化学键的本质》被认为是 20 世纪最有影响力的化学书,而且他获得了 1954 年诺贝尔化学奖。

电负性(χ)衡量了一个原子在共价键中吸引一对电子的能力。

Pauling 使用热力学数据来计算两个原子 A 和 B 之间的电负性差异。

$$\chi_A - \chi_B = 0.102\sqrt{B_d(AB) - \frac{B_d(AA) + B_d(BB)}{2}}$$

其中,B_d 代表 A—A、B—B 和 A—B 的键解离能,以 $kJ \cdot mol^{-1}$ 为单位。

1. 计算 Cl 和 H 的电负性差值,已知 $B_d(H_2) = 432 \text{ kJ} \cdot \text{mol}^{-1}$,$B_d(Cl_2) = 244 \text{ kJ} \cdot \text{mol}^{-1}$ 以及 $B_d(HCl) = 427 \text{ kJ} \cdot \text{mol}^{-1}$。

该方法给出了元素之间的电负性差值,因此有必要选择一个参照点,从而得到各个元素的具体值。Pauling 起初选择氢作为参照物,电负性定为 2.20。

2. 使用该参照物以及电负性的元素周期律,计算氯的电负性。

其他科学家提出了另外的方法来确定一个元素的电负性,经过调整后与 Pauling 得出的结果基本一致。Robert Mulliken 通过一个原子的第一电离能(E_i)和第一电子亲和能(E_{ea})来计算其电负性。

$$\chi_A = 0.00197(E_i + E_{ea}) + 0.19$$

该等式中 E_i 和 E_{ea} 以 $kJ \cdot mol^{-1}$ 为单位,尽管 E_i 的测量值通常以电子伏特(eV)为单位。$1 \text{ eV} = 96.49 \text{ kJ} \cdot \text{mol}^{-1}$。

3. 计算调整后的氮的 Mulliken 电负性,已知 $E_i(N) = 14.5 \text{ eV}$ 且 $E_{ea}(N) = 6.80 \text{ kJ} \cdot \text{mol}^{-1}$。

科学家们用电负性来解释不同化学键的差别。

键三角(Van Arkel-Ketelaar triangles)清晰展示了一个二元化合物(AB)中离子(ionic)、金属(metallic)和共价键(covalent)的程度。该三角为 A 和 B 的平均电负性 $\bar{\chi}$ 对电负性差值 $\chi_A - \chi_B$ 的作图。

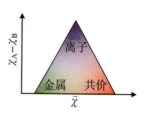

下表中为 10 个元素的电负性值。

元素	H	C	O	F	Al	P	Si	Cs	Hg	Br
电负性	2.20	2.55	3.44	3.98	1.61	2.19	1.90	0.79	2.00	2.96

参考下面的键三角图。

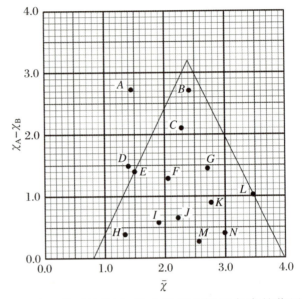

4. 对于以下的物质，找出他们在键三角中的位置所对应的字母：

(1) AlP。

(2) CsH。

(3) BrF。

(4) HgO。

(5) SiC。

5. 指出第 4 题中 5 个物质中哪一个的化学键的金属成分最高。

6. 以下键三角图中已标注了 3 种物质：Cs、CsBr 和 CO。根据你对元素周期表中电负性趋势的了解，指出以下物质应该位于 A~P 中哪个点上：

(1) CsCl。

(2) NaK。

(3) GaN。

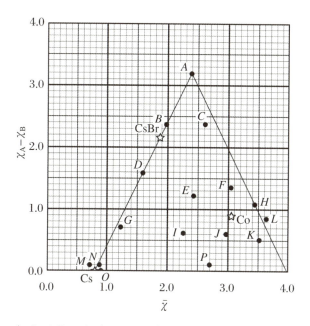

氮化硼位于所有3种化学键的元素的键三角图的中心位置。

① 它可以通过硼酸（H_3BO_3）与氨反应得到。

② 它也可以通过三氧化硼（B_2O_3）、氮气和六硼化钙（CaB_6）反应得到，同时产生副产物氧化钙。

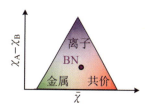

7. (1) 写出反应①的方程式。

(2) 写出反应②的方程式。

氮化硼有几种晶体形态。其中包括立方形态（c-BN）、与石墨类似的六方层状结构（h-BN）以及纤锌矿结构（w-BN）。不同的形态之间可以通过改变压强和温度互相转化。这3种不同结构的示意图如下所示：

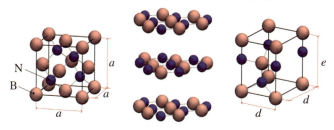

c-BN的晶胞　　h-BN的层状结构　　w-BN的晶胞

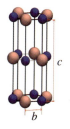

c-BN 的晶胞为立方体，晶胞参数 $a = 3.63$ Å。

h-BN 的晶胞为正六角柱，晶胞参数 $b = 1.47$ Å，$c = 6.66$ Å。

w-BN 的晶胞为六方,晶胞参数 $d = 2.54$ Å, $e = 3.63$ Å,内角为 60°和 120°。

8. (1) 计算 c-BN 晶胞的体积,以 cm^3 为单位。

(2) 计算 c-BN 的密度,以 $g \cdot cm^{-3}$ 为单位。

(3) 计算 h-BN 晶胞的体积,以 cm^3 为单位。

(4) 计算 h-BN 的密度,以 $g \cdot cm^{-3}$ 为单位。

(5) 计算 w-BN 晶胞中 B 原子和 N 原子的个数。

解答 1. 能力点:新信息的阅读理解与运用。

根据题干信息,将相应数据代入:

$$|\chi_{Cl} - \chi_H| = 0.102\sqrt{B_d(HCl) - \frac{B_d(Cl_2) + B_d(H_2)}{2}}$$

$$= 0.102\sqrt{427 - \frac{244 + 432}{2}} = 0.962$$

2. 知识点:电负性的元素周期律。

电负性的元素周期律如下:

在同一周期从左往右,电负性递增;在同一族(列)从上往下,电负性递减。

根据氢和氯在元素周期表上的相对位置可知,氯的电负性高于氢,因此

$$\chi_{Cl} - \chi_H = 0.962$$
$$\chi_{Cl} = 2.20 + 0.962 = 3.16$$

3. 能力点:新信息的阅读理解与运用。

根据题干信息,将相应数据代入:

$\chi_A = 0.00197(E_i + E_{ea}) + 0.19$

$= 0.00197 \times (14.5 \times 96.49 + 6.80) + 0.19$

$= 2.96$

4. 能力点:新信息的阅读理解与运用。

(1) AlP。

$$\bar{\chi} = \frac{1.61 + 2.19}{2} = 1.90$$

$$\chi_A - \chi_B = 2.19 - 1.61 = 0.58$$

因此 AlP 为 I 点。

(2) CsH。

$$\bar{\chi} = \frac{0.79 + 2.20}{2} = 1.50$$

$$\chi_A - \chi_B = 2.20 - 0.79 = 1.41$$

因此 CsH 为 E 点。

(3) BrF。

$$\bar{\chi} = \frac{3.98 + 2.96}{2} = 3.47$$

$$\chi_A - \chi_B = 3.98 - 2.96 = 1.02$$

因此 BrF 为 L 点。

(4) HgO。

$$\bar{\chi} = \frac{2.00 + 3.44}{2} = 2.72$$

$$\chi_A - \chi_B = 3.44 - 2.00 = 1.44$$

因此 HgO 为 G 点。

(5) SiC。

$$\bar{\chi} = \frac{2.55 + 1.90}{2} = 2.23$$

$$\chi_A - \chi_B = 2.55 - 1.90 = 0.65$$

因此 SiC 为 J 点。

5. 能力点：新信息的阅读理解与运用。

在键三角中，越靠近左下角的点的金属键成分越高。离左下角最近的为 I 点，即 AlP。

6. 知识点：电负性的元素周期律。

(1) CsCl。

根据电负性的元素周期律，$\chi_{Cl} > \chi_{Br}$：

$$\chi_{Cl} - \chi_{Cs} > \chi_{Br} - \chi_{Cs}$$

$$\frac{\chi_{Cl} + \chi_{Cs}}{2} > \frac{\chi_{Br} + \chi_{Cs}}{2}$$

因此 CsCl 位于 CsBr 的右上位置，即 B 点。

(2) NaK。

根据电负性的元素周期律，$\chi_{Na} > \chi_K > \chi_{Cs}$：

$$\chi_{Na} - \chi_K > 0$$

$$\frac{\chi_{Na} + \chi_K}{2} > \chi_{Cs}$$

因此 NaK 位于 Cs 的右上位置，即 N 点。

(3) GaN。

由于 Ga 和 Al 类似，N 和 P 类似，因此可将 GaN 与 AlP 相比较。

由第 4 题的第(1)小题可知，AlP 位于(1.90, 0.58)。

根据电负性的元素周期律，$\chi_{Ga} < \chi_{Al}$，$\chi_N > \chi_P$：

$$\chi_N - \chi_{Ga} > \chi_P - \chi_{Al}$$

$$\frac{\chi_{Ga} + \chi_N}{2} \approx \frac{\chi_{Al} + \chi_P}{2}$$

因此 GaN 应该位于 AlP 上方左右的位置,最接近的为 E 点。

7. 知识点:方程式的书写与配平。

(1) 反应物为硼酸 H_3BO_3 与氨 NH_3,产物之一为氮化硼 BN,根据元素守恒易知另一产物为水 H_2O。配平后的方程式为

$$H_3BO_3 + NH_3 \longrightarrow BN + 3H_2O$$

(2) 反应物为三氧化二硼 B_2O_3,氮气 N_2 与六硼化钙 CaB_6,产物之一为氮化硼 BN,根据元素守恒可知另一产物为氧化钙 CaO。配平后的方程式为

$$B_2O_3 + 10N_2 + 3CaB_6 \longrightarrow 20BN + 3CaO$$

8. 知识点:晶胞的体积和密度计算;晶胞中粒子个数的计算。

(1) 对于立方晶胞:

$$V = a^3 = (3.63 \times 10^{-8}\ \text{cm})^3$$
$$= 4.78 \times 10^{-23}\ \text{cm}^3$$

(2) 1 个 c-BN 晶胞包含 4 个 BN:

$$\rho = \frac{m}{V} = \frac{\dfrac{4M_{BN}}{N_A}}{V} = \frac{\dfrac{4 \times 24.82\ \text{g} \cdot \text{mol}^{-1}}{6.02 \times 10^{23}\ \text{mol}^{-1}}}{4.78 \times 10^{-23}\ \text{cm}^3}$$
$$= 3.45\ \text{g} \cdot \text{cm}^{-3}$$

(3) 对于正六角柱:

$$V = \frac{3\sqrt{3}}{2}b^2 \cdot c$$
$$= \frac{3\sqrt{3}}{2} \times (1.47 \times 10^{-8}\ \text{cm})^2 \times 6.66 \times 10^{-8}\ \text{cm}$$
$$= 3.74 \times 10^{-23}\ \text{cm}^3$$

(4) 1 个 h-BN 晶胞包含 2 个 BN(上下底面的 1 个原子被 6 个晶胞所共用;中间部分的 1 个原子被 3 个晶胞共用):

$$\rho = \frac{m}{V} = \frac{\dfrac{2M_{BN}}{N_A}}{V} = \frac{\dfrac{2 \times 24.82\ \text{g} \cdot \text{mol}^{-1}}{6.02 \times 10^{23}\ \text{mol}^{-1}}}{3.74 \times 10^{-23}\ \text{cm}^3}$$
$$= 2.20\ \text{g} \cdot \text{cm}^{-3}$$

(5) 在1个w-BN晶胞中,位于晶胞顶点的B原子被8个晶胞共用,故乘以系数$\frac{1}{8}$: $N_B = 8 \times \frac{1}{8} = 1$。

位于晶胞体内的B原子被1个晶胞共用,故乘以系数1: $N_B = 1 \times 1 = 1$。

位于晶胞棱上的N原子被4个晶胞共用,故乘以系数$\frac{1}{4}$: $N_N = 4 \times \frac{1}{4} = 1$。

位于晶胞体内的N原子被1个晶胞共用,故乘以系数1: $N_N = 1 \times 1 = 1$。

故共有2个B原子和2个N原子。

特别说明 本题中有两个错误,虽不影响解题,但由于违背晶体学中的基本定义,因此希望读者知晓。

(1) h-BN的晶胞并非正六角柱。

在晶体学中,晶胞的定义如下:在晶体的三维周期结构中,按照晶体内部结构的周期性,划分出一个个大小和形状完全相同的平行六面体,作为晶体结构的基本重复单位。

诚然,正六角柱可以作为六方(hexagonal)和三方(trigonal)晶系的重复单元。然而晶胞必须为平行六面体。主要原因如下:

① 平行六面体更具有普遍性。任何具有周期性的三维结构,必然可以选出平行六面体作为基本重复单位,但正六角柱不可以。

② 平行六面体更能体现晶体结构的重要参数,即晶胞参数(三边长a,b,c以及三边夹角α,β,γ)以及原子坐标。

h-BN的正确晶胞如下所示:

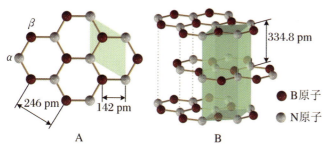

请读者计算该正确的晶胞的体积并用它计算h-BN

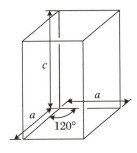

(2) w-BN 的晶胞参数错误。

w-BN 属于铅锌矿结构(wurtzite structure)，为六方晶胞。其三个内角 $\alpha = \beta = 90°, \gamma = 120°$，并不存在 60° 的内角。

试题 3　本题涉及氨基酸配合物

试题与解答

甘氨酸铜被用作铜的膳食补充剂。它是许多金属氨基酸配合物中的一个。

下图为氨基酸的一般结构，其中包含一个酸性的羧基和一个碱性的氨基。R 取代基代表了一系列不同的官能团。

必需氨基酸异亮氨酸($R = CH(CH_3)CH_2CH_3$)的 pK_a 值为 9.60，它的盐酸盐的 pK_a 值为 2.36。

1. (1) 画出在 pH = 2 的水溶液中，异亮氨酸的骨架式。

(2) 画出在 pH = 11 的水溶液中，异亮氨酸的骨架式。

等电点是一个分子总电荷为零时的 pH。

2. (1) 画出在等电点时异亮氨酸的骨架式。

(2) 计算异亮氨酸的等电点。

为了测定 pK_a 值，使用 40 cm³ 0.025 mol·dm⁻³ NaOH 溶液滴定 50 cm³ 0.025 mol·dm⁻³ 异亮氨酸盐酸盐溶液样品。

3. 判断以下哪条滴定曲线最符合该滴定过程：

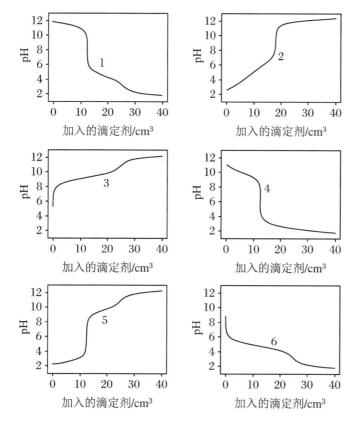

如右图所示，在完全去质子化后，氨基酸的羧酸根离子 $RCH(NH_2)COO^-$，可以作为双齿配体通过氮原子和羧酸根的氧原子与金属离子形成配位键。

在乙酸铜（Ⅱ）水溶液中加入甘氨酸（R = H）后形成甘氨酸铜。反应所形成的蓝色沉淀为四方锥结构的甘氨酸铜（$C_4H_{10}CuN_2O_5$），其中包含一个配位水分子。

（没有显示金属离子 M 的其他配体和电荷）

如下图所示，当加热时，该沉淀在不同的立体异构体之间经历异构化反应，然而水分子维持在轴向位置。

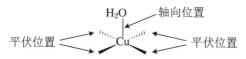

4. 完成甘氨酸铜的立体异构体的结构，以右侧图示的形式表达双齿配体。

如果该立体异构体具有手性，你只需画出其中一个对映异构体。

每个立体异构体只画一次。如果该立体异构体具有手性,你只需画出其中一个对映异构体。不一定需要用到所有的方格。

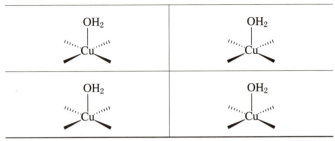

甲硫氨酸(R ═ CH₂CH₂SCH₃)在失去质子后形成甲硫氨酸阴离子(Mt⁻)。在八面体金属配合物(MMt₃)中,假设甲硫氨酸阴离子(Mt⁻)通过氮原子和羧酸氧原子形成双齿配体。

5. 完成 MMt₃ 的立体异构体的结构,以左侧图示的形式表达双齿配体。

如果立体异构体具有手性,只需画出其中一个对映异构体。

每个立体异构体只画一次。如果立体异构体具有手性,只需画出其中一个对映异构体。不一定需要用到所有的方格。

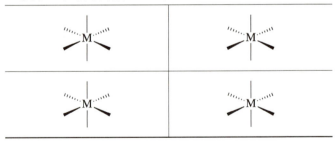

在一个八面体点的过渡金属配合物中,d 轨道并非简并的(能量相等)而是分裂为两个能级。

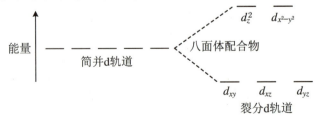

当 d 电子填充轨道时,基于 d 电子的数量,它们可以采取两种排布方式,即高自旋和低自旋。在高自旋排布

方式中,在电子成对之前,d 电子以平行自旋的方式单独填充所有的 d 轨道。在低自旋排布方式中,直到低能级 d 轨道都被完全填满后,电子才能填充高能级 d 轨道。

FeMt$_3$ 是一个 Fe(Ⅲ) 化合物。其中铁离子的电荷为 +3 且有 5 个 d 电子可以填充进轨道,导致有以下高自旋和低自旋两种排布方式。

Fe(Ⅲ) 的高自旋排布方式　Fe(Ⅲ) 的低自旋排布方式

我们通过计算配合物的理论自旋磁矩 μ（测量值以玻尔磁子 BM 为单位）并与实验值进行比较可区分高自旋与低自旋的排布方式。

$$\mu = \sqrt{n(n+2)}$$

其中,n 为未成对电子数。

RhMt$_3$ 是一个八面体的 Rh(Ⅲ) 配合物,其中每个 Mt$^-$ 配体与金属离子之间形成两根键。CuMt$_2$ 是一个八面体的 Cu(Ⅱ) 配合物,其中每个 Mt$^-$ 配体与金属离子之间形成三根键。

6. 对于 RhMt$_3$ 和 CuMt$_2$,完成以下信息:

① 金属离子最外层的 d 电子数。

② 在 d 轨道能级图中填充电子。如果有高自旋和低自旋两种可能性,将两者都画出来。否则就只填充其中一种。

③ 对于画出的每种电子排布,计算该配合物的自旋磁矩。

实验中测得 Fe(Ⅲ) 配合物 FeMt$_3$ 的自旋磁矩为 5.63 BM。

7. 判断 FeMt$_3$ 中金属离子为高自旋还是低自旋。

解答　1. 知识点:氨基酸的性质。

(1) 氨基酸的氨基具有碱性,因此在酸性条件下被质子化:

(2) 氨基酸的羧基具有酸性，因此在碱性条件下失去质子：

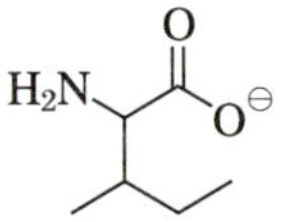

$$\mathrm{H_2N-CH(R)-COO^-}$$

2. 知识点：氨基酸的性质；氨基酸等电点的计算。

(1) 由于氨基酸为两性物质，在等电点时，羧基失去质子而氨基得到质子：

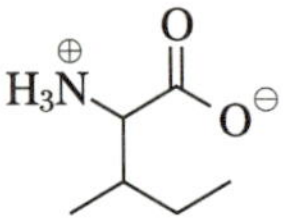

$$\mathrm{H_3\overset{\oplus}{N}-CH(R)-COO^-}$$

(2) 异亮氨酸的侧链 R 不会解离，因此

$$\mathrm{PI} = \frac{1}{2}(\mathrm{p}K_{a1} + \mathrm{p}K_{a2})$$

$$= \frac{1}{2} \times (2.36 + 9.60) = 5.98$$

该公式的推导过程见"背景拓展阅读"。

3. 知识点：二元酸的滴定曲线。

① 滴定前，异亮氨酸盐酸盐呈酸性。在滴定过程中，随着酸碱中和反应的进行，pH 上升。因此滴定曲线必始终呈上升趋势，排除曲线 1、4、6。

② 异亮氨酸盐酸盐为二元酸，滴定曲线中有两个滴定突跃，因此为曲线 5。

4. 知识点：配合物异构体。

处于平面正方形顶点上的两个双齿配体有顺反两种异构体：

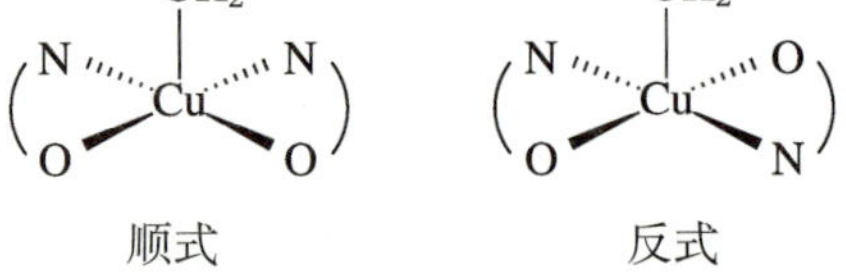

顺式　　　反式

其中顺式异构体中存在对称面，因此没有对映异构体。反式异构体具有手性，因此有一对映异构体（只需画其中之一）。

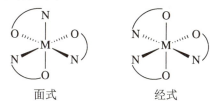

5. 知识点：配合物异构体。

处于八面体顶点上的三个双齿配体有面式(fac)和经式(mer)两种异构体：

面式　　　　　经式

面式异构体中，三个氮原子所在平面和三个氧原子所在平面不经过中心金属原子。经式异构体中，三个氮原子所在平面和三个氧原子所在平面经过中心金属原子。

6. 知识点：离子的电子排布；晶体场理论；自旋磁矩计算。

① $RhMt_3$。

Rh 的最外层电子排布为 $4d^7 5s^2$，因此 Rh(Ⅲ)的最外层电子排布为 $4d^6$，即 6 个最外层 d 电子。

d^6 有高自旋与低自旋两种可能性，对应有不同的自旋磁矩：

$\mu = \sqrt{4(4+2)} = 4.90\ \mathrm{BM}$　　$\mu = \sqrt{0(0+2)} = 0\ \mathrm{BM}$
高自旋　　　　　　　　　低自旋

② $CuMt_2$。

Cu 的最外层电子排布为 $3d^{10} 4s^1$，因此 Cu(Ⅱ)的最外层电子排布为 $3d^9$，即 9 个最外层 d 电子。

d^9 只有一种可能的排布方式：

$$\mu = \sqrt{1(1+2)} = 1.73 \text{ BM}$$

7. 知识点：离子的电子排布；晶体场理论；自旋磁矩计算。

Fe 的最外层电子排布为 $3d^6 4s^2$，因此 Fe(Ⅲ) 的最外层电子排布为 $3d^5$，即 5 个最外层 d 电子。

d^5 有高自旋与低自旋两种可能性，对应有不同的自旋磁矩：

$\mu = \sqrt{5(5+2)} = 5.92 \text{ BM}$ $\mu = \sqrt{1(1+2)} = 1.73 \text{ BM}$

高自旋   低自旋

根据实验数据，该配合物中金属离子采取高自旋排布方式。

📖 背景拓展阅读

氨基酸等电点的计算和应用

什么是等电点（isoelectric point）？

氨基酸分子在酸性溶液中主要带正电荷，而在碱性溶液中主要带负电荷。容易想到，必然存在一个中间的 pH，在该条件下氨基酸分子的正电荷与负电荷形式持平。该 pH 即为等电点。

$$\overset{\oplus}{H_3N}-\underset{R}{\overset{H}{C}}-COOH \underset{H^+}{\overset{OH^-}{\rightleftharpoons}} \overset{\oplus}{H_3N}-\underset{R}{\overset{H}{C}}-COO^{\ominus} \underset{H^+}{\overset{OH^-}{\rightleftharpoons}} H_2N-\underset{R}{\overset{H}{C}}-COO^{\ominus}$$

等电点的计算

我们可以将简单的氨基酸分子视为二元弱酸：

$$\overset{\oplus}{H_3N}-\underset{R}{\overset{H}{C}}-COOH \rightleftharpoons \overset{\oplus}{H_3N}-\underset{R}{\overset{H}{C}}-COO^{\ominus} + H^{\oplus}$$

     H_2A^+ HA

$$K_{a_1} = \frac{[HA][H^+]}{[H_2A^+]}$$

$$\overset{\oplus}{H_3N}-\underset{R}{\overset{H}{C}}-COO^{\ominus} \rightleftharpoons H_2N-\underset{R}{\overset{H}{C}}-COO^{\ominus} + H^{\oplus}$$

     HA A^-

$$K_{a_2} = \frac{[A^-][H^+]}{[HA]}$$

在等电点，氨基酸的正电荷与负电荷数量相同，即 $[H_2A^+] = [A^-]$，可推得

$$K_{a_1} \cdot K_{a_2} = [H^+]^2 \cdot \frac{[A^-]}{[H_2A^+]} = [H^+]^2$$

$$[H^+] = \sqrt{K_{a_1} \cdot K_{a_2}}$$

$$pH = \frac{1}{2}(pK_{a_1} + pK_{a_2})$$

需要注意的是，该等式只对简单的氨基酸分子可行。如果氨基酸分子含有除了一个氨基和羧基以外其他的具有酸碱性的基团，则无法用该等式进行计算。

等电点的应用

电泳技术利用等电点的差异来分离氨基酸混合物。首先将一氨基酸混合物放置在浸润了缓冲溶液的滤纸中心，接着将两个电极连接在滤纸的边缘并施加上千伏特的电压。带正电荷的氨基酸被负极（阴极）吸引，而带负电荷的氨基酸被正极（阳极）吸引。处于等电点的氨基酸总电荷为零，因此不会移动。

例如，如下图所示，pH 为 6 的缓冲溶液中有含有丙氨酸（Ala）、赖氨酸（Lys）和天冬氨酸（Asp）的氨基酸混合物。在该条件下，丙氨酸正好处于等电点，总电荷为零。赖氨酸的等电点为 9.7，因此处于正离子形态。而天冬氨酸的等电点为 2.8，因此处于负离子形态。当施加电压后，丙氨酸分子不会移动，赖氨酸向阴极移动而天冬氨酸向阳极移动。过一段时间将滤纸剪裁后即可得到分离后的三种氨基酸。

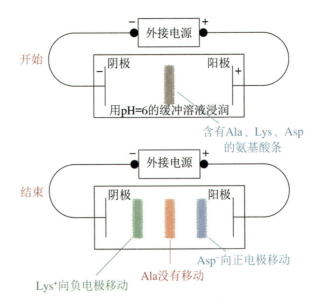

试题4 本题涉及电子烟

试题与解答

2019年4月—2020年2月，在美国共有68人死于电子烟肺炎（VALI）。当时大多数与电子烟肺炎有关联的烟油中含有维生素E乙酸酯。被吸入后，维生素E乙酸酯无毒无害。然而在加热至高温时，它会分解为高毒性化合物。

维生素E乙酸酯

1.（1）维生素E乙酸酯中含有哪些官能团？
腈　　醇　　酯　　酮　　醚　　羧酸

（2）维生素E乙酸酯的分子式为$C_xH_{52}O_3$。确定x的值。

研究人员使用了一系列分析技术来表征该有毒产物

312

的结构。维生素 E 乙酸酯的质谱中，$m/z = 207.2$ 峰的离子失去有毒产物后产生 $m/z = 165.2$ 的离子峰。

有毒产物在 $CDCl_3$ 中的 ^1H NMR 谱图中有 1 个信号。

有毒产物在 D_2O 中的 ^{13}C NMR 谱图中有 2 个信号。

以下为有毒产物的四种可能的结构。其中只有一个是正确的。

2. 在下面的表格中，判断每个结构是否与每种分析技术的数据相符合（用√或者×）。

结构	这个结构是否与以下数据相符合？		
	质谱	^1H NMR	^{13}C NMR
≡—OH			
=C=O			
(丙酮)			
(环氧乙烷)			

维生素 E 乙酸酯的合成路线中涉及了维蒂希 (Wittig) 反应。在该反应中，醛（或者酮）与磷叶立德反应生成烯烃。

$$\underset{醛}{\overset{H}{\underset{R_1}{>}}C=O} + \underset{磷叶立德}{Ph_3\overset{\oplus}{P}-\overset{\ominus}{C}\overset{R_2}{\diagup}} \longrightarrow \underset{E\text{-烯烃}}{\overset{R_1}{\diagup}=\overset{}{\underset{R_2}{\diagdown}}} + \underset{Z\text{-烯烃}}{\overset{R_1}{\diagup}=\overset{R_2}{\diagdown}} + Ph_3P=O$$

$Ph=C_6H_5$

如果磷叶立德里碳负离子的邻位有 C=C 或者 C=O，那么主要的烯烃产物为 E-异构体。否则，主要烯烃产物为 Z-异构体。以下表格为两个 Wittig 反应的反应物和主要产物的例子。

醛/酮	磷叶立德	主要烯烃产物
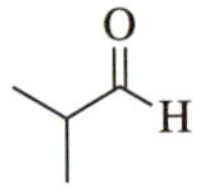 (isobutyraldehyde)	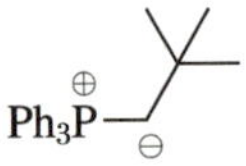 Ph₃P⁺—CH⁻—CH(CH₃)₂ 型叶立德	 Z-异构体
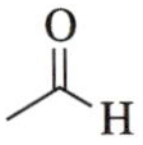 (acetaldehyde)	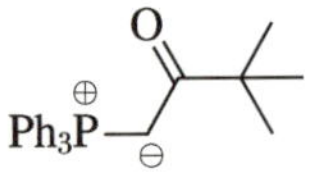 Ph₃P⁺—CH⁻—C(=O)—C(CH₃)₃	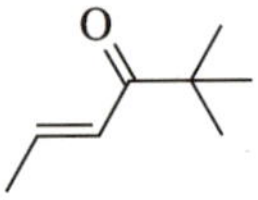 E-异构体

3. 完成以下关于 Wittig 反应的表格：

醛/酮	磷叶立德	主要烯烃产物
乙醛 (CH₃CHO)	Ph₃P⁺—环己基叶立德	
异丁醛	PPh₃⁺—CH⁻—CH=CH—CH=CH—CH₂CH₃	
或		(共轭二烯产物)

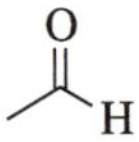

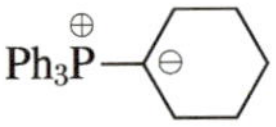

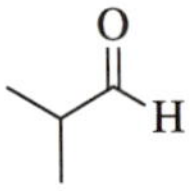

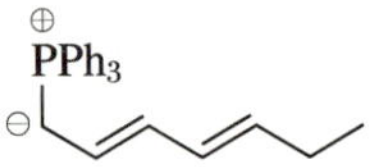

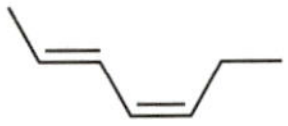

下图为维生素 E 乙酸酯合成路线的第一部分：

A (C₁₀H₁₂O₃) —[(CH₃CO)₂O]→ C₁₄H₁₆O₅ —[Ph₃P⁺—CH⁻—C(=O)CH₃]→ B —[H₂]→ C —[① 5当量 HC≡C—MgBr ② H₂O]→ 2-甲基-3,5-二炔-2-醇 + D (C₁₅H₂₀O₃) —[① HCl(aq) ② (CH₃CO)₂O]→ C₁₇H₂₀O₃

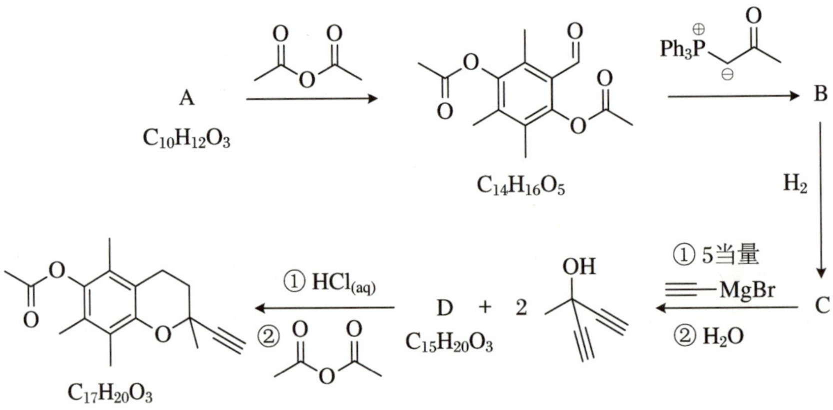

4. 画出 A、B、C 和 D 的结构。

加入 HCl(aq) 后，D 发生分子内反应形成一个环和一分子水。该反应中涉及一个三级碳正离子中间体。

5. 画出该碳正离子。

下图为维生素 E 乙酸酯合成路线的第二部分：

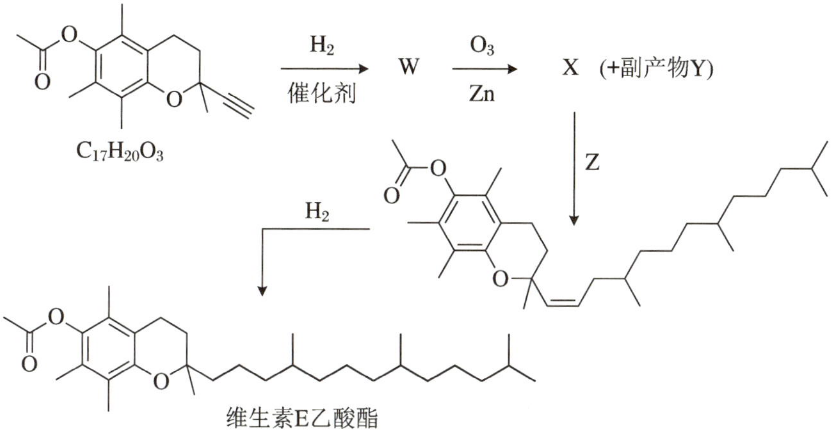

将分子 W 转化为分子 X 和副产物 Y 的反应被称为臭氧化分解反应（ozonolysis）。下图为使用臭氧（O_3）和 Zn 的臭氧化分解反应的示意图。

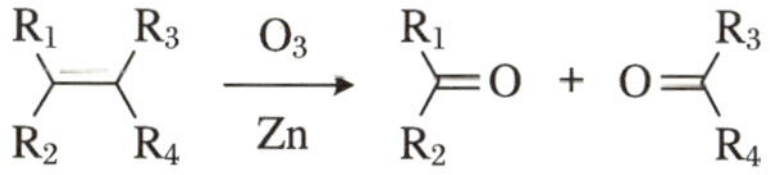

6. 画出 W、X、副产物 Y 和试剂 Z 的结构式。

解答 1. 知识点：有机物官能团；不饱和度。

(1) 如下图所示：

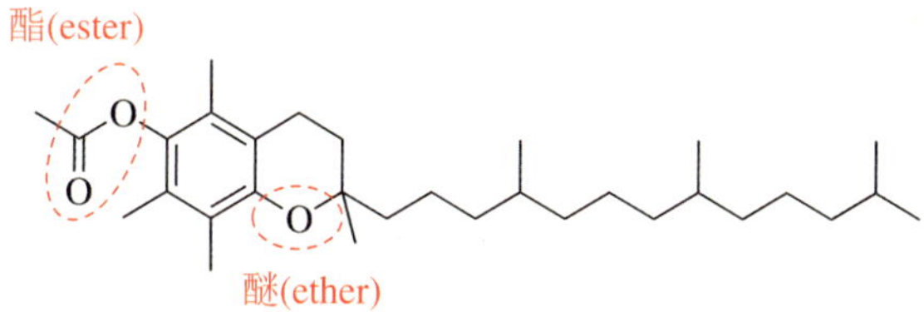

酯(ester)
醚(ether)

(2) 由于分子比较大，不建议直接数碳原子数量，容易出错。从不饱和度出发比较容易：

$$\Omega = 6(4\pi 键 + 2 环) = \frac{2x + 2 - 52}{2}$$

$$x = 31$$

2. 知识点：质谱；^{1}H NMR；^{13}C NMR。

质谱:两个离子峰 m/z 值的差值即该分子的相对分子质量,即 $207.2-165.2=42$;

^{1}H NMR:1 个信号说明只有一种化学环境的氢原子;

^{13}C NMR:2 个信号说明只有两种化学环境的碳原子。

(1) ⌇⌇—OH (炔丙醇结构)。

相对分子质量为 42,符合质谱;
有两种化学环境的氢原子,不符合 ^{1}H NMR;
有两种化学环境的碳原子,符合 ^{13}C NMR。

(2) CH₂=C=O。

相对分子质量为 42,符合质谱;
有一种化学环境的氢原子,符合 ^{1}H NMR;
有两种化学环境的碳原子,符合 ^{13}C NMR。

(3) 丙酮。

相对分子质量为 58,不符合质谱;
有一种化学环境的氢原子,符合 ^{1}H NMR;
有两种化学环境的碳原子,符合 ^{13}C NMR。

(4) 环氧乙烷。

相对分子质量为 42,符合质谱;
有一种化学环境的氢原子,符合 ^{1}H NMR;
有一种化学环境的碳原子,不符合 ^{13}C NMR。

3. 知识点:Wittig 反应;烯烃的顺反(Z/E)异构;

能力点:新信息阅读与运用。

(1) 磷叶立德中碳负离子连接着两个相同的取代基,因此所得烯烃并无顺反异构:

$$\text{CH}_3\text{CHO} + \text{Ph}_3\text{P}^+\text{—}\overset{\ominus}{\text{C}}\text{(cyclohexyl)} \xrightarrow{-\text{Ph}_3\text{P}=\text{O}} \text{烯烃产物}$$

(2) 磷叶立德中碳负离子上连有 C=C,因此主要产物为 E-烯烃:

$$(\text{CH}_3)_2\text{CHCHO} + \text{PPh}_3^+\text{—}\overset{\ominus}{\text{CH}}\text{—CH=CH—CH}_2\text{CH}_3 \xrightarrow{-\text{Ph}_3\text{P}=\text{O}} (E)\text{-烯烃产物}$$

(3) 产物中有两处双键,因此可以进行分类讨论。

① 形成(a)处双键。

可能性1(左侧醛+右侧磷叶立德):

磷叶立德中碳负离子上连有 C=C,主要产物为 E-烯烃,符合所需构型。

可能性2(左侧磷叶立德+右侧醛):

磷叶立德中碳负离子上未连有 C=C 或者 C=O,主要产物为 Z-烯烃,不符合所需构型。

② 形成(b)处双键。

可能性1(左侧醛+右侧磷叶立德):

磷叶立德中碳负离子上未连有 C=C 或者 C=O,主要产物为 Z-烯烃,符合所需构型。

可能性2(左侧磷叶立德+右侧醛):

磷叶立德中碳负离子上连有 C=C,主要产物为 E-烯烃,不符合所需构型。

因此共有两种组合可以得到所需构型的烯烃产物:

醛	磷叶立德
(乙醛)	(Ph₃P⁺—CH⁻—CH=CH—CH₃)
或	
(CH₃—CH=CH—CHO)	(Ph₃P⁺—CH⁻—CH₃)

4. 知识点：酯化反应；Wittig 反应；α,β 不饱和酮还原；格氏试剂与羰基化合物的亲核加成反应；醇的缩合反应。

(1) A ⟶ $C_{14}H_{16}O_5$。

观察 $C_{14}H_{16}O_5$ 的结构与反应试剂乙酸酐可知，该步骤为酯化反应。A 的分子式比 $C_{14}H_{16}O_5$ 少 4 个碳原子，因此可知 A 中苯环上有 2 个羟基。

(2) $C_{14}H_{16}O_5$ ⟶ B。

由反应试剂为磷叶立德且 $C_{14}H_{16}O_5$ 中有醛基可知，该步骤为 Wittig 反应。由于磷叶立德中碳负离子与 C=O 相连，因此所得主要产物为 E-烯烃。

(3) B ⟶ C。

由反应试剂为 H_2 可知，该步骤为还原反应。B 分子中最容易被还原的为 α,β 不饱和酮部分，与 H_2 反应后，其烯烃双键会被选择性还原并保留酮羰基。如果不知道该还原反应的选择性，也可以通过观察最终产物的结构得到相同结论。

(4) C ⟶ D。

由反应物可知，该步骤为格氏试剂对于羰基化合物

(酮和酯)的亲核加成/取代反应。观察所生成的副产物(2,2-二乙炔基乙醇)可得出结论:5 当量的格氏试剂中的 4 当量与 C 中的 2 个酯基发生亲核加成-消除反应:

剩下的 1 当量格氏试剂与酮基发生亲核加成反应:

最后与水反应质子化后得到 D:

5. 知识点:醇缩合生成醚。

通过观察最终产物与 D 的结构可知,该反应为分子内 2 个醇羟基缩合形成醚。该反应的机理一般为 S_N2,但如果可以脱水生成稳定碳正离子(例如三级碳正离子),则为 S_N1:

因此该三级碳正离子为

6. 知识点：炔烃的还原；臭氧化分解反应；Wittig 反应。

(1) $C_{17}H_{20}O_3 \longrightarrow W$。

根据反应条件可知，该步骤为炔烃还原为烯烃的反应：

(2) $W \longrightarrow X$。

该步骤即臭氧化分解反应，根据题干提示易得 X 和 Y 的结构：

(3) $X + Z$。

观察 X 与 Z 反应的产物与 X 的结构可知，该步骤为 Wittig 反应，因此 Z 为磷叶立德：

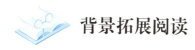

背景拓展阅读

Wittig 反应及其应用

Wittig 反应简介

在 20 世纪中叶，G. Wittig 等发现亚甲基三苯基膦能够与二苯甲酮反应定量生成 1,1-二苯乙烯。Wittig 当时意识到了这个发现的重要性并进行了系统研究。他使用了不同的膦化合物与醛和酮反应生成了烯烃。用磷叶立德(phosphorous ylide)把羰基化合物转化为烯烃的反应被称为 Wittig 反应。

经典的 E2 消除反应生成烯烃的过程往往需要高温条件且有强酸或者强碱的参与，而产物选择性亦较差，例如，双键选择性较差且顺反异构难以控制。相比之下，Wittig 反应的反应条件温和，操作简单，产率高且顺反构型易控制，目前依然是合成烯烃的首选反应。

什么是叶立德？

叶立德(ylide)，又称鎓内盐，一般是带正电的杂原子使相邻负离子稳定化的一类化学物种。通常叶立德可以用共振式表达，其中另一个共振式内具有双键。

Wittig 反应机理

1. 离子机理(betaine 机理)

在相当长的一段时间内，人们用分步的离子化过程来描述 Wittig 反应的机理[1]，尽管从未观测到其中所假设的 betaine 中间体。由此机理可知,反式 betaine 中间体和顺式相比拥有更小的空间位阻,因此稳定叶立德的产物主要为 E-烯烃。

然而在 20 世纪 60 年代末期,越来越多反对该机理的证据开始浮现。首先,Wittig 反应对于溶剂的依赖性与其离子中间体不符。而且,betaine 中间体的稳定性远远不如膦氧烷。

2. 四中心过渡态机理

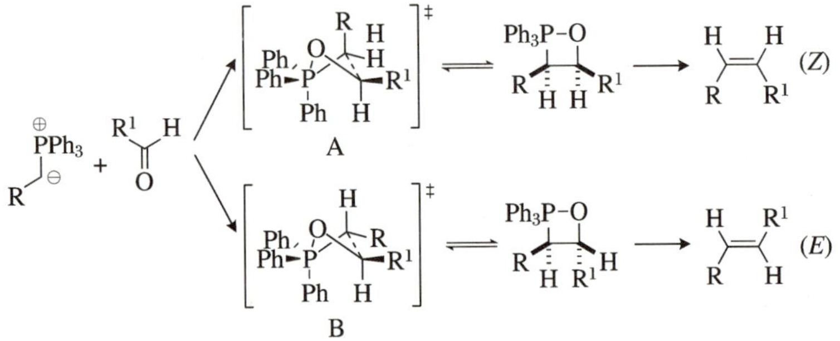

1990 年 Vedejs 等提出了协同环加成机理[2],其中涉及了扭曲四元环中间体。当使用不稳定叶立德时,由于取代基 R 与 R^1 之间的排斥力等,过渡态 A 比 B 更稳定,因此主要形成 Z-烯烃。而对于稳定的叶立德,由于 P—O 键的键能增大,其中间体更倾向于平面型,且 P 的立体几何构型更接近于三角双锥。

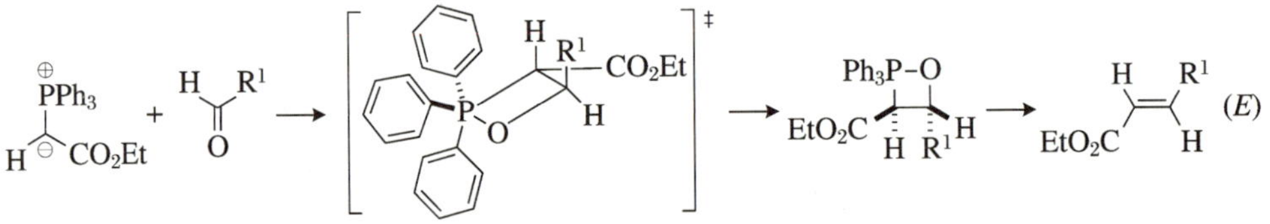

该中间体更倾向于采取 R^1 与 CO_2Et 之间排斥力更小的反式构型,因此产物以 E-烯烃为主。

Wittig 反应在有机合成中的应用

在合成(+)-圆皮海绵内酯的最后阶段,A. B. Smith 等使用高 Z 选择性的 Wittig 反应偶联两个中间体,磷叶立德和醛[3]。

参考文献

[1] Vedejs E, Peterson M J. Stereochemistry and mechanism in the Wittig reaction[J]. Topics in Stereochemistry, 2007, 12(6): 1-157.

[2] Vedejs E, Marth C F. Mechanism of wittig reaction: Evidence against betaine intermediates[J]. Journal of the American Chemical Society, 1990, 112(10): 3905-3909.

[3] Smith A B, Beauchamp T J, LaMarche M J, et al. Evolution of a gram-scale synthesis of (+)-discodermolide [J]. Journal of the American Chemical Society, 2000, 122 (36): 8654-8664.

试题 5 本题涉及奶酪

试题与解答

英国前首相 Liz Truss 曾经说过："我们的奶酪中三分之二依赖进口。这是一个耻辱。"由于 2023 国际化学奥林匹克竞赛将在瑞士（有着许多著名奶酪的国家）举行并且 Liz Truss 在第一轮选拔时就任首相，当我们从 2022 年夏天开始编写此试卷时，我们认为设计一道关于奶酪的试题非常具有时效性。

尽管奶酪生产的工艺有着非常多的差异，但无论奶酪在哪里生产，乳糖到乳酸在发酵时的转换始终是一个关键化学步骤。

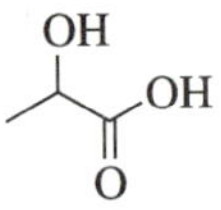

乳酸 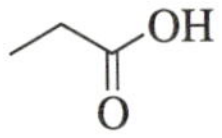　　　　丙酸

1. 乳酸有其酸解离常数，$K_a = 1.38 \times 10^{-4}$。

(1) 画出乳酸的共轭碱。

(2) 计算乳酸的 pK_a。

乳酸的酸性比丙酸强。这是由于氢键的存在使其共轭碱变得更加稳定。

2. 画出乳酸的共轭碱的结构并展示出该氢键。

乳酸，牛奶中的初始发酵糖，是一种化学式为 $C_{12}H_{22}O_{11}$ 的双糖。在转化为乳酸的第一步中，乳糖转化为两个单糖。

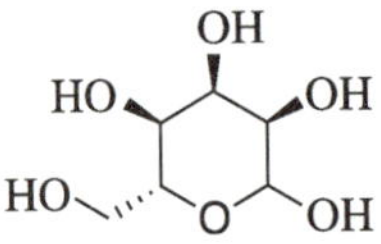

阿洛糖(allose) 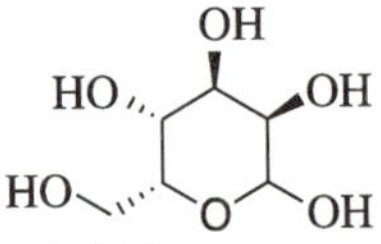　　古洛糖(gulose) 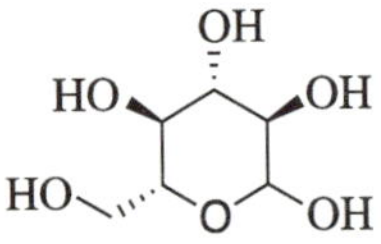　　葡萄糖(glucose)

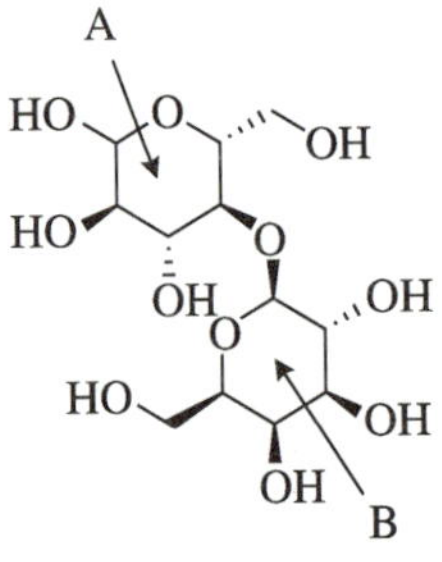

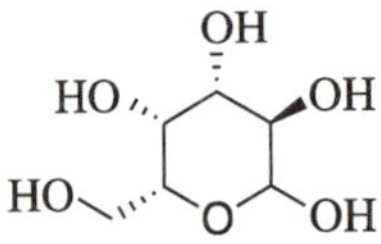

半乳糖(galactose) 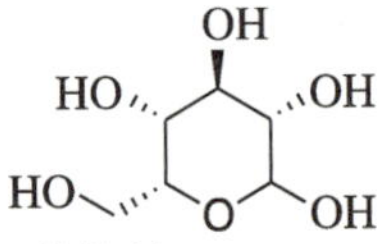　　艾杜糖(iodose) 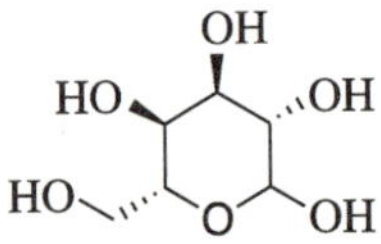　　阿卓糖(altrose)

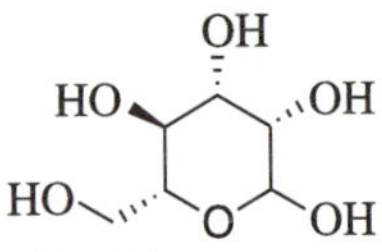

甘露糖(mannose) 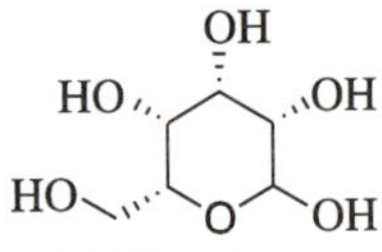　　洛罗糖(tallose)

乳糖(lactose)

3. (1) 由乳糖形成两个单糖的反应属于什么类型？

氧化　　还原　　缩合　　水解　　异构化　　消除

(2) 写出构成乳糖的两种单糖(A 和 B)的名称。

从乳糖到乳酸的转换由细菌通过复杂的生化过程来完成，然而乳酸通常是唯一的产物。

4. 写出乳糖转化为乳酸的反应方程式。

许多种类的瑞士奶酪，例如艾曼塔尔干酪，因其在奶酪中有很多孔或称"眼睛"而闻名。为了产生这些孔，必须要使用另一种细菌，即费氏丙酸杆菌(*Propionibacterium*

freudenreichii)。该细菌引发了将乳酸转变为丙酸、乙酸、二氧化碳和水的反应。正是二氧化碳的产生导致了气泡的出现。

5. 写出该细菌产生二氧化碳的反应方程式。在总反应中,乳酸是唯一的反应物且产物中乙酸和二氧化碳的量相同。

假设在 21 ℃ 发酵时,干酪中产生直径为 1.5 cm 的球形气泡。

6. (1) 计算该气泡的体积,以 m^3 为单位。
(2) 假设气泡内为大气压下的纯 CO_2 气体,p_{atm} = 101325 Pa,计算产生该气泡所需被细菌发酵的乳酸的质量。对于该计算,假设 CO_2 符合理想气体状态方程,即

$$pV = nRT$$

注意:干酪中的状态符号为(ch)。

溶解于干酪中的二氧化碳可以以两种形式存在:溶解了的二氧化碳气体 $CO_{2(ch)}$,或者溶解了的碳酸氢根 $HCO_{3(ch)}^-$。

$$CO_{2(ch)} + H_2O \rightleftharpoons HCO_{3(ch)}^- + H_{(ch)}^+$$

$$K = \frac{[H_{(ch)}^+][HCO_{3(ch)}^-]}{[CO_{2(ch)}]}$$

$$= 4.47 \times 10^{-7} \text{ mol} \cdot \text{dm}^{-3}$$

在发酵结束后,$[CO_{2(ch)}] + [HCO_{3(ch)}^-] = 3.70 \times 10^{-2}$ mol·dm^{-3},且 pH = 5.20。

7. 计算溶解于干酪中的二氧化碳的平衡浓度 $[CO_{2(ch)}]$。

我们现在来探究一定尺寸的 CO_2 气泡("眼睛")在发酵的早期阶段是如何形成的。假设在温度 T 时一个半径为 r 的气泡形成于固定体积 V_{ch} 的干酪内部。气泡内部 CO_2 的压强(p_b)与溶解了的二氧化碳的浓度通过亨利定律建立联系:

$$[CO_{2(ch)}] = k_H p_b$$

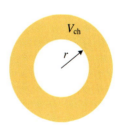

8. 在下面的表格中,勾选出正确的用 p_b、r、k_H、T、pH 以及其他相关常数表达的 $CO_{2(g)}$、$CO_{2(ch)}$ 和 $HCO_{3(ch)}^-$ 的物质的量的表达式。

	$k_H V_{ch} p_b$	$\dfrac{4\pi r^3 p_b}{3RT}$	$\dfrac{4\pi r^3}{3RT} K \cdot 10^{\text{pH}}$	$K \cdot 10^{\text{pH}} k_H V_{ch} p_b$	$\dfrac{V_{ch} p_b}{3RT}$	$K \cdot 10^{-\text{pH}} k_H V_{ch} p_b$
$n_{CO_2(g)}$						
$n_{CO_2(ch)}$						
$n_{HCO_3^-(ch)}$						

9. 题中物质的量的总和为一常数，标记为 η，且气泡内的压强可以通过以下等式来表达：

$$p_b = p_{atm} + \frac{\gamma}{r}$$

其中，γ 为一常数。

用该表达式来替代 p_b，可将总物质的量表达为

$$(a + br^3)\left(p_{atm} + \frac{\gamma}{r}\right) = \eta$$

将 a 和 b 用 k_H、V_{ch}、K、T、pH 和其他相关常数表达。

该等式给出了气泡的尺寸 r，但它过于复杂无法直接求解。相反，我们可以利用"$\dfrac{\gamma}{r}$ 相对于 p_{atm} 较小"这一点来将其近似为更简单的等式，即

$$r = \left(\frac{d}{b}\right)^{\frac{1}{3}}\left(1 - \frac{\gamma \eta}{3 p_{atm}^2 d} \cdot \frac{1}{r}\right)$$

其中，$d = \dfrac{\eta}{p_{atm}} - a$。

在发酵过程的现阶段：$a = 1.70 \times 10^{-9}$ mol·Pa^{-1}，$b = 1.75 \times 10^{-3}$ mol·Pa^{-1}·m^{-3}，$\eta = 2.35 \times 10^{-4}$ ·mol，$\gamma = 9.28$ Pa·m。

10. 计算出满足该简化等式的两个 r 的可能值，并且指出其中哪个是与"$\dfrac{\gamma}{r}$ 相对于 p_{atm} 较小"相符合的正确解。

解答 1. 知识点：共轭酸碱对；酸解离常数 K_a。

（1）共轭碱为乳酸失去一个质子后所得的阴离子。乳酸分子中羧基上的质子酸性最强，因此最容易失去。

(2)
$$pK_a = -\log_{10} K_a = -\log_{10}(1.38\times 10^{-4}) = 3.86$$

2. 知识点：氢键的形成条件。

乳酸共轭碱中羟基上的活泼氢原子与羧基负离子中带负电荷的氧原子形成氢键：

3. 知识点：有机反应类型；手性碳原子构型。

(1) 单糖的化学式均为 $C_6H_{12}O_6$，因此双糖转化为两个单糖的反应方程式为

$$C_{12}H_{22}O_{11} + H_2O \longrightarrow 2C_6H_{12}O_6$$

该反应属于水解反应类型。

(2) 水解过程并不影响手性碳原子的构型，因此只要仔细将 A 和 B 中各个手性碳与每个单糖进行对比即可。

注意，在与半乳糖进行对比时，需要将 B 部分进行"翻转"：

4. 知识点：化学反应方程式的书写与配平。

反应物之一为乳糖 $C_{12}H_{22}O_{11}$，唯一的产物为乳酸 $C_3H_6O_3$。根据碳原子的数量可知，1 mol 的乳糖可生成 4 mol 的乳酸：

$$C_{12}H_{22}O_{11} + H_2O \longrightarrow 4C_3H_6O_3$$

5. 知识点：化学反应方程式的书写与配平。

唯一的反应物为乳酸 $C_3H_6O_3$，产物为丙酸 $C_3H_6O_2$、乙酸 $C_2H_4O_2$、二氧化碳 CO_2 与水 H_2O。由于乙酸和二氧化碳的量相同，不妨先将两者的系数都假设为1，可得未配平方程式

$$C_3H_6O_3 \longrightarrow C_3H_6O_2 + 1C_2H_4O_2 + 1CO_2 + H_2O$$

假设 $C_3H_6O_3$ 的系数为 x，根据碳原子守恒，$C_3H_6O_2$ 的系数必为 $(x-1)$。根据氢原子守恒，H_2O 的系数为 $\frac{1}{2}[6x-6(x-1)-4]=1$。

最后根据氧原子守恒解出 x：
$$3x = 2(x-1) + 4 + 1$$
$$x = 3$$

因此配平的方程式为
$$3C_3H_6O_3 \longrightarrow 2C_3H_6O_2 + C_2H_4O_2 + CO_2 + H_2O$$

6. 知识点：理想气体状态方程。

(1) $V = \frac{4}{3}\pi r^3 = \frac{4}{3}\pi(0.5 \times 1.5 \times 10^{-2} \text{ m})^3$
$= 1.8 \times 10^{-6} \text{ m}^3$

(2) $n_{CO_2} = \frac{pV}{RT}$

$= \frac{101325 \text{ Pa} \times 1.8 \times 10^{-6} \text{ m}^3}{8.314 \text{ Pa} \cdot \text{m}^3 \cdot \text{mol}^{-1} \cdot \text{K}^{-1} \times (21+273) \text{ K}}$

$= 7.5 \times 10^{-5}$ mol

$n_{C_3H_6O_3} = 3n_{CO_2} = 2.3 \times 10^{-4}$ mol

$m_{C_3H_6O_3} = n_{C_3H_6O_3} \times M_{C_3H_6O_3}$
$= 2.3 \times 10^{-4} \text{ mol} \times 90.08 \text{ g} \cdot \text{mol}^{-1}$
$= 2.0 \times 10^{-2}$ g

7. 知识点：化学平衡计算；pH 的定义。

$\frac{[HCO_{3(ch)}^-]}{[CO_{2(ch)}]} = \frac{4.47 \times 10^{-7} \text{ mol} \cdot \text{dm}^{-3}}{[H_{(ch)}^+]}$

$= \frac{4.47 \times 10^{-7} \text{ mol} \cdot \text{dm}^{-3}}{10^{-5.20} \text{ mol} \cdot \text{dm}^{-3}} = 0.0708$

$[CO_{2(ch)}] + [HCO_{3(ch)}^-] = 1.0708[CO_{2(ch)}]$
$= 3.70 \times 10^{-2}$ mol $\cdot$ dm^{-3}

$[CO_{2(ch)}] = 3.46 \times 10^{-2}$ mol $\cdot$ dm^{-3}

8. 知识点：物质的量浓度；理想气体状态方程。

(1) $CO_{2(g)}$。

气体的物质的量可以通过理想气体状态方程来计算：

$$n_{CO_{2(g)}} = \frac{p_b \cdot V}{RT} = \frac{p_b \cdot \frac{4}{3}\pi r^3}{RT} = \frac{4\pi r^3 p_b}{3RT}$$

(2) $CO_{2(ch)}$。

溶质的物质的量可以通过物质的量浓度与体积来计算：

$$n_{CO_{2(ch)}} = [CO_{2(ch)}] \cdot V_{ch} = k_H p_b \cdot V_{ch} = k_H V_{ch} p_b$$

(3) $HCO_{3(ch)}^-$。

由于已知$[CO_{2(ch)}]$和pH，可以通过第7题中的平衡常数先计算得到$[HCO_{3(ch)}^-]$，再转化为物质的量：

$$[HCO_{3(ch)}^-] = \frac{K \cdot [CO_{2(ch)}]}{[H_{(ch)}^+]} = \frac{K \cdot k_H p_b}{10^{-pH}}$$

$$= K \cdot 10^{pH} k_H p_b$$

$$n_{HCO_{3(ch)}^-} = [HCO_{3(ch)}^-] \cdot V_{ch} = K \cdot 10^{pH} k_H V_{ch} p_b$$

9. 根据题意，

$$\eta = n_{CO_{2(g)}} + n_{CO_{2(ch)}} + n_{HCO_{3(ch)}^-}$$

$$= \frac{4\pi r^3 p_b}{3RT} + k_H V_{ch} p_b + K \cdot 10^{pH} k_H V_{ch} p_b$$

$$a + br^3 = \frac{\eta}{p_b} = k_H V_{ch} + K \cdot 10^{pH} k_H V_{ch} + \frac{4\pi r^3}{3RT}$$

因此

$$a = k_H V_{ch} + K \cdot 10^{pH} k_H V_{ch} = k_H V_{ch}(1 + K \cdot 10^{pH})$$

$$b = \frac{4\pi}{3RT}$$

10. 将题中常数代入 r 和 d 的表达式可得

$$d = \frac{2.35 \times 10^4 \text{ mol}}{101.325 \times 10^3 \text{ Pa}} - 1.70 \times 10^{-9} \text{ mol} \cdot \text{Pa}^{-1}$$

$$= 6.19 \times 10^{-10} \text{ mol} \cdot \text{Pa}^{-1}$$

$$\left(\frac{d}{b}\right)^{\frac{1}{3}} = \left(\frac{6.19 \times 10^{-10} \text{ mol} \cdot \text{Pa}^{-1}}{1.75 \times 10^{-3} \text{ mol} \cdot \text{Pa}^{-1} \cdot \text{m}^{-3}}\right)^{\frac{1}{3}}$$

$$= 7.07 \times 10^{-3} \text{ m}$$

$$\frac{\gamma\eta}{3p_{\text{atm}}^2 d}$$

$$= \frac{9.28\,\text{Pa}\,\text{m} \times 2.35 \times 10^4\,\text{mol}}{3 \times (101.325 \times 10^3\,\text{Pa})^3 \times 6.19 \times 10^{-10}\,\text{mol}\cdot\text{Pa}^{-1}}$$

$$= 1.14 \times 10^{-4}\,\text{m}$$

因此

$$r = 7.07 \times 10^{-3} \cdot \left(1 - \frac{1.14 \times 10^{-4}}{r}\right)$$

整理后

$$r^2 - 7.07 \times 10^{-3} \cdot r + 7.07 \times 10^{-3} \times 1.14 \times 10^{-4} = 0$$

解得

$$r_1 = 6.95 \times 10^{-3}\,\text{m}, \quad \frac{\gamma}{r_1} = 1.33 \times 10^3\,\text{Pa}$$

$$r_2 = 1.16 \times 10^{-4}\,\text{m}, \quad \frac{\gamma}{r_2} = 8.00 \times 10^4\,\text{Pa}$$

因此相对于 p_{atm}，更小的为 $\dfrac{\gamma}{r_1}$，即 $r = 6.95 \times 10^{-3}\,\text{m}$。

附录 2024 模拟试题及答案

2024 模拟试题

56ˢᵗ INTERNATIONAL CHEMISTRY OLYMPIAD
2024（Mock）
UK Round One
STUDENT QUESTION BOOKLET

* * * * *

- The time allowed is two hours.
- Attempt all five questions.
- Write your answers in the student answer booklet.
- Write only the essential steps of your calculations in the answer booklet.
- Always give the appropriate unit and number of significant figures.
- The final page of this question booklet includes a copy of the periodic table and some useful physical

constants and quantities.
- Do *NOT* write anything in the right-hand margin of the answer booklet.
- The marks available for each question are shown below. These may be helpful when dividing your time between questions.

Question	1	2	3	4	5	Total
Marks Available	24	27	26	20	13	110

Some of the questions will contain material you will not be familiar with. However, you should be able to work through the problems by applying the skills you have learnt as a chemist. There are different ways to approach the tasks — even if you cannot complete certain parts of a question, you may find later parts straightforward.

Q1 This question is about chemistry of iodic acid

(Modified from Problem 2 52nd International Mendeleev Olympiad, 2018)

Iodic acid is a white water-soluble solid with the chemical formula HIO_3. Unlike chloric acid, $HClO_3$, and bromic acid, $HBrO_3$, iodic acid is surprisingly stable.

Iodic acid can be used in analytical chemistry laboratories to standardize both weak and strong bases. It also acts as a key starting material to synthesize sodium or potassium iodate.

Iodic acid (HIO_3, $pK_a = 0.77$) can be conveniently prepared in the chemical laboratory by heating elementary substance I_2 with one of the three acids:

(1) nitric acid (HNO_3, $pK_a = -1.74$). The reaction produces a brown and poisonous gas.

(2) chloric acid ($HClO_3$, $pK_a = -1$). The reaction produces a pale yellow to green gas.

(3) hydrogen peroxide (H_2O_2, $pK_a = 11.65$).

1. (1) Give the equations for the reactions between I_2

with nitric acid, chloric acid and hydrogen peroxide.

(2) Along with reaction between I_2 and hydrogen peroxide, a colorless and scentless gas is constantly produced. Give the equation to explain.

When heating to 110 ℃, iodic acid melts with dehydration to give substance A which contains 74.69% iodine by mass.

2. (1) Deduce the chemical formula of A. Clearly show your process of calculations.

(2) Give the balanced equation of forming substance A.

Heating A in an air flow at 220 ℃ results in a loss of 1.77% by mass of A and produces solid B.

3. (1) Deduce the chemical formula of B. Clearly show your process of calculations.

(2) Give the balanced equation of forming solid B.

When B is heated in air to 300 ℃, it decomposes completely without a solid residue.

4. Give the equation of decomposition of B.

Calcination of an anhydrous barium salt of iodic acid in air results in a release of iodine vapor and oxygen gas and produces salt C, which contains 60.64% barium by mass and cannot be obtained in aqueous solution.

5. (1) Deduce the chemical formula of salt C. Clearly show your process of calculations.

(2) Draw the structure of the anion in salt C and indicate its geometry.

(3) Give the equation of producing salt C.

When a 6.00 g of iodic acid is heated with excess of concentrated sulfuric acid, a certain compound D can be isolated from the reaction mixture. This reaction also produces 382 cm³ (STP) of a gas which has a slightly higher density than air. Compound D contains 66.46% by mass of iodine.

6. (1) Deduce the chemical formula of the gas produced and compound D. Clearly show your process

of calculations.

(2) Give the equation of producing compound D.

When, after separation and drying, D is slowly rinsed with cold water on a glass filter, it turns into substance E which has the same elemental compositions as B but with 1.190 times less oxygen by mass.

7. (1) Deduce the chemical formula of compound E. Clearly show your process of calculations.

(2) The reaction also produces I_2. Give the equation of producing compound E.

Q2 This question is about acid-base chemistry

The concepts of acids and bases has been important since ancient times. Nowadays, large amounts of acids and bases are consumed in both manufacturing and daily lives. Acid and base equilibria are also involved in nearly all biological processes in animal and plant cells.

However, scientists haven't reached a consensus on the exact definitions of acid and base. In fact, they remain ever-changing according to various theories adopted in different fields of applications.

In 1923, Brønsted and Lowry defined an acid as *proton donor* and a base as a *proton acceptor*. This definition also introduced the concept of conjugate acids and bases, differing only in the presence or absence of a proton.

$$[Al(H_2O)_6]^{3+} + H_2O \rightleftharpoons [Al(OH)(H_2O)_5]^{2+} + H_3O^+$$

1. (1) Label each compound in the above equation as acid or base.

(2) Identify two conjugate acid-base pairs.

However, Brønsted-Lowry concept only applies to protic solutions. Aprotic nonaqueous solutions require a similar approach, but with a different definition of acid and base.

The solvent-system definition applies to any solvent that can dissociate into a cation and an anion.

For example, water undergoes autodissociation:
$$2H_2O \rightleftharpoons H_3O^+ + OH^-$$

Solutes that *increase the concentration of the cation of the solvent are considered acids* and solutes that *increase the concentration of the anion are considered bases*.

As a protic solvent, ethanol dissociates in a similar way as does water.

2. (1) Write the self-dissociation reaction equation of ethanol.

(2) Write one equation to show that sodium ethylate ($NaOCH_2CH_3$) is a base when dissolved in ethanol.

(3) Write one equation to show that sulfuric acid is also an acid in ethanol.

The solvent-system approach can also be used with solvents that do not contain hydrogen. For example, BrF_3 also undergoes autodissociation:
$$2BrF_3 \rightleftharpoons BrF_2^+ + BrF_4^-$$

SbF_5 is an acid in BrF_3 since it reacts with BrF_3 and produces a cation A and an anion B.

3. (1) State the formula of A and B.

(2) Draw the structures of A and B.

(3) Write the equation of SbF_5 reacting with BrF_3.

Acid-base titrations in aprotic solutions are very similar to those in aqueous solutions.

Titration of NH_4Cl with $SnCl_4$ in ICl requires 2 moles of NH_4Cl for every mole of $SnCl_4$ to reach equivalence point.

4. Write an equation to explain.

In order to explain the stability of different complex compounds formed by various metal cations and ligands, in 1963, R. G. Pearson presented the concept of hard and soft acids and bases (HSABs), designating polarizable acids and bases as soft and nonpolarizable acids and bases as hard.

5. (1) Arrange the following metal cations in order of increasing hardness:

Mg^{2+}, Ag^+, Al^{3+}, Na^+, K^+

(2) Arrange the following ligand anions in order of increasing softness:

OH^-, F^-, Cl^-, Br^-, I^-

This concept has been a useful guide in a variety of aspects of acid-base chemistry and other chemical phenomena. Pearson stated simply, "Hard acids prefer to bind to hard bases, and soft acids prefer to bind to soft bases."

6. Based on Pearson's statement, arrange the following salts in order of increasing solubility in water:

MF, MCl, MBr, MI

Where M^+ is a soft acid.

7. Predict, giving a reason, the spontaneity of the following reaction.

$$AlF_3 + 3Ag^+ \longrightarrow 3AgF + Al^{3+}$$

Other than qualitative analysis of the hardness of metal cations and ligands, in 1966, Pearson also proposed a quantitative approach to measure the hardness of acids and bases. He defined the absolute hardness, η, as half the difference between the ionization energy and the electron affinity (both in eV):

$$\eta = \frac{I - A}{2}$$

8. Complete the following table.

Ion/molecule	I/eV	A/eV	η/eV
Zn^{2+}	39.72	17.96	
H_2O	12.6	-6.4	
OH^-	13.17	1.83	

However, the absolute hardness is not enough to fully describe reactivity. Drago and Wayland have proposed a quantitative system of acid-base parameters to account more fully for reactivity by including electrostatic and covalent factors. This approach uses the equation

$$-\Delta H = E_A E_B + C_A C_B$$

where ΔH (in kcal · mol^{-1}) is the enthalpy of the reaction A + B ⟶ AB in the gas phase or in an inert solvent, and E and C are parameters calculated from experimental data.

9. Based on the data provided below, calculate the ΔH of the following reactions in kJ · mol^{-1}. (1 cal = 4.184 J)

(1) $I_2 + C_6H_6 \longrightarrow I_2 \cdot C_6H_6$.

(2) $(CH_3)_3N \cdot BF_3 + (C_2H_5)_3N \longrightarrow (C_2H_5)_3N \cdot BF_3 + (CH_3)_3N$.

Acid	C_A	E_A
BF$_3$	1.62	9.88
I$_2$	1.00	1.00
Base	C_B	E_B
(CH$_3$)$_3$N	11.54	0.808
(C$_2$H$_5$)$_3$N	11.09	0.991
C$_6$H$_6$	0.681	0.525

Q3 **This question is about synthesis of bridged polycyclic compounds**

(Modified from Problem 6 52nd International Mendeleev Olympiad, 2018)

A bicyclic molecule is a molecule that features two joined rings. In a bridged bicyclic molecule, the two rings share three or more atoms, separating the two bridgehead atoms by a bridge.

norbornane

The IUPAC naming of bridged bicyclic compounds has its own special rule. The instructions below walk through the process with an example.

(1) Identifying the root.

Count the total number of carbon atoms along the ring structure in the molecule, which provides with the root name.

-octane (8 carbons total)

(2) Numbering the carbons.

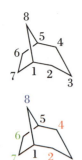

Red: 3 carbons
Green: 2 carbons
Blue: 1 carbon

"bicyclo[3.2.1]octane"

Begin numbering at one bridgehead where rings meet and follow the longest path to the second bridgehead. Continue until all carbons are numbered.

(3) Finding bridge lengths.

Find the number of carbons atoms along each paths from one bridgehead to another. Then arrange in order: [3.2.1] here.

(4) Putting together.

Start with "bicyclo", then use the result from step 3 [3.2.1], and 1-octane.

1. Give the IUPAC naming of the following bridged bicyclic compounds.

Compound	IUPAC naming

In 1984, the research group led by John McMurry (an American chemist, the author of the well-known textbook "Organic Chemistry", which has already undergone the 9th edition) synthesized interesting bridged polycyclic compounds I and II according to the scheme:

$$\text{starting material} \xrightarrow[\text{HCl}]{\text{BnOH}} \underset{C_{12}H_{24}O_2}{A} \xrightarrow[\text{2. TsOH, } C_6H_6, t]{\text{1. RMgCl, } C_6H_6} \underset{C_{28}H_{38}O_2}{B} \xrightarrow[\text{Pd/D}]{H_2} \underset{C_{14}H_{28}O_2}{C} \xrightarrow[\text{CH}_2\text{Cl}_2]{\text{CrO}_3, \text{Py}} D$$

$$D \xrightarrow{\text{TiCl}_3, \text{Zn/Cu}} \text{I} \xleftarrow{?} \text{II}$$

Bn= C$_6$H$_5$-CH$_2$ Ts=H$_3$C-C$_6$H$_4$-SO$_2$-

In the synthesis of I, the conversion of D into II is so-called McMurry reaction. One example of this reaction is shown.

$$2\ \text{C}_6\text{H}_{10}=O \xrightarrow[K]{TiCl_3/THF} \text{C}_6\text{H}_{10}=\text{C}_6\text{H}_{10}$$

2. If C_3H_6O (III) is used in this reaction (instead of D), then a compound C_6H_{12} (IV) will be obtained. Determine the structures of III and IV if IR spectrum of III exhibits an intense absorption band at 1715 cm^{-1}, and only one singlet is detected in the ^{1}H NMR spectrum of IV.

Compounds I and II are characterized by an unusual type of stereoisomerism — the so-called in/out-isomerism. According to the definition of in/out-isomerism, the structure of I shown in the scheme is an in, out-stereoisomer.

3. Draw the structural formulas of Ia and Ib (in, in- and out,out-stereoisomers of I, respectively).

The ^{1}H NMR spectrum of the Grignard reagent RMgCl (w_C = 59.24%, w_{Mg} = 10.90%) used in the conversion of A into B includes a singlet, triplet, triplet, quintet, quintet and multiplet (δ = 7.5 ppm) with an integral intensity ratio of 2 : 2 : 2 : 2 : 2 : 5.

4. Determine the structure of RMgCl.

B contains an endocyclic double bond.

5. Determine the structures of A - D, II and suggest the reagents for the stage II → I. Specify the B configuration (Z/E).

Camphor is a ketone related to bicyclic terpenoids which was already known in ancient times. It is a waxy, flammable, transparent solid with a strong aroma. Camphor is used for its scent, as an embalming fluid, as topical medication, as a manufacturing chemical, and in religious ceremonies.

camphor

6. Give the IUPAC nomenclature of camphor.

7. (1) Label the asymmetric carbon atom(s) in

camphor molecule.

(2) Camphor can be reduced to two stereoisomeric alcohols-borneol and isoborneol. Draw their structures.

Due to vast investigations in camphor synthesis and technology, a classic synthetic route was proposed in 1930s. This method is given on the following scheme.

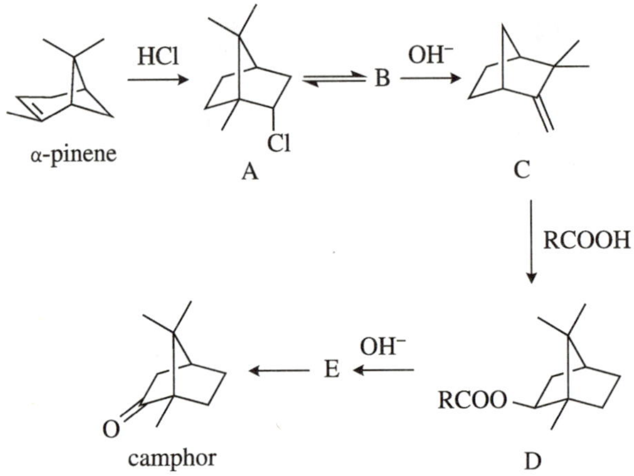

The first step, α-pinene to compound A, is electrophilic addition of hydrogen ion to form Intermediate I followed by Wagner-Meerwein rearrangement to form Intermediate II.

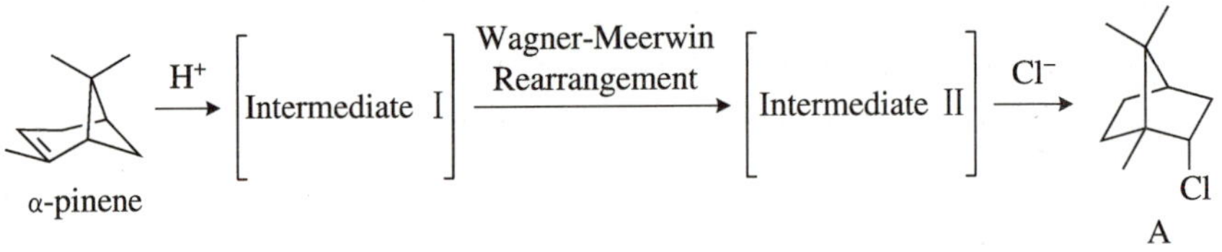

The Wagner-Meerwein rearrangement involves the generation of a carbocation on a bicyclic system followed by the 1,2-shift of an adjacent skeletal C—C bond to generate a new carbocation.

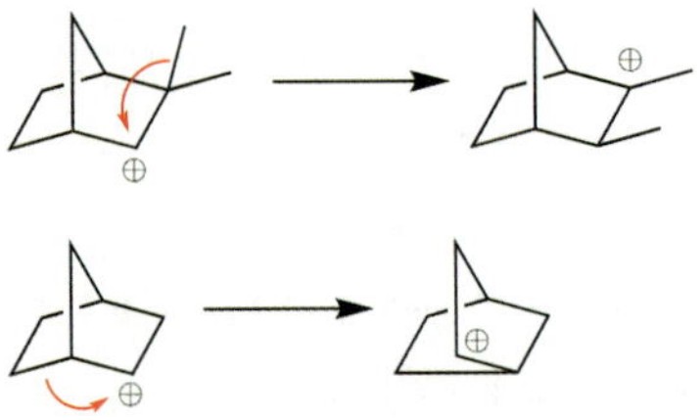

Intermediate I is a tertiary carbocation while Intermediate II is a secondary cabocation.

8. Draw the structures of Intermediate Ⅰ and Intermediate Ⅱ.

B is a isomer of A and exists in equilibrium with it. B reacts with base very quickly with the formation of C, camphene.

9. Draw the structure of B.

In 1931, Soviet Union scientists Tishchenko and Rudakov developed isomerization synthesis which directly transforms α-pinene to C, camphene via the formation of three intermediates by Wagner-Meerwein rearrangement.

α-pinene $\xrightarrow{H^+}$ [Intermediate Ⅰ] $\xrightarrow{\text{Wagner-Meerwin Rearrangement}}$ [Intermediate Ⅱ]

$\xrightarrow{\text{Wagner-Meerwin Rearrangement}}$ [Intermediate Ⅲ] $\xrightarrow{-H^+}$ C

Intermediate Ⅲ is a tertiary carbocation.

10. Draw the structure of Intermediate Ⅲ.

11. Draw the structure of E and state the reaction type of D to E.

12. State one reagent to transform E to camphor.

Q4 This question is about synthesis of vitamin E

(Modified from 2020 Chinese Gaokao National Paper Ⅱ)

Vitamin E is a fat-soluble vitamin with several forms, but alpha-tocopherol (Compound I) is the only one used by the human body.

Its main role is to act as an antioxidant. It also enhances immune function and prevents clots from forming in heart arteries. However, conflicting study results have dimmed some of the promise of using high dose vitamin E to prevent chronic diseases.

The structure of alpha-tocopherol (Compound I) is

shown below.

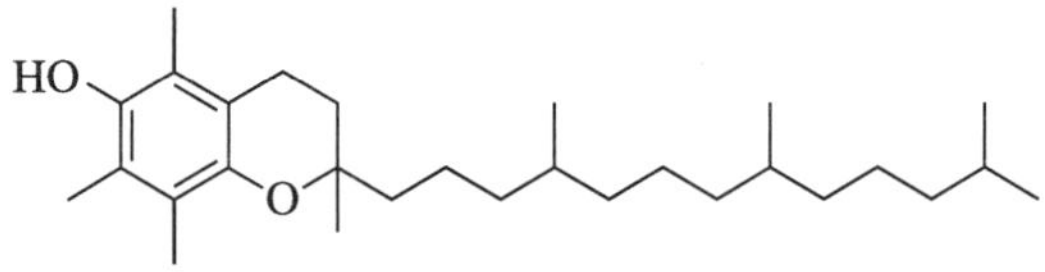

I

1. Determine the molecular formula of alpha-tocopherol and hence calculate its molar mass.

2. Circle the asymmetric carbon atoms in alpha-tocopherol. An asymmetric carbon atom has four different chemical groups attached to it.

The synthesis of alpha-tocopherol is shown below. Not all of the reaction by-products are shown. Stereochemistry is not required.

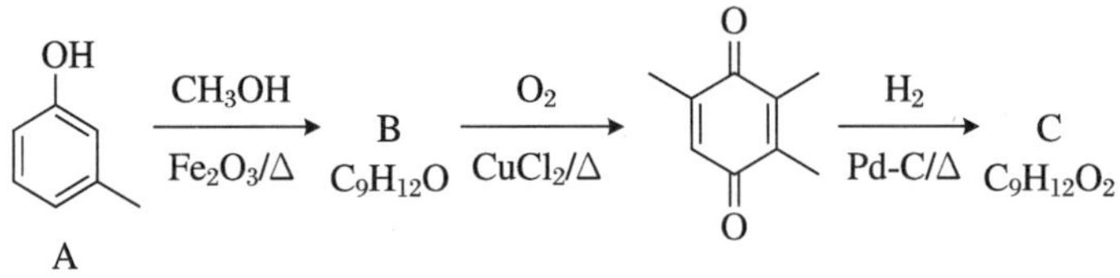

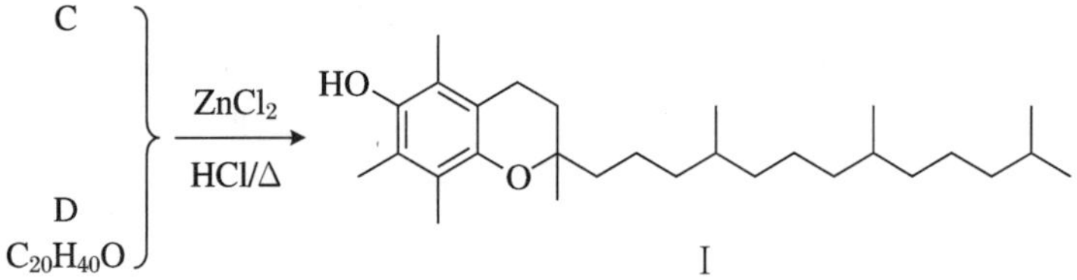

3. How would you classify Compound A?
Circle one of the following answers.
    alcohol   ether   phenol   ester

4. Draw the structures of Compounds B and C.

5. Given that the IR spectra of Compound D exhibits a broad peak at around 3300 cm^{-1}, draw its structure.

Part of the synthesis route of Compound D involves transition from Compound E to H as shown below.

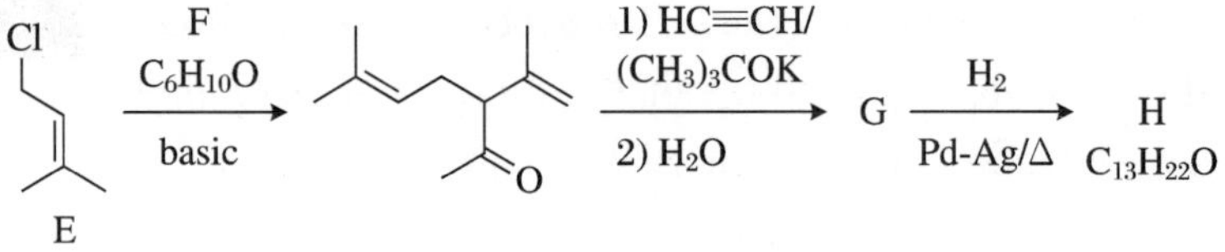

6. Given that Compound F has three methyl groups, deduce its structure.

7. Draw the structure of the carbanion intermediate formed during reaction between Compound E and Compound F.

8. Draw the structures of Compounds G and H.

9. How would you classify the reaction of forming Compound G?

Circle one of the following answers.

Oxidation   Reduction   Addition

Elimination   Substitution

10. Draw all the structures of isomers of Compound F that satisfy the three conditions below. Stereoisomers are not included.

Circle the one that contains an asymmetric carbon atom.

(1) has two methyl groups.

(2) has a carbonyl group (but does not contain C=C=O).

(3) does not contain rings.

Circle the one that contains an asymmetric carbon atom.

Q5   This question is about wine blind tasting

(Modified from Problem 8 in 51st ICHO Preparatory Problems)

Blind tasting is a method of tasting wine which avoids having or creating any preconceived perceptions of a wine based on a known varietal or the label of the wine.

Perhaps the most famous blind tasting of all time is the 1976 Judgment of Paris. During the historic tasting, judges from France, Britain, and the U.S deemed a California Chardonnay to be better than bottles from Burgundy, and a California Cabernet Sauvignon to be better than the finest Bordeaux blends.

Fermentation of grape juice is a crucial step in the

production of wine. During this biochemical process, sugars accumulated in grapes are converted into ethanol by microorganisms present in the environment. One of the sugars is glucose.

1. Write a balanced equation for the transformation of solid glucose, $C_6H_{12}O_6(s)$, into liquid ethanol and gaseous carbon dioxide.

2. Calculate the standard enthalpy, the standard entropy and the standard Gibbs free energy associated with this reaction at 298 K.

Thermodynamic data (at 298 K) needed:

	$CO_2(g)$	Glucose(s)	Ethanol(l)
$\Delta_f H^\ominus/(kJ \cdot mol^{-1})$	-393.5	-1274	-277.0
$S^\ominus/(J \cdot mol^{-1} \cdot K^{-1})$	213.6	212.1	160.7

Conversion of glucose into carbon dioxide and water is called cellular respiration.

3. Write a balanced equation for the transformation of glucose into carbon dioxide and water.

The concentration of ethanol can vary a lot from one wine to another. Some Riesling wines from Germany (named "kabinett") only contain 7%～8% vol of ethanol, while Châteauneuf du Pape wines (Rhone Valley, France) usually contain about 14% vol of ethanol. "% vol" means "percent of alcohol by volume" and is defined as the ratio between the volume of ethanol contained in wine and the total volume of wine, multiplied by 100, at 298 K. It is thus very important to control the concentration of ethanol in grape juice during fermentation.

To determine the concentration of ethanol in a wine, the following protocol was used: wine X is diluted 50 times with distilled water. The aqueous solution of wine is added dropwise to a 100 cm^{-3} aqueous solution of potassium dichromate (5.0×10^{-3} mol $\cdot$ dm^{-3}) containing sulfuric acid (0.1 mol $\cdot$ dm^{-3}). The volume at the equivalence point is 15 cm^{-3}.

4. Write a balanced equation for the oxidation reaction of ethanol by dichromate anions and calculate its equilibrium constant (at 298 K).

Thermodynamic data (at 298 K) needed:

	$Cr_2O_7^{2-}/Cr^{3+}$	CH_3COOH/CH_3CH_2OH
$E^{\ominus}/V$	1.33	0.19

5. Calculate the pH of the solution of potassium and sulfuric acid before starting the titration. Here, sulfuric acid can be treated as a strong monoacid.

6. Calculate the pH of the solution of potassium and sulfuric acid at the equivalence point (sulfuric acid is still considered to be a strong monoacid).

7. Calculate the concentration (in % vol) of ethanol contained in wine X. Is wine a German Riesling or a French Châteauneuf du Pape?

模拟试题答案

试题 1

1. (1) $I_2 + 10HNO_3 \longrightarrow 2HIO_3 + 4H_2O + 10NO_2$ (1 分)

   $I_2 + 2HClO_3 \longrightarrow 2HIO_3 + Cl_2$ (1 分)

   $I_2 + 5H_2O_2 \longrightarrow 2HIO_3 + 4H_2O$ (1 分)

   (2) $2H_2O_2 \longrightarrow 2H_2O + O_2$ (1 分)

2. (1) A: $3I_2O_5 \cdot H_2O$ or $I_2O_5 \cdot HIO_3$ (1 分)

   Calculation (1 分)

   (2) $6HIO_3 \longrightarrow 3I_2O_5 \cdot H_2O + 2H_2O$

   or

   $3HIO_3 \longrightarrow I_2O_5 \cdot HIO_3 + H_2O$ (1 分)

3. (1) B: I_2O_5 (1 分)

   Calculation (1 分)

(2) $3I_2O_5 \cdot H_2O \longrightarrow 3I_2O_5 + H_2O$ (1分)

4. $2I_2O_5 \longrightarrow 2I_2 + 5O_2$

5. (1) C：$Ba_5(IO_6)_2$ (1分)

   Calculation (1分)

   (2) Structure：

    (1分)

   Geometry：octahedral (1分)

   (3) $5Ba(IO_3)_2 \longrightarrow Ba_5(IO_6)_2 + 4I_2 + 9O_2$

6. (1) Gas：O_2 (1分)

   D：$(IO)_2SO_4$ (1分)

   Calculation (1分)

   (2) $2HIO_3 + H_2SO_4 \longrightarrow (IO)_2SO_4 + O_2 + 2H_2O$ (1分)

7. (1) E：$IO(IO_3)$ or I_2O_4 (1分)

   Calculation (1分)

   (2) $4(IO)_2SO_4 + 4H_2O \longrightarrow 3IO(IO_3) + I_2 + 4H_2SO_4$ (1分)

试题 2

1. (1) $[Al(H_2O)_6]^{3+}$：acid (0.5分)

   H_2O：base (0.5分)

   $[Al(OH)(H_2O)_5]^{2+}$：base (0.5分)

   H_3O^+：acid (0.5分)

   (2) $[Al(H_2O)_6]^{3+}/[Al(OH)(H_2O)_5]^{2+}$

   H_3O^+/H_2O (3分)

2. (1) $2CH_3CH_2OH \rightleftharpoons CH_3CH_2OH_2^+ + CH_3CH_2O^-$ (1分)

   (2) $CH_3CH_2ONa \longrightarrow Na^+ + CH_3CH_2O^-$ (1分)

   (3) $H_2SO_4 + CH_3CH_2OH \rightleftharpoons CH_3CH_2OH_2^+ + HSO_4^-$ (1分)

3. (1) A：BrF_2^+ (1分)

   B：SbF_6^- (1分)

   (2) Structure of A   Structure of B

(3) $SbF_5 + BrF_3 \longrightarrow BrF_2^+ + SbF_6^-$ (1分)

4. $2NH_4Cl + SnCl_4 \longrightarrow 2NH_4^+ + SnCl_6^{2-}$ (1分)

5. (1) $Ag^+ < K^+ < Na^+ < Mg^{2+} < Al^{3+}$ (2分)
   (2) $F^- < OH^- < Cl^- < Br^- < I^-$ (2分)

6. $2NH_4Cl + SnCl_4 \longrightarrow 2NH_4^+ + SnCl_6^{2-}$ (1分)

7. Non-spontaneous. (1分)
   Ag^+: soft acid; F^-: hard base; Al^{3+}: hard acid. Al^{3+} and F^- bond with each other more strongly. (1分)

8. 10.88; 9.5; 5.67 (3分)

9. (1) $-5.046 \text{ kJ} \cdot \text{mol}^{-1}$ (1分)
   (2) $-4 \text{ kJ} \cdot \text{mol}^{-1}$ (2分)

试题 3

1. (1) bicyclo[3.2.0]heptane (1分)
   (2) 3,4,7-trimethylbicyclo[4.2.2]decane (1分)
   (3) 6-ethyl-7,7-dimethylbicyclo[2.2.1]heptan-2-ol (1分)

2. Ⅲ   Ⅳ
   (1分)   (1分)

3. Ia   Ib
   (1分)   (1分)

4. $C_6H_5CH_2OCH_2CH_2CH_2CH_2MgCl$ (1分)

5. A   B

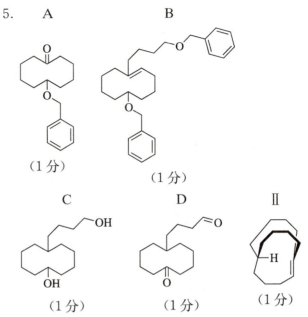

(1分) (1分)

C D II

(1分) (1分) (1分)

Reagent for stage II to I: H_2, catalyst (Pd/C, etc.) (1分)

B configuration: E (1分)

6. 1,7,7-trimethylbicyclo[2.2.1]heptan-2-one (1分)

7. (1)

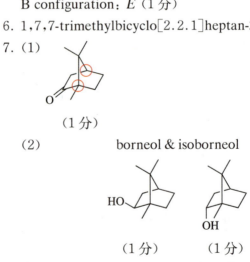

(1分)

(2)   borneol & isoborneol

(1分)   (1分)

8. Intermediate I   Intermediate II

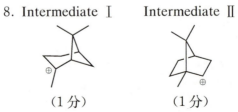

(1分)   (1分)

9. B: (1分)

10. Intermediate Ⅲ: (1分)

11. E: (1分)

D to E: hydrolysis or nucleophilic substitution (1分)

12. Jones reagent (CrO$_3$/H$_2$SO$_4$) or Sarett reagent (CrO$_3$·2Py) or MnO$_2$ etc. (1分)

试题 4

1. C$_{29}$H$_{50}$O$_2$ (1分)
   430.7 g·mol^{-1} (1分)

2.

   (3分)

3. phenol (1分)

4. B   C
    OH   OH

    (1分)   (1分)

5. (1分)
   OH

6. (1分)

7. [structure] (1分)

8.   G   H
   [structures] (1分) (1分)

9. Addition (1分)

10. [structures]

(一个0.5分,共4分)

Asymmetric carbon atom:

[structures]

(1分)

试题 5

1. $C_6H_{12}O_6 \longrightarrow 2C_2H_5OH + 2CO_2$ (1分)

2. $\Delta H^\ominus = -67.0 \text{ kJ} \cdot \text{mol}^{-1}$ (1分)
   $\Delta S^\ominus = +536.5 \text{ J} \cdot \text{mol}^{-1} \text{ K}^{-1}$ (1分)
   $\Delta G^\ominus = -226.9 \text{ kJ} \cdot \text{mol}^{-1}$ (1分)

3. $C_6H_{12}O_6 + 6O_2 \longrightarrow 6CO_2 + 6H_2O$ (1分)

4. $2Cr_2O_7^{2-} + 3C_2H_5OH + 16H^+ \longrightarrow 4Cr^{3+} + 3CH_3COOH + 11H_2O$ (1分)
   $K = 10^{231}$ (1分)

5. pH = 1.0 (1分)

6. pH = 1.3 (1分)

7. concentration of ethanol = 14.6% (2分)
   FrenchChâteauneuf du Pape (1分)